Hubertus Halbfas
Kurskorrektur

Hubertus Halbfas

KURSKORREKTUR

Wie sich das Christentum
ändern muss, damit es bleibt

Eine Streitschrift

Patmos Verlag

VERLAGSGRUPPE PATMOS
PATMOS
ESCHBACH
GRÜNEWALD
THORBECKE
SCHWABEN
VER SACRUM

Die Verlagsgruppe
mit Sinn für das Leben

Für die Verlagsgruppe Patmos ist Nachhaltigkeit ein wichtiger Maßstab ihres Handelns. Wir achten daher auf den Einsatz umweltschonender Ressourcen und Materialien.

4. Auflage 2020
Alle Rechte vorbehalten
© 2018 Patmos Verlag,
ein Unternehmen der Verlagsgruppe Patmos
in der Schwabenverlag AG, Ostfildern
www.patmos.de

Umschlaggestaltung: Finken & Bumiller, Stuttgart
Gestaltung und Satz: Ina Halbfas, Köln
Druck: CPI books GmbH, Leck
Hergestellt in Deutschland
ISBN 978-3-8436-1084-1 (Print)

Inhalt

Vorwort 9

1. »Gott« und die zweigeteilte Welt 11

Das Werden Gottes 11
Die zweigeteilte Welt: Natur und Übernatur 16
Was »droben« stattfindet, geschieht unten 20
Abschied von der zweigeteilten Welt 23
Das Wort »Gott« neu denken 25
Der Weg der Mystik 32
Kann man zu diesem »Gott« beten? 36

2. Das Evangelium Jesu und das Evangelium des Paulus 39

Das Evangelium Jesu 41
   Das Reich Gottes ist schon da: »mitten unter euch« 42
   Paradigma und Prüfstein: Offene Tischgemeinschaft 43
   Armut als Bedingung der Teilhabe am Reich Gottes 44
   Im Reich Gottes gilt eine andere Verwandtschaft 44
Das Evangelium des Paulus 45
   Den Auferstandenen »sehen« 46
   Schriften aus dem Christuskult 51
Zweierlei Evangelium? 53
   Welches Fazit also ergibt sich? 55

3. Paradigma und Prüfstein: Offene Tischgemeinschaft 57

Abendmahl – Heilige Messe – Eucharistie 57
Hat das »Letzte Abendmahl« tatsächlich stattgefunden? 58
Eine einheitliche Eucharistiepraxis gab es im frühen
Christentum nicht 60
Der problematische Todesbezug des Abendmahls 64
Die Deutung des Todes Jesu als Sühnopfer 67
Vom Abendmahl zur heiligen Messe. 70

4. Die Neuerfindung des Priestertums 75

Die frühchristlichen Gemeindeformen und ihre Dienste 77
Auf dem Weg zum Monepiskopat 78
Die Neuerfindung des Priestertums 80
    Das Priesterbild des Mittelalters 81
    Die reformatorische Kritik 83
    Das Priesterbild der Neuzeit 83
    Die Priesterkirche und ihre Bürokratisierung. 85
    Das Ende der Priesterkirche 87

5. Die kirchliche Hierarchie 89

Hierarchie, Wahrheitsmonopol und Lehrdisziplin 91
Eine Christologie ohne Reich-Gottes-Erinnerung. 95
Die nachreformatorische römisch-katholische Situation 97

6. Trinitäre Kontroversen 100

Die ägyptische Göttertriade 102
Der trinitarische Streit 103
Die trinitarische Formel von Nicäa 105
Das Konzil von Chalkedon 106
Und was ist mit dem Geist, der dritten Person in der Trinität? 109
Anselms Satisfaktionstheologie und Meister Eckharts
radikaler Paradigmenwechsel 110

7. Die Erbsünde – ein dogmatischer Supergau 114

Augustin, der Erfinder der Erbsünde 119
Augustins theologische Nachhilfe mit 80 numidischen
Zuchthengsten 121
Was Luther verfehlt hat und die Evangelische Kirche
heute nicht anzupacken wagt 124

8. Die allerseligste Jungfrau und Gottesmutter Maria 127

Das neutestamentliche Zeugnis 127
Im Reich Gottes gilt eine andere Verwandtschaft 129
Antike Vorläufer und das Konzil von Ephesus 130
Die Dogmen von der unbefleckten Empfängnis
und der Himmelfahrt Mariä 132
Das Zeitalter der Marienerscheinungen 133
Marienerscheinungen und kein Ende 135
Der Archetyp ist offen für jede denkbare Interpretation 140

9. Die Lehre von den »letzten Dingen« – implodiert 142

Christliche Jenseitsspekulationen 144
»Dieses Höchste Wesen gäbe es besser nicht.« Das Jenseits
im neuzeitlichen Denken 147
Aus Schwarz Weiß machen! Wie man Dogmen korrigiert 150
Wie erfolgt Wahrheitsfindung in Glaubensfragen? 152

10. Was vorbei ist. Was sich ändert. Was bleibt 158

Was vorbei ist: Die zweigeteilte Welt...................... 159
Was vorbei ist: Die Lehrkompetenz des Lehramtes 163
Was vorbei ist: Erscheinungen und Wunder der himmlischen Welt .. 166
Was sich ändert: Die Bibel als geschichtliches Dokument 171
Was sich ändert: Die Bibel als Kritik des Dogmas 175
Was sich ändert: Offenbarung als Kategorie der Geschichte 178
Was bleibt: Das Evangelium Jesu vom Reich Gottes 180
Was ebenfalls bleibt: Eine evangelikale Christenheit 185
    Ende der Klerikerkirche? 185
    Glaubensverlust 187
    Normverlust und Sanktionsverzicht 188
    Kirchenkultur und Jugendkultur 189
    Kulturchristentum und Kirchenchristentum 190
    Ein evangelikaler Katholizismus 193
Was auch noch bleibt: Eine fundamentalistische Christenheit 196

Resümee: Es gibt kein göttliches Handeln außerhalb der Welt und ihrer Regeln 203

Vorwort

Gottfried Keller wollte in seinem autobiographischen Roman »Der grüne Heinrich« die gängige Glaubensrede nicht mehr hören: »Glaube! O wie unsäglich blöde klingt mich dieses Wort an!« Ein über Jahrtausende entwickeltes Narrativ, das bereits in Ägypten und Mesopotamien seine Wurzeln hat, in Israel eine spezifische Gestalt erhielt und als »kirchliche Dogmatik« in unterschiedlichen Spielformen durch die Jahrhunderte gegangen ist, lässt sich kaum zu einer Einheit verbinden. Noch weniger ist es möglich, das Konglomerat dieser Zeiten einem heutigen Menschen als dessen »Glauben« vorzulegen. Was soll er glauben? Dass Gott die Welt erschaffen hat? Gleich türmen sich evolutionsgeschichtliche Barrikaden auf, verbunden mit der Frage, wie das Wort »Gott« zu denken ist? Oder soll er Jesus als »aufgefahren in den Himmel« glauben? Das verweist auf einige Regalmeter Religionsgeschichte über den schamanistischen Mythos; die Entrückungsgeschichten von Zarathustra; Romulus; Elija; auch auf die Himmelsreise des Buddha und die Nachtreise(n) Mohammeds, wenngleich – wie immer so auch hier – Vergleichen und Verwechseln zweierlei sind. Aber die Frage wird mit zunehmendem Kenntnisstand drängender: Soll man *Vokabeln* wie »Verklärung«, »Auferstehung«, »Himmelfahrt« und die »Wiederkunft Christi« *glauben*? Was heißt, dergleichen »zu glauben«? Mit jeder dieser Kennmarken sind tausendundeine Geschichte verbunden, Symbole, Mythen und Legenden. Dem kirchlichen Personal, zumal den Repräsentanten des »Lehramtes«, sind diese religionsgeschichtlichen Materialien überwiegend fremd, obwohl sie das Christentum aus dem Schoß der Zeiten beleben. Und der Deutsche Katechetenverein, der ständig davon spricht, dass Kinder »den Glauben lernen« sollen, weiß auch nicht, was er damit fordert. Wahrscheinlich möchte er nur die Bedingungen einer religiösen Sozialisation intakt halten, ohne sich an der Problematik der Glaubensinhalte die Finger zu verbrennen.

Die Vermittlung des christlichen Glaubens in den Formeln der Tradition hat ihre Haltbarkeitsgrenze überschritten. Es geht nicht mehr darum, was von diesen Glaubensartikeln die Leute glauben und ob sie überhaupt glauben. Statt »Glaube« sage ich Engagement, und darin geht es nicht um Vorstellungen, die ich übernehme, sondern um Werte, die ich lebe. Paulus vertrat eine Glaubenslehre, die Glaubensgehorsam verlangte. Jesus vertrat einen Lebensmodus, der nicht argumentativ bewiesen werden muss, der auch keinem Verschleiß unterliegt, weil er seine Evidenz aus sich selbst besitzt.

Die Ansicht, dass Jesus die christliche Kirche »gegründet« habe, ist historisch hinfällig. Er hat im Rahmen des Judentums seiner Zeit das »Reich Gottes« in einem egalitären Verständnis gelehrt und gelebt. Sein Gottesverständnis ist allerdings nicht mehr das unsere. Nachdem wir die innerkirchliche Kriminalgeschichte auf vielen Gebieten kennen, die Kriege und kolonialen Eroberungen der christlichen Völker, auch den sowjetischen GULag und das nationalsozialistische Auschwitz, können wir nicht mehr so wie Jesus von Gott sagen, dass kein Spatz vom Himmel fällt, ohne dass der himmlische Vater es zulässt. Aber wir können die von ihm gelebte Menschlichkeit als Verpflichtung fortsetzen und sicher sein, dass der Hindu Gandhi und der Jude Korczak ebenso Jesuaner sind wie Franz von Assisi, Martin Luther King oder Papst Franziskus. Den Kern des Christentums bestimmen nicht länger die Glaubensdogmen der Kirche, sondern die sozialen und humanen Zielwerte der Menschlichkeit: Nächstenhilfe und Solidarität. Wer meint, das sei zu wenig, sollte umdenken: Es ist mehr als alles!

1. »Gott« und die zweigeteilte Welt

»Wir nehmen unsere heutige Erkenntnissituation, als ob sie die natürliche und wesentliche wäre. Wir müssen unsere Erkenntnissituation als Ergebnis einer Geschichte sehen, die voll Schuld ist und Bekehrung fordert. Wir müssen die Situation ändern, indem wir ihre Voraussetzungen aufarbeiten. Die Bekehrung … bezieht sich nicht nur auf unsere Sitten, sondern auch auf das Erkennen. Die christliche Kritik der Erkenntnis ist nicht nur theoretischer, sondern auch praktischer Art, sie fordert den Umbau der Grundlagen.«

Romano Guardini

Das Werden Gottes

Bis zum Ende der Steinzeit kann von einem Gottesglauben im Sinn des späteren Theismus nicht gesprochen werden. Bevor die Menschen fähig waren, ihre Vorstellungen in spezifischen Symbolen darzustellen, bleiben als Spuren einer Sinndeutung des Daseins nur Bestattungsformen und Grabbeigaben, auch Farbreste aus rituellen Körperbemalungen, insgesamt also flüchtige und aus sehr früher Zeit kaum erhaltene Dinge. Die prähistorische Periode lässt allerdings erkennen, dass sich der Mensch niemals nur zweckgebunden betätigte, sondern Gegenstände und Riten schuf, die auf eine empirisch nicht fassbare Dimension verweisen. Doch ob es sich in der Altsteinzeit um die Verwandtschaft mit dem Tier oder im Jungpaläolithikum um weibliche Statuetten handelt – ein Gottesbegriff ist damit noch nicht zu verbinden. Bevor das menschliche Denken zu der Abstraktion »Gott« fähig wurde, war es auf eine Sinngebung bezogen, die sich mit den Kräften des Lebens und der Deutung des Todes befasste.

Das erste bekannte »Kunstwerk« der Weltgeschichte ist der Löwenmensch vom Hohlenstein-Stadel in der Schwäbischen Alb, eine 35.000 bis 41.000 Jahre alte Skulptur aus Mammut-Elfenbein, 31 cm hoch. Dargestellt wird ein Mensch mit dem Kopf und den Gliedmaßen eines Höhlenlöwen. Diesen Fund ergänzen in der Nachbarschaft zwei kleinere Figuren des Löwenmenschen und acht Steinzeitflöten, die wirklich spielbar sind.

Es sind also keine zufälligen Objekte. Um sie zu schaffen, muss man ein Konzept von sich und den Mitmenschen haben. Sie lassen eine gewisse Existenzangst vermuten, die mit Hilfe der Figuren in irgendeiner Weise verhandelt wurde. Auch in späterer Zeit begegnet in der Glaubenswelt dieser Steinzeitmenschen die Umwandlung von Mensch in Tier, selbst noch in jüngerer Zeit in schamanistischen Praktiken von Naturvölkern sowie in der ägyptischen Religionswelt. Nicht zu übersehen sind die Flöten, die ältesten Musikinstrumente der Menschheit. Dass auch getrommelt und getanzt wurde, schließt der Flötenfund in sich ein. Solche Musik ist der sinnliche Ausdruck einer dichter werdenden sozialen Struktur.

Im Neolithikum und bei zunehmender Sesshaftigkeit erfolgt bald eine Differenzierung in regional sich verzweigende Kulturen. Das Numinose wird zunehmend menschengestaltig begriffen. Schon die frühesten Kulturen lassen ahnen, wie sich die Sinndeutung des Daseins weiterentwickeln wird: Gebunden an die Natur, aus der der Mensch hervorgegangen ist, kommt als neue Dimension die Geschichte hinzu. Natur und Geschichte sind die beiden Horizonte, die für die Selbstinterpretation des Menschen zur Verfügung stehen. Das Wort »Gott« ist der Gewinn einer Kultur, in der sich der Mensch über das Vorhandene hinaus auf ein transzendentes Mehr zu verstehen sucht.

Zu Beginn der geschichtlichen Zeit wandelt sich die Sicht des Mensch-Tier-Verhältnisses. Die Könige tragen noch Tiernamen, doch verschwindet dieser Namenstyp nach 2800 v. Chr. Die ungewöhnliche Anspannung aller geistigen und körperlichen Kräfte, welche der Aufbau einer Hochkultur verlangt, gibt dem Menschen ein neues Selbstverständnis. Er ordnet die Welt, zwingt sie unter seinen planenden Geist und fühlt sich nicht länger als Spielball unbegreiflicher Mächte. Was er bisher als Gottheiten verehrte, wendet sich ihm mehr und mehr mit menschlichem Antlitz zu, so dass sich auch die ursprüngliche Tier- oder Dinggestalt vermenschlicht. Dieser Prozess findet zwischen 3000 und 2800 statt. Er hat im Laufe der Religionsgeschichte anderswo in der Welt viele zeitversetzte Wiederholungen erlebt, doch nur in Ägypten lässt er sich geschichtlich greifen und belegen.

Die Zahl der Götter in Menschengestalt ist anfangs noch gering. Vor allem sind die kosmischen Gottheiten bezeugt: der Erdgott Geb, Nut, der Himmel, Schu, der Luftraum, Hapi, die Nilüberschwemmung und Atum, der Gott des Uranfangs. Diese Gruppe der menschengestaltigen Gottheiten tritt im Laufe der ersten beiden Dynastien neben die Gruppe der tiergestaltigen Gottheiten. Was in dieser Frühzeit noch fehlt, aber vom Löwenmenschen bereits verkörpert wird, sind die für Ägypten charakteristischen Mischgestalten, die menschliche und tierische Elemente verbinden. Obwohl die vorliegenden Varianten ungleiches Alter haben, ist keine geschichtliche Entwicklung erkennbar, in der eine Gestalt die andere abgelöst hätte. Zu allen Zeiten stehen die bis dahin entwickelten Möglichkeiten legitim nebeneinander. Bei Hathor gibt es die Alternativen: volle Tiergestalt, Verbindung Tierkopf-Menschenleib und volle Menschengestalt. Als für die ägyptische Welt kennzeichnend gilt die Menschengestalt mit einem Tierkopf. Für diese Mischwesen geben Säugetiere und Vögel am häufigsten den Kopf, doch hat der Ägypter auch bei Lurchen und Kriechtieren keine Scheu, den Menschenleib mit einem solchen Tierkopf zu verbinden. Die Strähnenperücke, die alle Götter tragen, verdeckt stets den kritischen Übergang zwischen Menschen- und Tiernatur. Vor Tiergestalten, die in den Bereich des Unheimlichen oder Lächerlichen führen würden, hat Ägypten jedoch in seiner klassischen Zeit stets Halt gemacht. Das Gefühl für Würde und Maß ging nicht verloren – bis auf die Spätzeit, in der sich auf Totensärgen durchaus monströse Bildungen ein Stelldichein geben.

Der Kopf der jeweiligen Mischgestalten bedarf einer eigenen Lesart. Man darf als Regel nennen, dass Kopf und Attribut der Gottheit austauschbar sind. So wie die christliche Ikonographie die Heiligen mit festen Attributen kenntlich macht (»Barbara mit dem Turm, Margarete mit dem Wurm, Katharina mit dem Radel, das sind die drei heiligen Madel«), ist gewissermaßen in Ägypten der Kopf das attributive Kennzeichen der jeweiligen Gottheit.

Die spezifischen Attribute einer Gottheit sind also mit ihrem Kopf vertauschbar. Dagegen halten die großen ägyptischen Gottheiten in ihren Händen meist allgemeinere Attribute, die allen Göttern gemeinsam sind: die Hieroglyphen für »Leben« und »Heil«. Die Kleidung ist durchweg einheitlich und bietet nur selten Merkmale der Unterscheidung. Stärker charakterisierend ist demgegenüber der Kopfschmuck der Götter. Mit Motiven wie Federn, Hörnern oder Sonnenscheibe machen sie die Göttlichkeit sichtbar, doch ergibt sich im Laufe der Entwicklung eine Vermischung der Kronensymbole, so dass schließlich die Eigenart des Trägers hinter der Fülle göttlicher Machtzeichen zurücktritt.

Doch wie immer wir den Göttern Ägyptens begegnen, ihre tatsächliche Wirklichkeit bleibt den Menschen verborgen und geheimnisvoll. Wenn Amun mit dem Widderkopf gezeigt wird, Horus im Bild des Falken, so wird sich kein denkender Ägypter vorgestellt haben, dies sei die wirkliche Gestalt der Gottheit. Und gleichzeitig wusste man, dass kein Motiv den Reichtum ihres Wesens erfasste. Von daher erklärten sich die Vielfalt und Schwankungen ihrer Erscheinungsformen.

Schließlich ist unter den Mischgestalten noch der Sphinx zu erwähnen: Hier sitzt auf dem Tierleib ein menschlicher Kopf, in extremen Fällen mit den Ohren und der Mähne des Tieres, so dass nur das Gesicht menschlich gestaltet ist. Aber auch der »Seelenvogel« zeigt mit Menschenkopf (und bisweilen menschlichen Armen) diese Mischform. Sie mag ihre Wurzeln im Prozess einer »Vermenschlichung der Mächte« haben.

Ganz anders ist die Wahrnehmung des Göttlichen im alten Griechenland. Unsere wissenschaftlich orientierten Begriffe wie Theologie, Theokratie und Atheismus beruhen auf der ungeprüften Annahme, *theós* sei dasselbe wie »Gott«. Theós ist kein im Kult gebräuchliches Wort. Die altgriechische Grammatik kennt keinen Vokativ zu theós. Erst im Spätgriechischen, bei jüdischen und christlichen Schriftstellern, taucht der Vokativ auf, den Kult und Gebet erfordern. Selbst der Nominativ theós als Anrufung ist spät.

Ursprünglich wurde nichts von theós ausgesagt, sondern theós wurde von etwas ausgesagt. Griechisch gedacht kann man von einem Ereignis sagen: »Es ist theós!« Helena ruft in der gleichnamigen Tragödie des Euripides aus: »O Götter! Denn es ist Gott, wenn man die Lieben erkennt.« Das Ereignis des Erkennens der Lieben ist theós. Ein göttliches Ereignis wird wohl im Nominativ begrüßt, aber nicht im Vokativ angeredet. Theós geschieht in dieser Welt und ist ganz in diesem Geschehen. Verwischen wir die Sprachgrenze und damit die Grenze der verschiedenen Bannkreise, so heißt der Satz: Gott geschieht.

Das *theion*, das Göttliche der griechischen Philosophen, ist da, wenn es in seiner Eigenschaft als theion erkannt wird. Dann leuchtet es überall – durch alles und in allem. Es leuchtet in Jahreszeiten und Mondphasen, in allen Lebensaltern und Lebensbereichen. Es geschieht, wenn ein Kind geboren wird. Es leuchtet auf im kleinen Mädchen, in der Jungfrau und im Jüngling, im männlichen Leben und in der Weisheit des Alters. Wo es uranfänglich aufleuchtet, bei der Geburt, können es noch alle Götter sein – alle männlichen, weil bei der Geburt das Weiblich-Göttliche das Gebärende ist. Aber im kleinen Mädchen ist Artemis aufgeleuchtet, im Jüngling Apollon, und in den Männern und den reifen Frauen leuchtet wieder Verschiedenes auf. Das große Aufleuchten wird, wenn es Zeus heißt, auch als Vater angesprochen: *Zeù páter!* Er ist der Vater der Götter und Menschen. Dieser zeugende Vater ist ein anderer als der befehlende Vater, dessen Züge »Gott« im Alten Testament trägt, oder der Vater, den Jesus als seinen Vater und als »unseren« ansprach. Zeus ist Vater in seinem Geschehen, im jeweiligen Ereignis. Zeus befiehlt nicht und kommt nicht in Widerspruch mit sich selbst, dass er Böses zulässt. Die Macht des

Zeus wird durch die Grenzen des Menschen selbst beschränkt: durch das, was der Anteil eines jeden Sterblichen am Leben ist.

Alle Bereiche des Lebens waren zugleich Erscheinungsformen von Göttern. Jeder Gott war der Ursprung eines Bereiches, der von ihm aus aufleuchtete, wenn er in seiner Besonderheit erkannt wurde. Diese Erkenntnisse ergaben durch die Erfahrungen von Jahrhunderten – realisiert in Statuen, verehrt in Tempeln und heiligen Bezirken – die Götter Griechenlands.[1]

Für das Judentum wiederum ist Gott – anders als die Götter Griechenlands – der Gott des Gebotes und der fordernden Gerechtigkeit: »Und nun, Israel, was verlangt Jahwe, dein Gott, von dir außer dem einen: dass du Jahwe, deinen Gott, fürchtest, indem du auf allen seinen Wegen gehst, ihn liebst und Jahwe, deinem Gott, mit ganzem Herzen und mit ganzer Seele dienst; dass du ihn fürchtest, indem du auf die Gebote Jahwes und seine Gesetze achtest, auf die ich dich heute verpflichte« (Dtn 10,12 f.). Während der griechisch gedachte Gott stets Prädikat ist, ist Gott für Juden immer Subjekt.

Obwohl die hier aufgezeigte Entwicklung ausschließlich das Wort »Gott« deutet, unterscheidet sich das damit Gemeinte immer wieder neu. Sowenig der Begriff in den Zeiträumen der menschlichen Vorgeschichte eingeholt werden konnte, so wenig ist er in den sich differenzierenden Kulturen eindeutig, wie dies am Beispiel Ägypten, Griechenland und Israel aufgezeigt werden konnte. Das gilt ebenso für die weiteren Kulturen, denen hier nicht nachgegangen werden kann.

Mit dem Aufkommen des rationalen Denkens freilich erfolgt erstmals die Infragestellung der bis dahin anzutreffenden Gottesbilder. Um 500 v. Chr. gibt Xenophanes zu bedenken: »Wenn die Ochsen (und Rosse) und Löwen Hände hätten oder malen könnten mit ihren Händen und Werke bilden wie die Menschen, so würden die Rosse rossähnliche, die Ochsen ochsenähnliche Göttergestalten malen und solche Körper bilden, wie (jede Art) gerade selbst das Aussehen hätte.«[2] Damit hat er bereits die Religionskritik Ludwig Feuerbachs von 1841 vorweggenommen: »Wie der Mensch denkt, wie er gesinnt ist, so ist sein Gott: So viel Wert der Mensch hat, so viel Wert und nicht mehr hat sein Gott. Das Bewusstsein Gottes ist das Selbstbewusstsein des Menschen, die Erkenntnis Gottes, die

---

[1] Vgl. Walter F. Otto, Die altgriechische Götteridee, in: Ders., Die Gestalt und das Sein, Düsseldorf/Köln 1955, 117–136.

[2] Die Fragmente der Vorsokratiker. Griechisch und Deutsch von Hermann Diels. 1. Band, Berlin 1922, 59–62.

Selbsterkenntnis des Menschen. Aus seinem Gotte erkennst du den Menschen, und wiederum aus dem Menschen seinen Gott; beides ist eins … Der Mensch verlegt sein Wesen zuerst außer sich, ehe er es in sich findet. Das eigene Wesen ist ihm zuerst als ein anderes Wesen Gegenstand.«[3]

Feuerbach ging es letztlich um die Freilegung des unter den religiösen Bildern verdeckten Inhalts. Diesen Inhalt wollte er freilegen, weil er sich »die Ergründung und Heilung der Kopf- und Herzkrankheiten der Menschheit zur Aufgabe gemacht« hatte. Darin folgten ihm Karl Marx mit seiner Forderung, »einen Zustand aufzugeben, der der Illusion bedarf«, wie auch Sigmund Freud, der die Religion einer Kindheitsneurose für vergleichbar hielt. Doch alle philosophische und psychologische Religionskritik setzte dem Glauben an Gott nicht so zerstörend zu wie die jüdischen Vernichtungserfahrungen unter NS-Deutschland. »Nie werde ich die Augenblicke vergessen«, schrieb Elie Wiesel, »die meinen Gott und meine Seele mordeten.« Und Hans Jonas folgerte: »Durch die Jahre des Auschwitz-Wütens schwieg Gott. Die Wunder, die geschahen, kamen von Menschen allein: die Taten jener einzelnen, oft unbekannten Gerechten unter den Völkern, die selbst das letzte Opfer nicht scheuten, um zu retten, zu lindern, ja, wenn es nicht anders ging, hierbei das Los Israels zu teilen … Aber Gott schwieg. Und da sage ich nun: Nicht weil er nicht wollte, sondern weil er nicht konnte, griff er nicht ein.«[4]

Die zweigeteilte Welt: Natur und Übernatur

Etwa zur gleichen Zeit saß Dietrich Bonhoeffer in einem Gefängnis in Berlin-Tegel. Am 16. Juli 1944 schrieb er an seinen Freund Eberhard Bethge: »Gott als moralische, politische, naturwissenschaftliche Arbeitshypothese ist abgeschafft, überwunden; ebenso aber als philosophische und religiöse Arbeitshypothese (Feuerbach!). Es gehört zur intellektuellen Redlichkeit, die Arbeitshypothese fallen zu lassen bzw. sie so weitgehend wie irgend möglich auszuschalten. Ein erbaulicher Naturwissenschaftler, Mediziner etc. ist ein Zwitter …« Zugleich aber fragte Bonhoeffer: »Wo behält nun Gott noch Raum?« Den *Salto mortale* zurück ins Mittelalter bewertete er als einen Verzweiflungsschritt, »der nur mit dem Opfer der

---

3   Ludwig Feuerbach: Das Wesen des Christentums, Kapitel 4.
4   Hans Jonas, Der Gottesbegriff nach Auschwitz. Eine jüdische Stimme (1984), Berlin 2016.

intellektuellen Redlichkeit erkauft werden kann … Und wir können nicht redlich sein, ohne zu erkennen, dass wir in der Welt leben müssen – *etsi deus non daretur* (»als wenn es Gott nicht gebe«) … Der Gott, der uns in der Welt leben lässt ohne die Arbeitshypothese Gott, ist der Gott, vor dem wir dauernd stehen. Vor und mit Gott leben wir ohne Gott.«

Bis zu diesem Zeitpunkt galt in den Religionen der Welt ein Denken in den Kategorien von *Oben* und *Unten*. Oben ist der Himmel mit Gott und den himmlischen Mächten. Unten leben die Menschen, abhängig vom Segen des Himmels, der als Ort Gottes das eigentliche Weltregiment ist. »Vater unser, der Du bist im Himmel«, beginnt das Gebet Jesu. Entsprechend heißt es Phil 3,20: »Unser Bürgerrecht aber ist im Himmel.« Und der Verfasser des letzten Evangeliums lässt Jesus sagen: »In meines Vaters Haus sind viele Wohnungen. Wenn's nicht so wäre, hätte ich dann zu euch gesagt: Ich gehe hin, euch die Stätte zu bereiten?« (Joh 14,2).

Trotz dieser Betonung des Himmels als endgültiger Heimat richten seit der Aufklärung gerade die lebendigsten Menschen ihr Misstrauen darauf: »Im Himmel werden wir uns über drei Dinge wundern«, sagte Voltaire. »Erstens: Menschen zu treffen, die wir dort nicht erwartet haben. Zweitens: Menschen nicht zu sehen, die wir dort erwartet hätten. Und drittens: uns selbst dort zu treffen.« Nietzsche fragte: »Hat man bemerkt, dass im Himmel alle interessanten Menschen fehlen?« Ebenso kritisierte Mark Twain: »Der Nachteil des Himmels besteht darin, dass man die gewohnte Gesellschaft vermissen wird.« Solche Bemerkungen schaffen den Himmel nicht ab, unterstellen ihn aber einer Ironie, die das gesamte himmlische Drumherum einbezieht. Heinrich Heine verzichtete ganz darauf, als es ihm noch gut ging: »Den Himmel überlassen wir den Engeln und den Spatzen.« Während Georg Christoph Lichtenberg glaubte, keine Erfindung sei dem Menschen leichter geworden als die eines Himmels, meinte Johann Gottfried Seume: »Der Himmel hat uns die Erde verdorben«, und Georg Büchners Woyzeck spottete: »Ich glaub, wenn wir in den Himmel kämen, so müssten wir donnern helfen.«

Insgesamt wird zu dieser Zeit die himmlische Staffage nicht mehr ernst genommen. »Weist nur die Menschen in den Himmel, wenn ihr sie um alles Irdische betrügen wollt«, sagte Seume. Und Ludwig Börne: »Für Menschen, denen die Erde nichts mehr bietet, ward der Himmel erfunden.« Doch früher gab es längst auch die Sicht, den Himmel nicht als einen jenseitigen Raum zu verstehen, sondern metaphorisch zu deuten. Für die mystische Tradition ist das selbstverständlich, etwa wenn Angelus Silesius mahnt: »Halt an, wo läufst du hin? Der Himmel ist in dir. Suchst du Gott anderswo, du fehlst ihn für und für.« Oder später Johann Gottlieb Fichte:

»Das, was sie Himmel nennen, liegt nicht jenseits des Grabes; es ist schon hier um unsere Natur verbreitet, und sein Licht geht in jedem reinen Herzen auf.«

Davon wurde jedoch die kirchliche Gedankenwelt nicht berührt. Während sich das intellektuelle Umfeld immer kritischer von der christlichen Glaubenstradition absetzte und die evangelische Universitätstheologie Bibel und Dogma historisch-kritisch untersuchte, verweilte die Mehrheit der Pfarrerschaft in pietistisch-konservativen Traditionen und hütete sich ängstlich, das studierte exegetische Wissen in Unterricht und Predigt umzusetzen. Dass die katholische Welt bis 1963 von der historisch-kritischen Befragung der Tradition nahezu nichts mitbekam und in der römisch verfügten geistigen Isolation fast erstickte, ist weiteres Indiz einer Verfallsgeschichte, deren Resultate immer deutlicher zutage treten.

Bereits im 16. Jahrhundert hatte die Vorstellung einer zweigeteilten Welt einen ersten Riss bekommen. Von Kopernikus über Keppler und Galilei wuchs die Erkenntnis, dass die Natur nicht dogmatischen Vorstellungen unterliegt, sondern eigenen Gesetzen folgt, die man berechnen und kontrollieren kann. Im Jahr 1615 schrieb Galilei:

> Wo es um die Beantwortung von naturwissenschaftlichen Fragen geht, sollte man sich daher, wie ich meine, nicht in erster Linie auf die Autorität von Bibelstellen berufen, sondern auf Beobachtung und schlüssige Beweisführung ... Und umgekehrt sollte man das, was einem die Beobachtung hinsichtlich einer Naturerscheinung vor Augen führt oder was sich aus schlüssiger Herleitung ergibt, nicht gestützt auf Bibelstellen, hinter denen sich möglicherweise ein ganz anderer Sinn verbirgt, in Zweifel ziehen oder gar verdammen ...
>
> Ich möchte doch die sehr klugen geistlichen Väter bitten, sich mit aller gebotenen Sorgfalt zu überlegen, welches denn der Unterschied ist zwischen einer Lehre, die auf bloßen Überlegungen gründet, und einer, die experimentell nachgewiesen werden kann. Wenn sie sich die Beweiskraft schlüssiger Folgerungen vor Augen halten, müssen sie doch klar erkennen, dass man die in den experimentellen Wissenschaften gewonnenen Einsichten nicht nach ihrem Wunsch zurechtbiegen kann ... Es ist nun einmal nicht dasselbe, ob man einen Mathematiker oder Naturwissenschaftler von ihren Überzeugungen abbringen oder einen Kaufmann oder Rechtsgelehrten umstimmen will; denn nachgewiesene Erkenntnisse über Vorgänge in der Natur oder am Himmel lassen sich mitnichten so leicht ändern wie die Ansicht darüber, ob nun bei einem Vertrag oder bei den Steuern oder bei einem Wechselgeschäft das oder jenes zulässig sein soll ...[5]

---

5 Galileo Galilei, Brief an Christine von Lothringen, 1615, in: Museion, Zürich, [5]2000, 22 ff.; (Urs Guggenbühl, Galileo Galilei, Zum Verständnis von Wissenschaft und Glauben).

Zwar blieben die Wissenschaftler des 17. Jahrhunderts noch gläubige Söhne ihrer Kirche, doch setzte bald ein Denken ein, dass die Größe und Würde des Menschen hervorhob und dazu führte, Jenseitsvorstellungen gegen Fakten auszutauschen, deren Effizienz der Einsicht und Nachprüfbarkeit unterliegen. Dies begann mit einer humanistischen Philosophie, die den Hexen- und Teufelswahn überwand, die Folter als Prozessmittel abschaffte und zur Erklärung der Menschenrechte führte, der die Überwindung der Sklaverei und der Durchbruch der demokratischen Idee folgten. Was bis dahin »von oben« erwartet wurde, rückte in die eigene Verantwortung. Nachdem die Natur des Blitzes erkannt und der Blitzableiter erfunden worden war, verlor das Anzünden geweihter Kerzen seinen Sinn, und die Bittprozessionen zum Gedeihen der Feldfrüchte unterlagen dem Zweifel angesichts des Kunstdüngers, dessen Effizienz kontrollierbar wurde. Während die himmlische Oberwelt stets zur Verstärkung eigener feudaler Interessen und zur Korrektur der Geschichte in Anspruch genommen wurde, verflüchtigten sich die Spuren jenseitiger Wirksamkeit immer mehr und erscheinen heute selbst wachen Kindern nicht mehr plausibel.

Wohin aber kommen wir, wenn wir die Gottesvorstellung und Gottesrede von ihren mittelalterlichen Ideen und Bildern lösen? Beglaubigt sich die himmlische Welt nicht durch Offenbarungen in Bibel und Glaubensgeschichte? Und ist mit dieser Übernatur nicht der kirchliche Bereich in allem verknüpft, was Glaubenslehre und Gottesdienste bekunden? Die Kirche selbst vermittelt doch zwischen Himmel und Erde: Mit ihren Sakramenten spendet sie göttliches Leben, vergibt Sünden und schenkt Versöhnung mit Gott. Ihrer Segensmacht und Fürbitte vertrauen sich Menschen in allen Drangsalen ihres Lebens an. Die himmlischen Instanzen, welche die Liturgie bezeugt, helfen, wenn eigene Lösungswege versagen: Vorab findet die Gottesmutter Maria dieses Vertrauen, daneben die Heiligen sowie das Heer der himmlischen Spezialhelfer für alle nur denkbaren Krankheiten und Sonderfälle.[6] Wallfahrtsorte allüberall bezeugen erfahrene übernatürliche Hilfe und zumal die Marienerscheinungen der letzten zweihundert Jahre beglaubigen den göttlichen Bereich.

Ist es wirklich so?

---

6   Siehe: https://www.heiligenlexikon.de//Patronate/Patronate-Krankheiten.htm.

Was »droben« stattfindet, geschieht unten

Für den modern denkenden Zeitgenossen gibt es keine zweigeteilte Welt mehr. Was von »droben« verlautet, kommt nicht von »oben«, sondern entsteht »unten«. Visionäre Erfahrungen – etwa Ereignisse, die als Offenbarung in Anspruch genommen werden – spielen sich nicht in der äußeren Realität ab, sondern im Innern eines Menschen. Was immer aus jenseitigen Dimensionen erscheint und von Menschen mit unbezweifelter Wachheit erlebt wird, ist dennoch keine Botschaft aus dem Jenseits, sondern eine Sprache des Unbewussten, ohne dass sich der wahrnehmende Mensch der Natur seiner Erfahrung bewusst sein muss. Es ist verständlich, dass sich vor Sigmund Freud und C. G. Jung Menschen über die Natur ihrer Visionen nicht klar sein konnten. »Ich kenne einen Diener Christi«, sagt Paulus von sich, »der vor vierzehn Jahren bis in den dritten Himmel entrückt wurde; ob es mit dem Leib oder ohne den Leib geschah, weiß ich nicht, nur Gott weiß es. Und ich weiß, dass dieser Mensch in das Paradies entrückt wurde; ob es mit dem Leib oder ohne den Leib geschah, weiß ich nicht, nur Gott weiß es. Er hörte unsagbare Worte, die ein Mensch nicht aussprechen kann« (2 Kor 12,2; vgl. Gal 4,12b–15; 2 Kor 12,1–4; 12,7–12)[7]. Doch eine ähnliche Erfahrung machte C. G. Jung, als er im Verlauf einer Krankheit eine Vision erlebte: »Ich hätte nie gedacht, dass man so etwas erleben könnte, dass eine immerwährende Seligkeit überhaupt möglich sei. Die Visionen und Erlebnisse waren vollkommen real; nichts war anempfunden, sondern alles war von letzter Objektivität.«

Für antike Menschen lag es nahe, visionäre Erfahrungen als eine Stimme aus der Transzendenz zu verstehen. Die Frage nach Pathologie oder

---

7   Dies sind die frühesten Zeugnisse der Auferstehung, lange bevor die Evangelien entstanden. Sie unterscheiden sich grundlegend von den späteren Darstellungen, die das Geschehen erzählerisch entwickeln. Während Paulus als ältester Zeuge überhaupt nichts von all diesen Einzelheiten zur Auferstehung weiß, manifestiert sich der später bezeugte Osterglaube in zahlreichen abweichenden Details, die sich nicht zu einer Einheit addieren lassen. Es sind vier Berichte, die sich ebenso unterscheiden, wie sich auch die Jesusbilder der Evangelien unterscheiden. Keiner der Erzähler wusste und setzte voraus, was ein anderer aufzeichnete. Doch sind Visionen von einer literarisch anderen Natur als erzählende Osterlegenden. Darum sieht Paulus nach der Apostelgeschichte auch keine Gestalt, sondern nur ein Licht und hört nur eine Stimme zu ihm sprechen. Diese frühen visionären Erfahrungen werden in den weiteren Jahrzehnten in historisierte Erzählungen transformiert, mit zunehmend apologetischer Tendenz.

Psychopathologie wurde, wie Schalom Ben-Chorin bemerkt, nicht gestellt. »Am Realgehalt solcher Erlebnisse zweifelte in der Zeit, um die es hier geht, niemand ... Erschien nun ein echter Ekstatiker wie Paulus, der offenbar ohne jede Vorbereitung, überwältigt von einem Erlebnis mit der Ewigkeit, in den Kreis von Menschen trat, die von einem Kontakthunger gegenüber der Transzendenz erfüllt waren, so wurde er nicht nur ernst genommen, sondern musste schon durch sein Erlebnis suggestiv wirken.« Doch alles, was die Vergangenheit dem »Himmel« zugeschrieben hat, versteht die Gegenwart als eine Produktion von unten. Auch verbindet die heutige Psychologie solche Erfahrungen oft mit Epilepsieanfällen. Schon der byzantinische Chronist Theophanes (um 750–818) berichtete, Mohammed habe unter Epilepsieanfällen gelitten. Islamische Quellen leugnen den Vorfall nicht, deuten ihn aber nicht als Symptom einer Erkrankung, sondern als Begleiterscheinung himmlischer Offenbarungen.

Der berühmteste Epileptiker des 19. Jahrhunderts war Fjodor Dostojewski. Er schrieb, dass epileptische Anfälle sehr inspirierend sein könnten. Die Anfälle seien von »erhabener emotionaler Subjektivität, in der die Zeit stillsteht«. In seinem Roman »Der Idiot« lässt Dostojewski seinen epileptischen Protagonisten Fürst Myschkin von transzendentalen Erfahrungen berichten. Als in einer Osternacht ein alter Freund Dostojewski in seinem sibirischen Exil besuchte, beschrieb ihm Dostojewski eine prophetische Vision, die er im Rahmen eines epileptischen Anfalls hatte, mit folgenden Worten: »Die Luft war von großem Lärm erfüllt, ich versuchte vergeblich, mich zu bewegen. Ich fühlte, als ob der Himmel über die Erde fällt und mich dabei vereinnahmt. Ich habe Gott wirklich berührt. Er war in mir, ja, Gott existiert, ich habe geweint. Ihr, gesunde Menschen, habt alle keine Ahnung, welche Freude wir Epileptiker eine Sekunde vor dem Anfall empfinden. Mahomet sagte in seinem Koran, er habe das Paradies gesehen und kam dort hinein. All diese dummen, klugen Männer waren sich sicher, dass er ein Lügner und Scharlatan war. Aber nein, er war wirklich im Paradies während eines Epilepsieanfalls. Er war ein Opfer dieser Krankheit wie ich. Ich weiß nicht, ob diese Freude wenige Sekunden, Stunden oder Monate andauert, aber glaub mir, ich würde sie gegen alle Freuden dieser Welt nicht austauschen!« – Zu Mohammeds Offenbarungen meinte Dostojewski: »Vermutlich war es eines dieser Momente, in denen der epileptische Mahomet sagte, er habe die Wohnstätte Allahs binnen kürzester Zeit besucht.«

Die Welt ist mit ähnlichen Erfahrungen reichlich angefüllt. Auch wenn diese aus der Psyche des Menschen zu verstehen sind, sind sie damit nicht entwertet, aber auch noch nicht verstanden, sowenig Menschen sich selbst wirklich verstehen. Insgesamt halten die Religionen der Welt ein Erfahrungsmaterial »jenseitiger« Erscheinungen bereit, das in seiner Eindrücklichkeit die himmlische Welt auch weiterhin ausbaut, wobei sich im Katholizismus seit 1834 insbesondere die Marienerscheinungen aufdrängen und nach Erklärungen verlangen (→ S. 127 ff.). So entschieden die wissenschaftliche Welt sich dem Urteil von Ernst Troeltsch unterstellt, dass das neuzeitliche Denken keine Fakten kenne, »die zwar in der Geschichte stehen, aber nicht aus der Geschichte stammen«, so wenig berührt dies einen Volksglauben, der Anwesenheit und Schutz des Himmels nicht missen will.

Der Himmel, wie er gelehrt und geglaubt wird, ist dem Modell menschlicher Regierung nicht unähnlich. Es gibt einen Hofstaat mit unterschiedlichen Rängen der Engel. Die Heiligen ergänzen diesen Chor, zumal mit besonderen Fürsprechern für menschliche Nöte. Mit allen verbindet sich die Vorstellung, dass sie durch flehentliches Bitten angerufen werden können, so wie die Kirche in unterschiedlichsten Anliegen ja auch Fürbitte hält, besonders bei gesundheitlichen Problemen oder Naturkatastrophen. Nicht selten wird dem Gebet Nachdruck verliehen durch zusätzliche Versprechen und Geschenke. Doch selbst wenn keine Erhörung erfolgt und die bösen Dinge ihren Fortgang nehmen: Die himmlische Welt wird wegen ausgebliebener Erhörung nie in Frage gestellt. Sie ist eine Welt, die auch auf krummen Zeilen gerade schreibt und deren Weisungen sich der gläubige Mensch in Demut unterwirft.

Diese doppelstöckige Welt, die sich in Oben und Unten, Diesseits und Jenseits, Zeit und Ewigkeit teilt, bestimmt das Grundmuster der tradierten Religionen wie des christlichen Glaubens. Die Spaltung der Wirklichkeit in diese Dualität bekundet sich im Zeugnis der Heiligen Schrift wie im Dogma der Kirche: Der Ort Gottes ist der Himmel, aber er selbst hat sich entäußert und ist in seinem Sohn Jesus, dem Christus, Mensch geworden. Aus seiner himmlischen Herrlichkeit stieg er in die Niedrigkeit dieser Welt hinab, um den Menschen – außer der Sünde – in allem gleich zu werden. Durch seinen Tod hat er die verlorene Menschheit wieder mit Gott versöhnt. Diesen Gehorsam bis zum Tod am Kreuz beglaubigte Gott durch die Auferweckung Jesu von den Toten. Doch bevor er in den Himmel zurückkehrte, hat er noch die Kirche gegründet mit der Vollmacht zu binden und zu lösen als eine – zumindest nach orthodoxer und katholischer Interpretation – heilige Hierarchie, die auf Erden Gottes Weisungen verbindlich auslegt. In den Himmel zu kommen, ist das eigentliche Ziel des Lebens.

Abschied von der zweigeteilten Welt

Alle, die sich zu diesem Glauben bekennen, befinden sich in guter Gesellschaft: Die Bibel insgesamt, Erstes wie Zweites Testament, die frühe Kirche, die Kirchenväter, die Scholastik, die Reformatoren, alle Konzilien, die bis zum Tag gelebte und gebetete Liturgie, die gesamte Dogmatik, deren Vermittlung in Katechismen, Religionsbüchern und Lehrplänen – was immer theologisch und katechetisch Gott und das menschliche Dasein beschreibt, geht von einer der irdischen Welt übergeordneten himmlischen Welt aus. Von den Tempeln Mesopotamiens und den Pyramiden Ägyptens bis zu den Gottesdiensten der heutigen Kirchentage hat die Menschheit insgesamt eine Parallelwelt vor Augen – und es scheint so zu sein, dass diese jenseitige Welt auch einem tiefen inneren Bedürfnis entspricht.

Dennoch ist nicht zu übersehen, dass der »Gott-in-der-Höhe« und seine himmlische Welt seit einem halben Jahrtausend die mittelalterliche Selbstverständlichkeit immer mehr einbüßt. Es begann mit Galilei, der es sich verbat, von Gelehrten der Astronomie zu verlangen, sie müssten sich »vor den Resultaten ihrer eigenen Beobachtungen und Beweisgänge in Acht nehmen und diese als Täuschungen und Spitzfindigkeiten darstellen. Denn damit befähle man ihnen nicht nur, nicht zu sehen, was sie sehen, und nicht zu wissen, was sie wissen, sondern mit ihren Forschungen sogar das Gegenteil von dem zu beweisen, was sie tatsächlich in Händen haben ...«

Inzwischen hat das seit Galilei revidierte Weltbild und die ununterbrochene Kette wissenschaftlicher Entdeckungen die himmlische Parallelwelt immer stärker eingegrenzt und zu einer ungeheuren Belastung des bisherigen Gottesglaubens geführt. Im geozentrischen Weltverständnis betreute Gott gewissermaßen noch als Hausgott diese Erde, doch seitdem heute ein schwindelerregender Kosmos die Erde immer kleiner und verlorener erscheinen lässt – in milliardenfachen Galaxien, getrennt durch Milliarden Lichtjahre gähnender Leere –, will der vertraute »Herrgott« dazu nicht mehr passen. In der katholischen Dogmatik sieht es jedoch so aus, als sei nichts geschehen. Der »Weltkatechismus« von 1983 wiederholt und bestätigt nur die längst abgegriffenen dogmatischen Formeln. Dazu heißt es, dass sich das Lehramt »beim Gebrauch der Heiligen Schrift in seinen Verlautbarungen vollkommen souverän gegenüber Erkenntnissen der historisch-kritischen Exegese« verhalten dürfe, wie der Kirchenrechtler Norbert Lüdecke erklärt und was wiederum den Kirchenhistoriker

Hubert Wolf fragen lässt: »Ist wahr, was gelehrt wird, oder wird gelehrt, was wahr ist?«

Ein sich gegenüber historisch-kritischen Erkenntnissen vollkommen souverän verhaltendes Lehramt, das seit der Aufklärung immer wieder die eigene Inkompetenz nachgewiesen bekam, hat unter den Intellektuellen der westlichen Kultur seine Reputation verloren. Im Bereich historischer und naturwissenschaftlicher Forschung ging dieser Instanz jeder Stellenwert verloren – weil sie neue Erkenntnisse nicht gegen alte Glaubensformeln auszugleichen verstand. Dass bei dieser Ohnmacht die scharfe Religionskritik von Ludwig Feuerbach über Karl Marx, Friedrich Nietzsche und Sigmund Freud einen Verlauf nahm, der die christliche Welt in eine klägliche Defensive rückte, war selbstverschuldet und hätte sich anders entwickeln können. Die katholische Kirche und die in Abhängigkeit gehaltene Theologie hatten sich in ihrer dogmatistische Starre so verkrampft, dass keine Freiheit für eine offene Auseinandersetzung blieb. Die Hierarchie bot alle verfügbaren Machtmittel auf, um mit Zensur, Schreib-, Lese- und Redeverboten vor der Tür zu halten, was die gebildete Welt in ihrem Selbstverständnis prägte. Man sah nicht – und will es selbst heute nicht sehen –, dass mit dem Untergang der parallelen Welt auch der dazugehörige Gott verschwindet, weil zentrale Anschauungen, die man früher mit seinem Regiment verband, durch historisch-kritische und hermeneutische Lesarten ihren übernatürlichen Charakter verloren. Zugleich hat damit für viele Menschen der religiöse Bereich die Berechtigung verwirkt, Gott als einen jenseitigen Lenker dieser Welt zu sehen. Zwar hat es seitdem mehrfach Ansätze gegeben, diese Sicht aufzugeben und das christliche Glaubensverständnis neu zu formulieren, aber eine tiefgreifende Revision der wissenschaftlichen Theologie ist damit bisher nicht verbunden.

Wenn nun auch die säkulare Gesellschaft das dogmatische Zubehör einer mittelalterlichen Kirche in vielfacher Hinsicht hinter sich gelassen hat und das Apostolische Glaubensbekenntnis als mythische Redeform erkennt, so bleibt die Kirche in ihrer Gebetssprache und in den Liedern ihrer Gesangbücher doch in das bisherige theistische Weltbild eingebunden, und es sieht nicht so aus, als gebe es – evangelisch wie katholisch – Ansätze, an dieser Stelle eine neue Sprache zu gewinnen. Da die Sprache früherer Menschen und vergangener Zeiten nicht die eigene Sprache ist, können deren Vorstellungen und Gebete auch nicht die eigenen sein. Dasselbe gilt für die Lieder. Was die Kirchengesangbücher anbieten, steht in einem spannungsreichen Verhältnis zur Gegenwartskultur. »Der heutige Sänger alter Lieder spielt eine Rolle und trägt ein Kostüm, er mag es wissen oder nicht ...«, meint der Germanist Hermann Kurzke, aber wenn eine fremd gewordene Sprache zur Beteiligungslosigkeit führt, ist eine Grenze überschritten. Darum ist bei Kurzke ebenfalls zu lesen: »Tradieren heißt nicht bewahren, sondern von Generation zu Generation anpassen, reparieren, weiterentwickeln, erneuern, anbauen, abreißen, umbauen, altes Fachwerk freilegen oder altes Fachwerk verputzen – alles auf dem selben Grundstück am selben Haus.«

Was können wir tun?

Das Wort »Gott« neu denken

Dietrich Bonhoeffer hatte davon gesprochen, es gehöre zur intellektuellen Redlichkeit, Gott als »Arbeitshypothese« fallen zu lassen bzw. so weitgehend wie möglich auszuschalten. Dies geschieht in einem evolutionären Weltbild. Gott hat darin keinen Platz. Hätte er diesen, würde er dingfest gemacht, aber da Gott nicht dingfest zu machen ist, hebt sich ein derartiges Denken aus sich selbst gleich wieder auf. Als der belgische Physiker und Pfarrer George Lemaître (1894–1966) als Erster von einem »Urknall« sprach, vermuteten er und nach ihm viele andere, darin einen Beleg für den Schöpfungsglauben gefunden zu haben. Doch dann zeigte sich, dass dieser Urknall im eigentlichen Sinn gar nicht existiert, sondern nur »die Grenze der Berechenbarkeit aufgrund der heute akzeptierten Theorien ist. Ändern sich diese Theorien, dann wird der Urknall womöglich wieder verschwinden« (Hans-Dieter Mutschler). Und schwups hat auch hier die Arbeitshypothese Gott erneut ihr Objekt verloren.

Hätte Bonhoeffer bereits zu seiner Zeit die Entwicklung des evolutiven Denkens verfolgen können, wie es sich in den Jahrzehnten danach entfaltete, wäre für ihn der Verzicht auf die »Arbeitshypothese Gott« noch zwingender gewesen. Mit diesem Verzicht aber entfallen die ständigen »Eingriffe« Gottes in die Geschichte, von denen Theologie und Glaube stets zu wissen meinen. Er dispensiert eine Vorsehung, deren Unzuverlässigkeit stets der Erklärung und Entschuldigung bedarf, und es gibt in der Folge – jedenfalls in dieser Hinsicht – auch kein Theodizeeproblem mehr. Entsprechend kann von »Gebetserhörungen« nicht länger die Rede sein, ganz davon zu schweigen, dass die volksfrommen Interventionsversuche mit Gebeten um besseres Wetter oder gesegnete Ernten gegenüber dem verantwortlichen Handeln der Menschen zurücktreten. Im Rahmen der gängigen Glaubenstradition mag man aus solcher Rede Atheismus herauslesen, aber dieser »Atheismus« erwächst einer Sensibilität, die sich jeder Vergegenständlichung Gottes enthält. Gott ist nicht mit dem identisch, was erforscht werden kann, und gibt zur ursächlichen Erklärung des sonst Unbekannten nichts her. Das Wort »Gott« bezeichnet keinen Begriff zur Erklärung bestimmter Vorgänge in der Welt; Gott hat auch mit Erdbeben, Überschwemmungen, Seuchen, Krankheiten, Unfällen und dem Wettergeschehen nichts zu tun. »Gott« steht vielmehr für eine ganz bestimmte Art, die Welt zu verstehen. Werden aber Fragen rationaler Welterklärung in die Symbolsprache des Mythos einbezogen, gerät die Theologie aus dem Lot, und Gott und die Welt werden missverstanden. Darum ist das Wort »Gott« in den Sachbereichen der Wissenschaften systemfremd und störend. Alles Reden von Gott deutet das menschliche Leben: Religion ist Hermeneutik, das heißt Auslegung des menschlichen Daseins; zur empirischen Erklärung der Weltwirklichkeit trägt sie nichts bei.

Gott ist daher keine Kategorie des Erkennens, sondern »nur« ein Wort, eine Chiffre, mit deren Hilfe der Mensch sein eigenes Dasein als in sich berechtigt zu deuten versucht. Genauer: Das Wort Gott dient nicht dem Erfassen der Wirklichkeit, sondern der Interpretation der menschlichen Existenz im Angesicht der Wirklichkeit. Die alles entscheidende Frage heißt, welche Wahrheit und welche Wirklichkeit in dem Symbol Gott enthalten sein kann.

Gibt es Gründe, religiös zu sein, so unterstehen sie keinen wissenschaftlichen Erkenntnissen oder Beweisführungen. Da sie allein im Menschen liegen, müssen sie auch von ihm her entwickelt werden. Als Beispiel können die Zehn Gebote dienen, die eine lange Vorgeschichte haben. Sie wurden von Menschen erarbeitet, die überzeugt waren, dass es der »Wille Gottes« sei, das Lebensrecht eines jeden Menschen zu sichern. Nicht minder verkündeten die Propheten als »Wort Gottes«, was sie als absolut bindend verstanden. Im Grunde verfährt die Kirche auch heute so, bisweilen ohne sich zu fragen, ob der beanspruchte Wille Gottes nur die eigenen Interessen kaschiert. Religion ist keine Lehre von Gott, keine Welterklärung aus göttlicher Perspektive, sondern der Versuch, sich als Mensch zu verstehen und sich vor dem Absoluten selbst zu bestimmen.

Wenn nun die Religionen die Wirklichkeit nicht ausmessen können, so können es die Naturwissenschaften auch nicht. Wissenschaften erklären den Kosmos aus Ursachen; dagegen besteht die Aufgabe der Religion darin, die Bedeutung der Welt für den Menschen zu beschreiben, allerdings nicht unabhängig von dem, was wissenschaftlich erkennbar wird. Das »Göttliche« – um mit dem Wort alter Tradition zu sprechen – artikuliert letztlich den Sinn, in dem die Welt für den Menschen inneren Zusammenhang und Bedeutung erhält. »Gott« verstehen wir nur insofern, als wir uns selbst in der von uns begriffenen Welt verstehen: in steter Offenheit für das Nicht-Verfügbare.

Aus dem himmlischen Obergeschoss der zweigeteilten Welt lässt sich keinerlei Inhalt als Information in die Welt des Wissens übernehmen. Nichts von dem, was aus einer jenseitigen Welt verlautet, ist mit den Kenntnissen der realen Welt zu verrechnen. Allerdings erschöpft sich diese Welt nicht im Faktischen. Paul Tillich hat der realen Welt ihre göttliche Tiefe zurückgegeben, indem er dem verlorenen »Gott-in-der-Höhe« eine neu gedeutete Wirklichkeit gegenüberstellte:

> Der Name dieser unendlichen Tiefe und dieses unerschöpflichen Grundes allen Seins ist Gott. Jene Tiefe ist es, die mit dem Wort Gott gemeint ist. Und wenn das Wort für Euch nicht viel Bedeutung besitzt, so übersetzt es und sprecht von der Tiefe in Eurem Leben, vom Ursprung Eures Seins, von dem, was Euch unbedingt angeht, von dem, was Ihr ohne irgendeinen Vorbehalt ernst nehmt. Wenn Ihr das tut, werdet Ihr vielleicht einiges, was Ihr über Gott gelernt habt, vergessen müssen, vielleicht sogar das Wort selbst. Denn wenn Ihr erkannt habt, dass Gott Tiefe bedeutet, so wisst Ihr viel von ihm. Ihr könnt Euch dann nicht mehr Atheisten oder Ungläubige nennen, denn Ihr könnt nicht mehr denken oder sagen: Das Leben hat keine Tiefe, das Leben ist seicht, das Sein selbst ist nur Oberfläche. Nur wenn Ihr das in voller Ernsthaftigkeit sagen könnt, wäret Ihr Atheisten, sonst seid Ihr es nicht. Wer um die Tiefe weiß, weiß auch um Gott.[8]

Der Weg zur Gotteserfahrung setzt nicht neben oder hinter den regulären menschlichen Erfahrungen an, sondern *in diesen selbst*. Dies bedeutet, die Gotteserfahrung auch nicht *neben* einer lebenslangen Selbsterfahrung unterzubringen, sondern Selbsterfahrung mit Gotteserfahrung verschränkt zu sehen. Geschieht dies, ist kein theologischer Satz mehr möglich, der nicht zugleich auf eigene Erfahrung bezogen wäre, und zwar in einer Weise, die im Aufschließen eigener Erfahrung die Sensibilität für neue, tiefergehende Erfahrung weckt. Dazu gehört auch jenes Erfahrungswissen, das der Mensch im Lauf der Evolution angesammelt hat und das ihn bis in seine instinktiven Reaktionen hinein bestimmt. »Selbst die Geschichte des Weltalls ist implizit in uns verborgen: In der ausgefeilten Konstruktion unseres Gleichgewichtsorgans spiegelt sich die Wirkung der Schwerkraft wider, im Bau unseres optischen Wahrnehmungsapparats kommt die Natur der elektromagnetischen Strahlung zum Ausdruck, und die chemischen

---

[8] Paul Tillich, Die verlorene Dimension, Hamburg 1969, 106.

Elemente, aus denen wir bestehen, haben sich zum Teil vor Millionen von Jahren im Innern von weit entfernten Sternen in der Nukleosynthese gebildet. Wir sind, im wahrsten Sinne des Wortes, Sternenstaub. So gesehen zeigen sich selbst auf der plumpsten, materiellen Ebene Kontaktstellen zu einem sehr viel größeren kosmischen Sein, das uns nicht nur mit dem Universum, sondern mit allen anderen lebenden Wesen verbindet ... Alle religiösen Praktiken lassen sich als Versuche interpretieren, sich der Begrenztheit des eigenen ›Ich‹, des Selbstmodells, bewusst zu werden, es zu transzendieren und schließlich zugunsten einer allumfassenden Wirklichkeit aufzugeben.«[9]

Einen damit korrespondierenden Ansatz, die evolutionäre Weltsicht zu erklären, hat der amerikanische Philosoph Thomas Nagel mit seinem Buch »Geist und Kosmos. Warum die materialistische Konzeption der Natur so gut wie sicher falsch ist« verfolgt.[10] Er meint, was die Existenz von Lebewesen wie uns Menschen erklärt, müsse auch die Existenz des Geistes erklären. Wenn der Geist ein Produkt der biologischen Evolution ist, Organismen mit geistigem Leben also ein wesentlicher Bestandteil der Natur sind, dann könne auch die Biologie keine rein physikalische Wissenschaft sein, sondern müsse erklären können, wie der Geist und alles, was mit ihm einhergeht, dem Universum inhärent ist. Das lässt Thomas Nagel zweifeln, »ob der Materialismus überhaupt eine angemessene Darstellung von der physikalischen Welt geben kann«. Er hält Geist nicht für einen evolutionären Zufall, sondern für einen grundlegenden Aspekt der Natur. Als Atheist verzichtet er darauf, den Geist als Ausdruck göttlicher Intention zu verstehen, sondern sieht ihn säkular als fundamentales Prinzip der Natur selbst.

Darum gehören für Thomas Nagel alle Elemente des Geistes zur natürlichen Welt, ohne einen transzendenten individuellen Geist zu implizieren, geschweige denn ein vollkommenes Wesen. Für das Auftreten von lebendigen Organismen bis zur Entstehung von Bewusstsein, Wahrnehmung und der Ausbildung von Überzeugungen und Intentionen gebe es eine natürliche Erklärung. Die Möglichkeiten dazu waren dem Universum inhärent, lange bevor es Leben gab; sie waren auch dem ersten Leben inhärent, lange bevor sich die Tiere entwickelten. Für die Realisierung dieser Möglichkeiten hält Nagel angesichts der Naturgesetze und der Zusammensetzung des Universums eine erhebliche Wahrscheinlichkeit für

---

9 Ulrich Schnabel, Die Vermessung des Glaubens, München 2008, 492 f.
10 Thomas Nagel, Geist und Kosmos. Warum die materialistische Konzeption der Natur so gut wie sicher falsch ist, Berlin 2013.

gegeben. Das »würde Geist und Vernunft als grundlegende Aspekte einer nichtmaterialistischen Naturordnung erkennbar machen«.[11]

Konsequenz dieser Einsicht ist es, den Materialismus hinter uns zu lassen. Thomas Nagel hält alles, was existiert, sei es lebendig oder nicht, für eine Wirklichkeit, die von den physikalischen Wissenschaften nicht angemessen beschrieben werden kann:

> Dass ich eine immanente, natürliche Erklärung bevorzuge, kommt mit meinem Atheismus zur Deckung. Doch sogar ein Atheist, der glaubt, dass Gott letztlich für das Auftreten bewussten Lebens verantwortlich ist, könnte der Ansicht sein, dass dies als Teil einer Naturordnung geschieht, die zwar von Gott geschaffen ist, aber keines weiteren göttlichen Eingreifens bedarf. Ein Test, der nicht auf den Dualismus in der Philosophie des Geistes verpflichtet ist, könnte annehmen, dass die in der Natur vorhandene Möglichkeit zu bewussten Organismen bereits der Beschaffenheit der Elemente innewohnt … Aus diesen Gründen sollte eine Form des teleologischen Naturalismus selbst denjenigen, die glauben, dass Gott letztlich für alles verantwortlich ist, nicht weniger glaubwürdig erscheinen als eine interventionistische Erklärung.[12]

Dass der Autor keinen der Natur gegenüberstehenden Gott kennt, macht ihn für religiöses Denken nicht uninteressant. Er hat den herrschenden Naturwissenschaften Grenzen aufgezeigt und damit den Möglichkeiten des Geistes ihre derb-materialistische Prägung genommen. »Eine angemessene Konzeption des Kosmos muss mit ihren Mitteln erklären können, wie es zur Entstehung von Wesen führen konnte, die fähig sind, erfolgreich darüber nachzudenken, was gut und schlecht, richtig und falsch ist, und die moralische und evaluative Wahrheiten entdecken können, die nicht von ihren eigenen Überzeugungen abhängen.«[13] Damit begründet er eine Form des teleologischen zielgerichteten Naturalismus, der Theologen entgegenkommt, zumal er Jacques Monods »Zufall und Notwendigkeit« von 1970 widerspricht. Monod wollte zeigen, dass ein auf den Erkenntnissen der Naturwissenschaften begründetes Weltbild keinen Raum für eine anthropozentrische Vorherbestimmtheit des Menschen zulässt. Dennoch oder gerade deswegen stellte er seinem Essay das Camus-Zitat voran: »Sisyphos lehrt die höhere Treue, die die Götter leugnet und die Steine bewegt … Dieses Universum, von nun an ohne Herren, erscheint

---

11 Ebd., 53.
12 Ebd., 138 f.
13 Ebd., 152.

ihm weder unfruchtbar noch nichtig … Der Kampf um die Gipfel allein kann ein Menschenherz ausfüllen.«

Nagels Lösungsvorschlag eines teleologischen Wegs, der den Geist von Anfang an als »Disposition« im Kosmos vorhanden sieht, bezieht dennoch in diese »kosmische Prädisposition« die bekannten »Zufälle« der Evolutionsgeschichte nicht ein (z. B. das Aussterben der Dinosaurier vor 65 Millionen Jahren oder Änderungen in der Plattentektonik der Erde). Doch melden sich inzwischen viele weitere Wissenschaftler, die den Lebensatem, die Vernunft und den in Menschen sich bewusst werdenden Geist bereits mit der Materie verbunden sehen. Dabei ist eine Entwicklungslinie über zufällige Mutationen wohl die unwichtigste. Aus Sternenstaub ist in einem Milliarden von Jahren andauernden Prozess der Vernetzung eine immer höhere Ordnung entstanden, in der schließlich der Mensch sich seiner selbst und des Kosmos, der ihn hervorgebracht hat, bewusst wurde. Darum lässt sich nicht gültig von »toter Materie« sprechen, weil bereits ein Stein aus einem Atomkern mit Protonen und Neutronen besteht, um den Elektronen sich bewegen, deren Substanz so gering ist, dass man letztlich nicht einmal weiß, ob es sich dabei um Teilchen oder eine Energiewelle handelt. Will man ein solches Atom als Modell darstellen und nimmt für Protonen und Neutronen einen Durchmesser von 10 cm an, hätte das gesamte Atom einen Durchmesser von 10 km, was das Atom als einen gigantisch leeren Raum darstellt, der von der Bewegung der Elektronenwolke zusammengehalten wird, deren Geschwindigkeit mehr als 100 Millionen Stundenkilometer betragen soll. Schon Teilhard de Chardin schrieb: »Konkret gibt es nicht Materie und Geist: Vielmehr existiert nur die Geist werdende Materie. Es gibt auf der Welt weder Geist noch Materie: der ›Stoff des Universums‹ ist Geist-Materie. Keine andere Substanz als diese vermochte, das menschliche Molekül zu ergeben.«[14] Später resümierte Teilhard: »Der Geist geht (in einem pan-kosmischen Prozess) aus der Materie hervor. Materia Matrix.« Während Jacques Monod dem »Zufall« eine bestimmende Funktion einräumte, schrieb der belgische Biochemiker und Nobelpreisträger Christian de Duve (1917–2013): »Auf Monods berühmten Satz: ›Das Universum trug weder das Leben, noch trug die Biosphäre den Menschen in sich‹, antworte ich: ›Du irrst. Sie taten es sehr wohl.‹« Und erläutert, dass für ihn Leben und Geist keine exotischen Unfälle sind, sondern »natürliche Erscheinungsformen der Ma-

---

14 Teilhard de Chardin, Skizze eines personalen Universums, in: Die menschliche Energie, Freiburg i.Br. 1966, 76.

terie, die der Struktur des Universums innewohnen. Für mich ist dieses Universum kein ›kosmischer Gag‹, sondern ein bedeutungstragendes Gebilde, das so beschaffen ist, dass es Leben und Geist hervorbringt: Es muss zwangsläufig denkende Wesen entstehen lassen, die Wahrheit erkennen, Schönheit schätzen, Liebe empfinden, sich nach dem Guten sehnen, das Böse verachten und Geheimnisse erleben. Ich erwähne Gott nicht ausdrücklich, weil dieser Begriff mit vielfältigen Interpretationen besetzt ist, die mit verschiedenen Arten zu glauben zusammenhängen.«[15]

Weil sich der traditionelle Theologe dieser Linie gerne vorschnell anschließt und ein solches teleologisches Weltbild allzu gerne mit einem persönlichen Schöpfergott verbindet, mahnt Vito Mancuso (geb. 1962), Professor für zeitgenössische Theologie an der Universität San Raffaele in Mailand: »Wenn wir natürlich davon ausgehen, dass an der Spitze dieses Organismus, der sich bewegt auf Kosten der Schwachen und Unschuldigen, ein persönlicher Gott steht, der alles entscheidet, der beschließt, wer leben und wer sterben wird, dann wird die Welt als solche moralisch inakzeptabel. Dann ist nur zu verständlich, weshalb manche Menschen den Zufall einem willkürlichen und blutdürstigen Gott vorziehen ... Nimmt man hingegen eine innere, unpersönliche Logik der Welt an, die vorwärts strebt, ohne sich um Einzelschicksale zu kümmern ..., dann kann das Gewissen, zumindest das meine, die Welt in ihrer Logik akzeptieren. Einer Logik, die unpersönlich, ja blind sein mag, doch als positives Ziel das Leben hat, das Leben des Einzelnen.«[16]

Natürlich kann man den Gedanken, dass die kosmische Entwicklung mit dem heutigen Menschen noch nicht alle ihre Möglichkeiten realisiert hat, weiterführen, dass der Mensch noch höhere Grade des Geistigen erreichen kann (→ S. 169 ff.), in welcher Abhängigkeit oder Unabhängigkeit von seiner Physis auch immer. Dann mag aus dem Logos, der dem kosmischen Geschehen zugrunde liegt, eine höhere Ebene des Seins hervorgehen, die jedoch nicht von einem geschichtlich singulären »Heilsgeschehen« bestimmt wird, sondern von dem, was der ontologischen Ordnung immanent ist. Im Übrigen sollte unser Denken, solange und soweit es auf eigenen Wegen zurechtkommt, darauf verzichten, Gott in die Erklärung der Evolutionsgeschichte einzubeziehen.

---

15 Christian de Duve, Aus Staub geboren. Leben als kosmische Zwangsläufigkeit, Heidelberg/Berlin/Oxford 1955, 22 f.
16 Vito Mancuso, Die Seele und ihr Schicksal, München 2013, 135.

Der Weg der Mystik

An dieser Stelle ist die Mystik zu bedenken; sie geht der modernen Kritik an der zweigeteilten Welt vorauf. Meister Eckhart versteht das Verhältnis von Gott und Mensch nicht so, dass die Seele eine Sache wäre und Gott eine andere und beide kämen dann zusammen. Er betont vielmehr, »wie ich schon öfters gesagt habe, dass etwas in der Seele ist, das Gott so verwandt ist, dass es eins ist und nicht vereint.« Er kann auch sagen, Gott sei der Seele näher, als diese sich selber ist, und in der Folge dieses Gedankenganges kommt er zu der beschwingten Metapher vom Wein im Keller für den göttlichen Grund des Menschen: Alles kommt darauf an, dass der Mensch in den Keller hinabsteigt, das heißt im Vollzug seines Lebens einholt, was in ihm selbst angelegt ist. Der zu solcher Erfahrung angeleitete Mensch glaubt nicht, weil andere ihn unterrichtlich in eine Glaubenslehre eingeführt haben, sondern weil ihm Wege erschlossen sind, die Bekenntnis und Formel übersteigen und etwas zugänglich machen, was jenseits des Sagbaren liegt.

In der Gegenwart finden sich diese Gedankengänge bei den Vätern der modernen Physik, die mit der Entwicklung der Quantenphysik den Dualismus von Geist und Materie überschritten. Sie ließen die ausschließliche Gültigkeit der klassischen Physik hinter sich, deren Wirklichkeit *Realität* ist (von *res*, die »Sache«, das »Ding«) nach der sich die Welt determiniert darstellt. »Man lehrte die Generation, zu der Einstein, Bohr und ich gehören, dass eine objektive physikalische Welt existiert, die sich nach unveränderlichen Gesetzen entfaltet, die von uns unabhängig sind«, schrieb Max Born (1882–1970) und setzte dagegen: »Wir können den Beobachter einer physikalischen Erscheinung nicht mit dem Publikum bei einer Theateraufführung vergleichen, sondern eher mit dem bei einem Fußballspiel, wo der Akt des Zusehens, der von Applaus oder Pfeifen begleitet wird, einen ausgeprägten Einfluss auf die Schnelligkeit und Konzentration der Spieler und damit auf den beobachteten Vorgang hat ... Es gibt also keine objektiv existierende Situation, wie man sie in der klassischen Physik angenommen hatte.«[17]

Hier erfolgt eine Umkehrung der Rangordnung. Während es bisher immer hieß, dass Materie Materie bleibe und deshalb so verlässlich sei, lautet nun die neue Erkenntnis: »Materie gibt es im Grunde gar nicht.«

---

17 Max Born, Physik und Metaphysik, in: Hans-Peter Dürr (Hg.), Physik und Transzendenz, Bern 1986, 92.

Hans-Peter Dürr (1929–2014) nennt die ursprünglichen Elemente der Quantenphysik »Beziehungen der Formstruktur«, die nicht Materie sind:

> Wenn diese Nicht-Materie gewissermaßen gerinnt, zu Schlacke wird, dann wird daraus etwas ›Materielles‹. Oder noch etwas riskanter ausgedrückt: Im Grunde gibt es nur Geist. Aber dieser Geist ›verkalkt‹ und wird, wenn er verkalkt, Materie. Und wir nehmen in unserer klassischen Vorstellung den Kalk, weil er ›greifbar‹ ist, ernster als das, was vorher da war, das Noch-nicht-Verkalkte, das geistig Lebendige.[18]

Das ist der revolutionäre Anfang der modernen Physik und bedeutet für manche Physiker sogar eine Offenheit zur Transzendenz hin, die Hans-Peter Dürr »Hintergrund« nennt. Die Sinnhaftigkeit des Lebens steckt für ihn »in dem System als Ganzem von Anfang an: Die Sinnhaftigkeit ergibt sich aus der Beziehung des Einzelnen, des nur konstruiert Abgetrennten, in Bezug auf den Hintergrund. In der Erfahrung dieser Beziehung begegnen wir dem Religiösen.«[19]

Als im Frühsommer des Jahres 1952 Werner Heisenberg in einem Gespräch von Wolfgang Pauli gefragt wurde: »Glaubst du an einen persönlichen Gott?«, antwortete Heisenberg: »Darf ich die Frage anders formulieren? Dann würde sie lauten: Kannst du oder kann man der zentralen Ordnung der Dinge oder des Geschehens, an der ja nicht zu zweifeln ist, so unmittelbar gegenübertreten, mit ihr so unmittelbar in Verbindung treten, wie dies bei der Seele eines anderen Menschen möglich ist? Ich verwende hier ausdrücklich das so schwer deutbare Wort ›Seele‹, um nicht missverstanden zu werden. Wenn du so fragst, würde ich mit Ja antworten.«

Das Wort Gott wird hier vermieden, weil es im physikalischen System sachfremd ist und Physiker darüber keine Aussage machen können, doch finden wir die gleiche Behutsamkeit auch in den Traditionen der Mystik. Meister Eckhart erklärte, Gott sei »nichts«: »Wenn er nun weder Güte noch Sein noch Wahrheit noch Eins ist, was ist er dann? Er ist gar nichts,

---

18 Hans-Peter Dürr, Das Lebende lebendiger werden lassen, München 2011, 24.
19 Dazu passt eine Anmerkung von Frido und Christine Mann (einer Tochter Heisenbergs): »Die Vorstellung des Geistigen als Grundlage der Welt, zu dem man in Beziehung treten kann, das man anreden und das die Welt beeinflussen kann, widerspricht nicht mehr unbedingt den Erkenntnissen der Physik. Damit ist erst recht unser ganzes Bewusstsein mehr als nur ein zu vernachlässigendes Epiphänomen biologischer Evolution, wie das manche Naturwissenschaftler immer noch behaupten.«

er ist weder dies noch das.« Der Freiburger Religionsphilosoph Bernhard Welte (1906–1983) kommentierte: »Wenn alle Namen und Begriffe verschwinden, verschwindet mit ihnen alle Objektivität, das heißt alles Vor-sich-Hinstellen von etwas als etwas … Wo aber Begriffe und Namen schwinden, da schwindet folgerichtig auch alle Eigenschaft, das heißt alles Bestehen des Menschen auf seinem eigenen Selbst …, er verlässt und vergisst sich selbst in die namenlose Unendlichkeit hinein, er wird so dem Nichts gleich und eben dadurch Gott gleich.« Entsprechend sagen jene, die meditativ eine durchbrechende Erfahrung gemacht haben: »Einen außerweltlichen Gott, der quasi über der Welt und allem ›schwebt‹, hat es nie gegeben.« Die Mystik kannte zu keiner Zeit eine zweigeteilte Welt. Willigis Jäger (geb. 1925) beschreibt sein Gottesverständnis so:

> Gott inkarniert sich im Kosmos. Er und seine Inkarnationen sind unlösbar miteinander verbunden. Er ist nicht in seiner Inkarnation, sondern er manifestiert sich als Inkarnation. Er offenbart sich im Baum als Baum, im Tier als Tier, im Menschen als Mensch … Es sind dies also nicht Wesen, neben denen es dann noch einen Gott gäbe, der gleichsam in sie hineinschlüpfte, sondern er ist jedes einzelne dieser Wesen – und ist es auch wieder nicht, da er sich nie in einem von diesen erschöpft, sondern immer auch alle anderen ist. Eben diese Erfahrung macht der Mystiker. Er erkennt den Kosmos als sinnvolle Manifestation Gottes, während sich manche Menschen dem Kosmos gegenüber verhalten wie Analphabeten gegenüber einem Gedicht: Sie zählen die einzelnen Zeichen und Worte, aber sie sind nicht imstande, den Sinn zu verstehen, der dem ganzen Gedicht seine Gestalt gibt … Alles ist Welle und Ozean zugleich. Alles ist Ausdrucksform dieser einen Wirklichkeit. Und da alles Ausdrucksform derselben Wirklichkeit ist, gibt es auch eine absolute Verbundenheit mit allem.[20]

Während Willigis Jäger in den Denkbahnen mystischer Tradition spricht, bahnt sich fern solcher Sprachmuster eine bisher nie vernommene »weltliche« Lebenshaltung an, die der österreichische Professor für Organisationsberatung, Kurt Buchinger (1943–2017), während seiner Kranken- und Behandlungsgeschichte in der Auseinandersetzung mit dem Leben und dem Tod so beschrieben hat:

> Ich spiele ein neues Spiel: Ich widme mich der Überwindung, der Aufhebung der zweiwertigen Logik, des binären Codes, des anthropologischen Grundwiderspruchs, des Entweder-Oder, das sich gerne durchs Leben zieht, das wir durchs ganze Leben ziehen:

---

20 Willigis Jäger, Die Welle ist das Meer. Mystische Spiritualität, Freiburg i.Br., 2000.

Gut – böse, wahr – unwahr, richtig – falsch, gesund – krank, jung – alt, Leben – Tod. Und dazu die ganze Kriegsmaschinerie dieses Codes: Gut bekämpft Böse und verfällt ihm durch Kampf. Die Scheiterhaufen brennen. Wahr bekämpft Unwahr und die Irrtümer breiten sich aus. Wieder brennen die Scheiterhaufen. Jung überwindet Alt und wird zur Fratze des Alters. Gesund vernichtet Krank und die Nebenwirkungen nehmen zu. Leben besiegt Tod um jeden Preis und gräbt sich sein Grab.

Aber der Hingabe an diesen ganzen Gegensatz, ohne einen Teil gegen den anderen auszuspielen, kann zuletzt nichts widerstehen. Sie beseitigt den Gegensatz nicht, sie geht einfach darüber hinaus, ist nicht mehr in ihm oder einem seiner Teile angesiedelt, sie hebt ihn auf – nicht als Tat, vielmehr hebt sich der Gegensatz dann selbst auf. Manche sprechen von einer Überwindung der Dualität. Andere von Erlösung ...

Das Lebendige Allgemeine, das ich im Besonderen mehr erleben als begreifen durfte, lautet: Dieses Leben ist in seiner Fülle nur als sterbendes Leben, als lebender Tod zu haben. Und das ist etwas anderes als das viel strapazierte wunderbare »Stirb und Werde«. Denn es ist keine Aufeinanderfolge von Tod und Leben in der Achterbahn des Lebens, es ist deren ruhige immer währende Gleichzeitigkeit, echte Gegenwart.

Nur so, als sterbendes Leben, als lebender Tod lässt uns das Leben seinen gesegneten Reichtum erahnen, zu dem der Tod die Türe öffnet. Das alles auf eigenes Risiko, natürlich.[21]

Auf Gott und den Himmel weist in diesen Worten nichts hin. Und doch wird niemand sagen können, hier lebe Religion und Glaube nicht weiter. Bei Andreas Gryphius (1616–1664) heißt es: »Mein sind die Jahre nicht, / die mir die Zeit genommen; / mein sind die Jahre nicht, / die etwa mögen kommen; / der Augenblick ist mein, / und nehm ich den in acht, / so ist der mein, / der Zeit und Ewigkeit gemacht.« Auch hier ist »Gott« weder Gegenüber noch Abgrenzung, sondern der »leere« Grund, aus dem alles fließt. Meditierende aller Zeiten sprechen von diesem EINEN, vom Namenlosen, Brahman, Tao, Nirvana, göttlichem Geist ..., so sehr auch mit jedem Begriff kulturelle Eigenheiten verbunden sind. Doch wie auch immer die Begriffe lauten und wechseln, in allem geht es um den Schoß der Wirklichkeit oder – wie Hans-Peter Dürr sagt – um den »Hintergrund«.

---

21 Kurt Buchinger, Dieser lebende Tod – dieses sterbende Leben: http://www.systemagazin.de/bibliothek/texte/Buchinger_Dieser_lebende_Tod.pdf

Kann man zu diesem »Gott« beten?

Notwendig treten wir vom zuletzt erörterten Reflexionsniveau noch einmal zurück, um zu fragen, wie sich die Gottesvorstellung mit der Leidensgeschichte der Welt verbindet. Das von Johann Baptist Metz immer wieder bearbeitete Thema lautet: »Christliche Mystik will verstanden sein als eine Mystik des Leidens an Gott – und dies nicht etwa, um unserer alltäglichen Leiderfahrung noch eine mystische hinzuzutun, sondern um diese Leiderfahrung der Verzweiflung zu entreißen und sie nicht im Vergessen verschwinden zu lassen.«[22] Ebenso dachte Max Horkheimer, »dass die letzten Hoffnungen auf eine übermenschliche Instanz kein Ziel erreichen und dass die Nacht, die kein menschliches Licht erhellt, auch von keinem göttlichen durchdrungen wird, ungeheuerlich« sei. Aber wenn es nach Auschwitz unbezweifelbar geworden ist, wie Hans Jonas sagt, dass Gott nicht helfend eingreift, nicht weil er nicht will, sondern weil er nicht kann, kann dann Gott aus der Verzweiflung entreißen und vor dem Vergessen bewahren? Ist heute nicht alles, was sich bisher mit dem Wort »Gott« verband, neu zu denken? Und wer werden die Künstler und Poeten sein, die diesem »Gott« noch einmal Ausdruck geben?

Der Gott der menschlichen Sehnsucht ist der personal gedachte Gott, der um Gunst und Hilfe angerufen werden kann, wann immer die Not dazu drängt. Um unerträglichen Zuständen zu entkommen, haben die Menschen ihn seit jeher mit Opfern und Geschenken bedrängt. Wahrscheinlich werden ihre Gebete nie aufhören. Dazu meinte Horkheimer: »Wenn die Gerechtigkeit und Güte Gottes nicht als Dogmen, nicht als absolute Wahrheit vermittelt werden, sondern als die Sehnsucht derer, die zu wahrer Trauer fähig sind, eben weil die Lehren nicht bewiesen werden können und der Zweifel ihnen zugehört, lässt sich theologische Gesinnung, zumindest ihre Basis, in adäquater Form erhalten … Den Zweifel in die Religion einzubeziehen, ist ein Moment ihrer Rettung.«[23]

In der biblischen Tradition richtet sich das Bittgebet ausschließlich an Gott. Die katholische Tradition aber bezieht Fürsprecher ein, Heilige aus vielen Zeiten und Völkern und vor allem Maria, die Mutter Jesu, von der gesungen wird: »Nein, oh Mutter, weit und breit, schallt's durch deiner Kinder Mitte, dass Maria eine Bitte nicht erhört, ist unerhört, unerhört in

---

22 Johann Baptist Metz, Memoria passionis. Ein provozierendes Gedächtnis in pluralistischer Gesellschaft, Freiburg 2006, 26.
23 Max Horkheimer, Zur Produktivität des Zweifels, in: Gerhard Rein (Hg.), Dialog mit dem Zweifel, Stuttgart/Berlin 1969, 148–152, hier: 151 f.

Ewigkeit.« Ihre Hilfe angesichts des streng richtenden Vatergottes wurde zur Notwendigkeit, auch wenn sie – dogmatisch gedacht – nur vermittelnde Instanz sein kann und nicht unabhängige Spenderin der erbetenen Gunst. Aber so wie Maria an der Seite der Heiligen Dreifaltigkeit gewissermaßen durch die *vox populi* eigene Autonomie erhielt, erging es auch den vielen heiligen Fürsprechern, von denen einige einen besonderen Ruf erwarben wie Antonius von Padua als Helfer bei verbummelten Sachen oder die heilige Rita von Cascia als »Helferin in aussichtslosen Nöten«. Die katholische Tradition führt damit eine Praxis fort, die ehedem allgemein verbreitet war. Man rief eine zuständige Gottheit an, um von dieser gewährt zu bekommen, was in deren Hoheitsgebiet fiel. Diese Gottheiten konnten die an sie gerichtete Bitte nach eigenem Gusto gewähren wie verweigern. Sie waren darin gewissermaßen autark. In dieser Tradition stehen weiterhin die Heiligen der katholischen Kirche. Man muss nicht zu Gott im höchsten Himmel vordringen, um dessen Hilfe zu erreichen. Dem gewöhnlichen Menschen gelingt es ja sowieso nicht, an die Spitze einer Hierarchie vorzudringen, bestenfalls bleibt ein Antichambrieren bei unteren Chargen. Und dazu sind demütige Bitten, Ausdauer und zusätzliche Geschenke nützlich. Dass solche Gebete, Novenen und Wallfahrten immer noch praktiziert werden, selbst wenn der eigene Bildungsstand und Beruf mit Zweifel und rationalem Denken einhergehen, bringt ein diplomierter niederbayerischer Landwirt so zum Ausdruck: »Geb'n kannt's eps, nix g'nau woaß ma net, und schad'n tuat's nia! « (Geben könnte es was, etwas Genaues weiß man nicht, und schaden tut es nie).

Natürlich bekunden an historischen Marienwallfahrtsorten eine Überfülle von Votivtafeln die Überzeugung: »Maria hat geholfen.« Das mag mit glücklichen Schicksalsverläufen zu tun haben, doch stehen ihnen die grausamen Erfahrungen gegenüber, die seit Jahrtausenden täglich neu erlitten werden. Wer dennoch von einem Eingreifen Gottes in Natur und Geschichte spricht, muss darüber nachdenken, welche Logik oder Willkür sich damit verbinden. Gäbe es tatsächlich einen Gott, der in die Geschichte eingreifen kann, so wäre die reale Weltsituation für diesen Gott dessen moralische Disqualifikation. Wenn schon menschliche Gerichte wegen unterlassener Hilfeleistung schuldig sprechen, um wie viel mehr wäre ein hilfsfähiger Gott wegen milliardenfach verweigerter Hilfe anzuklagen! Allein die Realität unseres irdischen Daseins widerlegt einen »Gott-in-der-Höhe«, der allmächtig, allwissend, allweise und gütig sein soll. Dieser Gott existiert nur in einer unmündigen Theologie, die weder aufrichtig nachdenkt noch aufrichtig spricht.

Dabei begegnet die Ablehnung des Bittgebets bereits seit siebenhundert Jahren im Denken von Mystikern. Meister Eckhart (um 1260–1328) begründete dies damit, dass zwischen Gott und dem *homo divinus* keine Ungleichheit bestehe. Er meinte, keine menschliche Seele sei ohne Gott, weil Gott und der Seelengrund eins sind. Dazu benutzte er die Metapher von der Geburt Gottes im Menschen. Wenn aber Gott in uns geboren ist, dann sind wir Gottes Sohn und sind es ganz, denn die Gottheit zerlegt sich nicht in Teile.»Wo sie ist, ist sie ganz. Dies zu erfassen und in diesem Sinn sich als Sohn Gottes verstehen, das ist der wesentliche Trostgrund, den es auf Erden gibt« (Kurt Flasch).

Mit einer solchen Sicht, die das göttliche Leben auf irdische Menschen überträgt, provozierte Eckhart die Anklagen der Glaubenswächter gegen ihn. Dennoch ist seine »Häresie« der üblichen Dogmatik um Äonen voraus. Sie hatte den Gott-in-der-Höhe bereits überwunden, noch bevor Aufklärung und moderne Gotteskrise entstanden, blieb aber dem kirchlichen Denken und Handeln fremd.

Sind demnach alle Bittgebete aus heutigen Gottesdiensten auszuschließen oder bleibt eine Form des Bittens jenseits theistischer Gottesbilder möglich, wenn wir nicht mehr mit Eingriffen eines Allmächtigen rechnen, sondern »das göttliche Rufen« in der Tiefe des Lebens vernehmen? Die Gebete gefallen sich dann nicht mehr darin, einen Allmächtigen zu bestürmen, er möge uns erhören – und dies und jenes tun. Bitten und Fürbitten bestehen dann darin, uns mit Menschen und Gemeinschaften zu verbinden, deren Schicksal uns berührt.»Beten für« heißt dann: denken an – wünschen für – handeln mit ... Wir bringen Leid und Schrei der Welt zum Ausdruck.

Es liegt nahe, das Wort »Gott« zu schonen und andere Symbole anzusprechen: Wir finden Ergreifendes in der Bibel, in Dichtung und Mystik der Vergangenheit und der Gegenwart – und bei uns selbst. Wir flehen dann nicht um dies oder jenes, sondern wir »erhören« den Ruf, den wir in uns und in der Welt vernehmen: »Nicht Gott erhört uns – wir erhören Gott.«

Solche Entwicklungen lassen aufmerken und vor allem zwei Gesichtspunkte hervorheben: die fürsorgliche Verbindung mit anderen Menschen und Gemeinschaften sowie die Momente des Schweigens, in denen sich Gedenken ereignet. Manchmal wird dabei der moderne Atheismus »heimgeführt«.

2. Das Evangelium Jesu und das Evangelium des Paulus

»Paulus hat Dinge geschrieben, die die ganze christliche Kirche in corpore bis auf den heutigen Tag nicht versteht.«

Johann Wolfgang von Goethe

»Es ist falsch bis zum Unsinn, wenn man in einem ›Glauben‹, etwa im Glauben an die Erlösung durch Christus, das Abzeichen des Christen sieht: Bloß die christliche Praktik, ein Leben so wie der, der am Kreuze starb, es lebte, ist christlich.«

Friedrich Nietzsche

In einem Brief an die Korinther schreibt Paulus einen rätselhaften Satz, der oft auf den historischen Jesus bezogen wurde: »Von jetzt an wollen wir keinen mehr dem Fleisch nach kennen. Wenn wir je den Messias dem Fleisch nach gekannt haben – jetzt kennen wir ihn nicht mehr so« (2 Kor, 5,16).

Diese Formulierung diente einer Richtung der protestantischen Exegese als Rechtfertigung für die Vernachlässigung des historischen Jesus, als sei es ein Glück, dass uns die Evangelien kein geschichtlich zuverlässiges Bild von Jesus geben. Man meinte, dass wir uns auf einem Irrweg befänden, wollten wir unseren Glauben von historischen Untersuchungen abhängig machen. Rudolf Bultmann hat sich wiederholt der Frage gestellt, inwieweit der christliche Glaube von Geschehnissen der Vergangenheit abhängt. Er vertrat die Meinung, die Erforschung des historischen Jesus habe für den Glauben keine essentielle Bedeutung. Wer den historischen Jesus suche, suche Sicherheit; wer es hingegen in den Fußspuren des Paulus wage, sich auf den Gekreuzigten einzulassen, entdecke, was wirklicher Glaube sei.

Seine »Theologie des Neuen Testaments« von 1948 eröffnete Bultmann mit dem knallharten Satz: »Die Verkündigung Jesu gehört zu den Voraussetzungen der Theologie des Neues Testaments und ist nicht ein Teil dieser selbst.« Er meinte, dass die Lehre Jesu für eine christliche Theologie nicht von zentraler Bedeutung sei. Schon wesentlich früher, 1911 und danach in seinen autobiographischen Reflexionen »Auf der Grenze« von 1936, hatte Paul Tillich nicht minder pointiert festgestellt: »Nicht der historische Jesus, sondern das biblische Christusbild ist das Fundament des christlichen Glaubens.« Diese Linie fortführend betont Hans-Martin Barth in seiner »Dogmatik« vom Jahr 2002: »Nur insofern sie zu den Voraussetzungen christlichen Glaubens gehören, können Daten über den historischen Jesus in einer Dogmatik Platz finden.« Für Bultmann wie Tillich bilden die Verkündigung Jesu darum auch nicht die Mitte des Neuen Testaments: Sie folgern, die Theologie dürfe sich nicht davon verleiten lassen, immer wieder neu hinter dem »historischen Jesus« herzulaufen, da er ja doch nie zu haben sei. Theologen sollten sich nicht mit der Vergangenheit beschäftigen, sondern mit der Botschaft des Paulus von der Rechtfertigung des Sünders vor Gott. Von den rund 620 Seiten der Bultmannschen »Theologie des Neuen Testaments« sind nur 34 Seiten der Lehre Jesu gewidmet, alles Übrige ist paulinische Theologie.

Diese Gewichtung entspricht der kirchlichen Tradition. Der Theologie des Paulus gilt alle Aufmerksamkeit; sie überschattet die Botschaft Jesu, stuft sie ab und überformt sie. Immer noch kann man in einem aktuellen dogmatischen Lehrbuch lesen: »Der Inhalt der Botschaft Jesu wurde von den ersten Glaubenden nicht als das Entscheidende wahrgenommen. Zu nahe stand er dem alttestamentlich-jüdischen Denken, wodurch sich ja auch für das Judentum erhebliche Möglichkeiten ergeben, ihn wieder zu integrieren. Das Doppelgebot der Liebe findet sich, wenn auch auf zwei verschiedene Stellen verteilt, bekanntlich auch in der Hebräischen Bibel (Dtn 6,5; Lev 19,18).« Dementsprechend resümiert der evangelische Dogmatiker Hans-Martin Barth, eine Würdigung der Verkündigung Jesu sei schwieriger, »als man erwarten sollte … Seine Botschaft erscheine weithin wenig originell«. Sie bringe zwar das ethische Wissen des Alten Testaments auf den Punkt, stelle aber in einer christlich geprägten Umwelt »überhaupt nichts Besonderes dar«. Sieht man die Sache so, liegt es nahe, sich gleich an Paulus zu halten und den originären jüdischen Jesus gegen dessen paulinische Interpretation auszutauschen.[24]

Davor warnte allerdings der evangelische Exeget Joachim Jeremias (1900–1979) entschieden: »Wir sind drauf und dran, die Verkündigung des Apostels Paulus an die Stelle der Botschaft Jesu zu setzen.« Doch wenn es auch noch so schwer ist, den historischen Jesus unter den vielfältigen Übermalungen der Tradition zu erkunden, und sein Profil nie endgültig erreichbar sein wird, bleibt gültig, dass ohne ihn der christliche Glaube

---

24 Hans-Martin Barth, Dogmatik. Evangelischer Glaube im Kontext der Weltreligionen, Gütersloh 2001, 363 f.

in der Luft hängt. Weder die Ostererfahrungen einiger Jünger noch der Christuskult der frühen Gemeinden sind die tragfähige Basis, sondern allein das Programm Jesu in Wort und Tat. »Niemand sonst und nichts sonst!« (Joachim Jeremias).

Gewiss ist der historische Jesus nicht ein für alle Mal zu gewinnen, und immer wird es verschiedene Ansichten auch im Spektrum historischer Forschung geben. Dennoch muss die Christenheit in jeder Generation aufs Neue mit den besten Methoden, die verfügbar sind, ihr Bild des historischen Jesus entwerfen und überprüfen. Gegenüber dem dogmatischen Denken früherer Zeit haben die historischen Wissenschaften heute einen höheren Stellenwert. Der konkrete Jesus von Nazaret ist der mythischen Figur des »Christus« grundsätzlich vorzuordnen. Allein auf der Basis des geschichtlichen Jesus, seiner Person und seines Werkes, so scharf wie unscharf die erreichbare Kontur sein mag, kann die heutige und künftige Christenheit ihr Christentum definieren – besser gesagt: *muss* sie ihr Christentum neu zu definieren versuchen. Letztlich unterliegt der historische Jesus nicht beliebiger Deutung. Gewiss ist sein Bild in den Grenzen historisch-kritischer Forschung unabschließbar, aber dieses Schicksal teilt er mit anderen historischen Größen. Damit kann der Glaube auch leben, weil ihm eine solche Unabgeschlossenheit als inneres Moment zugehört.

Wollen wir diesem historischen Jesus nun näher rücken, so ist vor jedem anderen Ansatz zunächst sein Evangelium inhaltlich deutlich von dem des Paulus zu unterscheiden.

Das Evangelium Jesu

Hier geht es primär um seine Lehre, die unter dem Stichwort »Reich Gottes« von ihm vertreten wurde. Sie ist sein zentrales Programm, dem auch sein praktisches Verhalten und Wirken diente.

Der Begriff »Reich Gottes« reicht in die Jüdische Bibel zurück. Auch wenn Jesus die traditionelle Rede vom Reich oder der Herrschaft Gottes weiterverwendet, so fällt bei ihm jede Betonung von Königtum weg. Die Herrschaft Gottes, wie er sie versteht, verbindet sich nicht mit himmlischer Szenerie, sondern mit den Lebensbedingungen des galiläischen Landes: Das Reich ist wie ein Acker, wie ein Weinberg, wie ein winziges Senfkorn, das zu einer Pflanze heranwächst. Es lässt ihn an die Frau denken, die ihrem Mehl Sauerteig zusetzt, der den Brotteig durchwirkt. Es gehört den Kindern und denen, die ihnen gleichen, den Demütigen und denen, die Vertrauen haben. Es gehört den Armen, während es für Reiche schwieriger ist hineinzukommen als für ein Kamel, durch ein Nadelöhr zu gehen.

Das Reich Gottes meint also die alltägliche Welt, in der sich Menschen je und je befinden. Selbst wenn die Geschichten, die Jesus damit verbindet, die reguläre Tagesordnung des Lebens überschreiten, bleiben sie doch immer im Bereich vorstellbarer Geschehnisse und möglicher Erfahrung. Die Gleichnisse Jesu setzen keine Mathematik für Fortgeschrittene voraus. Sie beginnen oft mit der Frage: »Wer unter euch …?« Auch wird der Zuhörer nicht auf Kenntnisse hin abgefragt, sondern auf seine innere Präsenz hin beansprucht. Eine Reich-Gottes-Rede schreibt in die bekannte alltägliche Welt ihre göttliche Bestimmung hinein. Darum mag es nicht jedermanns Sache sein, hier zu hören und zu verstehen.

Das Reich Gottes ist schon da: »mitten unter euch«

Wer nach dem Reich Gottes ausschaut, wie man nach dem Wetter Ausschau hält, orientiert sich auf der falschen Ebene. Als Jesus gefragt wurde, wann es denn komme, antwortete er: »Das Reich Gottes kommt nicht so, dass man es an äußeren Zeichen erkennen könnte. Man kann auch nicht sagen: Seht, hier ist es! Oder: Dort ist es! Denn: Das Reich Gottes ist schon mitten unter euch.« *Jetzt* geschieht es, und *jetzt* wollen die Zeichen der Zeit wahrgenommen werden. Heißt es bei Mk 1,15: »Erfüllt ist die Zeit. Herbeigekommen ist das Reich Gottes. Kehrt um und glaubt an das Evangelium«, so wird damit nichts anderes als die Gegenwart betont.

Während alle Apokalyptiker das Reich Gottes mit der Zukunft oder der Endzeit verbanden, wie dies auch das Schicksal der Jesusdeutung im apokalyptischen Horizont des Jüdisch-Römisches Krieges (66–73) war, betonte der historische Jesus: *Jetzt* ist die Zeit der Hochzeitsfreude. Die Saat ist bereits ausgestreut. Das Gastmahl steht schon bereit. Der Schatz liegt im Acker. Der Satan ist gestürzt. Diese Botschaft ist sein Evangelium. Es sind keine kosmischen Wunderzeichen zu erwarten, es gilt, auf andere Vorgänge zu achten. Zwar lautet die zweite Bitte des Vaterunsers: »Dein Reich komme!«, und setzt damit eine Spannung zwischen erfüllter und nicht erfüllter Gegenwart, doch ist das Reich Gottes ja kein Zustand, der sich über Nacht wie Tau auf das Land legt, sondern ein Prozess, der sich entfalten will. Gegen alle späteren Umdeutungen, die bis heute ihre Fortsetzung finden, den »Anbruch der Gottesherrschaft« mit dem Ende der Zeiten zu verbinden, ist das präsentische Verständnis Jesu festzuhalten: Die Zeit der Gottesherrschaft ist das Hier und Jetzt.

Paradigma und Prüfstein: Offene Tischgemeinschaft

Für Jesus ist das Reich Gottes keine Vision, sondern Wirklichkeit, die er konkret inszeniert: Da ist sein Gleichnis von einem Festmahl, zu dessen Zeitpunkt die Geladenen alle etwas anderes vorhaben. So ist nun das Mahl bereit, aber der Speisesaal leer. Der Gastgeber lässt daraufhin jeden, der sich auf der Straße befindet, an seine Tafel holen. Während üblicherweise nur Gäste gleicher gesellschaftlicher Stellung zu erwarten sind, versammelt diese zusammengewürfelte Tischgesellschaft in bunter Reihe Männer und Frauen, Arme und Reiche, Sklaven und Freie an einem Tisch, Pharisäer – sonst »die Abgesonderten« – zwischen Zöllnern und Sündern. »Die soziale Herausforderung einer solchen egalitären Tischgemeinschaft ist das eigentlich Bedrohliche dieses Gleichnisses. Es ist natürlich nur ein Gleichnis, eine Erzählung, die aber sehr wirksam die Erschütterung der Gesellschaftsordnung im kleinen Rahmen, eben bei Tisch, denkbar macht. Und da Jesus überdies praktizierte, was er mit diesem Gleichnis predigte, beschimpfte man ihn als Fresser und Säufer, als Freund von Sündern und Zöllnern ... Es musste denen, die die eigene Identität nur in den Augen von ihresgleichen finden, notwendig fast unvernünftig und absurd erscheinen ... Dieser radikale Egalitarismus des Gottesreichs, von dem Jesus sprach, ist erschreckender als alles, was wir uns vorgestellt haben, und selbst, wenn wir es nie annehmen können, sollten wir doch nie versuchen, es wegzuerklären und als etwas anderes, als es ist, auszugeben.«[25]

Bald nach Jesu Tod wurde die Praxis der offenen Tischgemeinschaft von der frühen Jesusbewegung weitergeführt, nunmehr über das Judentum hinaus, sodass nicht mehr der Unterschied zwischen Jude und Grieche gelten sollte. Zugleich aber wurde diese Mahlgemeinschaft exklusiv, indem sie nur noch unter Jesus-Leuten stattfand. Damit begann die Verkirchlichung des Programms Jesu. Und nachdem mit dem ausgehenden ersten Jahrhundert das hellenisierte Christentum sich vom Judentum geschieden und feindlich distanziert hatte, war man schnell wieder ganz unter seinesgleichen – und der provokante Ansatz Jesu eingeebnet (→ S. 77 f.).

---

25 John Dominic Crossan, Jesus. Ein revolutionäres Leben, München 1996, 96–100; 103.

Armut als Bedingung der Teilhabe am Reich Gottes

Unter den zentralen Aussagen Jesu über die herrschenden gesellschaftlichen Verhältnisse und Überzeugungen gibt es eine, die schon bald in ihrer Provokation abgeschwächt und verharmlost wurde. Die Redequelle Q und das Thomasevangelium überliefern die Seligpreisung der Armen, weil Jesus sie dem Reich Gottes zuzählt. Aber mit wachsendem Abstand zur Jesuszeit wird das Logion aus seiner konkreten sozialen Beziehung gelöst und »geistlich« verallgemeinert, sodass nun selbst der Reiche »vor Gott arm« genannt werden darf.

Auch die Kinder werden des Reiches Gottes vergewissert. Die neutestamentliche Überlieferung dürfte den ursprünglichen Anlass, dem sich Jesu Stellungnahme verdankt, unterschlagen haben; wohl aber sicherte sie die überraschende Aussage, dass ausgerechnet den Kindern das Reich Gottes offenstehe.

In der alten Welt galten Kinder nicht viel. Neugeborene konnte man beliebig aussetzen oder sterben lassen. Das galt allgemein, wenngleich nicht für toragläubige Juden. In der Gemeinde könnte darüber gestritten worden sein, wie mit Kindern umzugehen sei: ob man alle Kinder anzunehmen und zu schätzen habe oder ob sie nicht doch ein Nichts seien. Selbst die Rahmenerzählung (Mk 10,13.14a. 16) verdeutlicht, dass die Gottesherrschaft ins Reich der Hilflosen, der Ohnmächtigen und Nichtsnutze führt.

Im Reich Gottes gilt eine andere Verwandtschaft

In der orientalischen und mediterranen Welt ist die Familie eine geschlossene Welt; deren allgemein anerkannte Herrschaft, Macht und Gültigkeit stellt Jesus in Frage: »Wer nicht seinen Vater und seine Mutter hassen kann, der kann nicht mein Jünger sein. Und wer nicht seine Brüder und Schwestern hassen und sein Kreuz nicht tragen kann wie ich, der ist meiner nicht wert« (Thomasevangelium 55). Oder Markus 3,31–35: Jesu Mutter und seine Brüder wollten zu ihm. Sie blieben vor dem Haus stehen und schickten jemanden hinein, ihn zu rufen. Er saß drinnen im Kreise vieler Zuhörer, und man sagte ihm: »Deine Mutter und deine Geschwister sind da, sie stehen draußen und wollen zu dir.« Doch er erwiderte: »Wer ist denn das, meine Mutter und meine Geschwister?« Er blickte um sich auf die, welche um ihn herum saßen, und sagte: »Das ist meine Mutter, das sind meine Geschwister. Denn jeder, der den Willen Gottes tut, der ist mein Bruder, meine Schwester, meine Mutter.«

Es sind die Machtverhältnisse der levantinischen Familie, die den Sohn, die Tochter und Schwiegertochter der Autorität der Eltern, zumal des Vaters unterstellen. Die Familie bildet die Gesellschaft in ihren Hierarchien und Zwängen ab. Ihr gegenüber proklamiert Jesus eine offene Gesellschaft, die niemanden ausgrenzt.

Dieser Jesus hat mit dem Kirchen-Jesus der meisten Gebete, Lieder und Bilder nichts gemeinsam. Sein Programm ist eher kirchensprengend, vor allem wenn man die bürgerlich-folkloristische Gemeindegestalt der westlichen Gesellschaften in den Blick nimmt. Die Wandermissionare, die Jesus zu ihrem Tun angeleitet hatte und die nach seinem Tod in radikaler Armut durch die galiläisch-südsyrische Landschaft zogen, betrieben auch keine Gemeindegründung nach Art des Paulus in den Städten der hellenistischen Welt. Der unorganisierte Charakter ihrer Tätigkeiten ist noch erkennbar: Männer und Frauen suchten durchweg zu zweit einzelne Häuser auf und verkündeten eine Gottesherrschaft radikaler Gleichheit. Die Texte dieser Traditionsschicht sind – bei kritischem Vergleich – so weit transparent, dass sie das ursprüngliche Reden und Tun Jesu noch durchscheinen lassen. Aber sofern Jesu Programm überhaupt in heutiges Verständnis übersetzt werden kann, mutet es sehr fremd an.

Das Evangelium des Paulus

Das bisher charakterisierte Reich-Gottes-Programm Jesu bewegt sich in der Tradition der Propheten Israels, betont das Ineinander von Gottes- und Nächstenliebe und stellt, wie Hans-Martin Barth einschränkt, »überhaupt nichts Besonderes dar«, sodass es naheliegt, den jüdischen Jesus mit der abgewandelten hellenistischen Verkündigung zu vergleichen.

Paulus könnte mit Jesus gleich alt oder nur wenige Jahre jünger gewesen sein. Er stammte aus Tarsus, der hellenistischen Hauptstadt der Provinz Kilikien. Hier wuchs er in der Großstadtatmosphäre jener Zeit heran, sodass ihm städtisches Leben vertraut war, ländliches hingegen fremd blieb. Entsprechend lernte er von Kindheit an die griechische Sprache und wuchs mit dem Text der griechischen Bibel auf, ohne sich der jüdischen Welt zu entfremden: »Ich wurde am achten Tag beschnitten, bin aus dem Volk Israel, vom Stamm Benjamin, ein Hebräer von Hebräern, lebte als Pharisäer nach dem Gesetz, verfolgte voll Eifer die Kirche und war untadelig in der Gerechtigkeit, wie sie das Gesetz vorschreibt« (Phil 3,5 f.). Da nach heutiger Quellenkenntnis zu damaliger Zeit keine spezifisch pharisäischen Schulen außerhalb Palästinas existierten, ist anzunehmen, dass Paulus als Heranwachsender entsprechend pharisäischer Tradition zum Torastudium nach Jerusalem kam. »In der Treue zum jüdischen Gesetz übertraf ich die meisten Altersgenossen in meinem Volk, und mit dem größten Eifer setzte ich mich für die Überlieferung meiner Väter ein« (Gal 1,14). Das erlaubt die Annahme, dass sich mit seiner Entscheidung zum Pharisäismus zugleich sein Engagement für die jüdische Heidenmission nach strengsten Grundsätzen verband. Also: kein Übertritt zum Judentum ohne Beschneidung und Toratreue. Aus dieser Haltung heraus verfolgte er die jüdische Jesusgemeinde in Damaskus, die er ihrer liberalen Praxis wegen als nicht toratreu bewertete. William Wrede (1859–1906) kennzeichnete Paulus so: »Dieser junge Jude hat ohne Zweifel das Gesicht des echten Fanatikers. In seiner Seele brennt Feuer; es stachelt ihn die Begier, es seinen Altersgenossen im jüdischen Wesen zuvorzutun, und er versteht zu hassen, wie nur immer der Gläubige den Andersgläubigen gehasst hat. Aber dieser Fanatismus ist gewiss nicht von der gemeinen Art – das lehrt der spätere Paulus bestimmt genug. Seine Wurzel ist die Liebe zur eigenen Religion; die Bekämpfung des falschen Glaubens ist ihm Pflicht gegen Gott.«

Paulus hatte ein Vorverständnis der Jesusbewegung, aus dem heraus er die Jesusgemeinden in Damaskus verfolgte. »Den Gemeinden Christi in Judäa aber blieb ich persönlich unbekannt, sie hörten nur: Er, der uns einst verfolgte, verkündigt jetzt den Glauben, den er früher vernichten wollte. Und sie lobten Gott um meinetwillen« (Gal 1,22 ff.). Vor Damaskus vollzog sich mit einer Christusvision das ihn existentiell ganz erfassende Ereignis seines Lebens. Aus dieser Erfahrung hat er sein Selbstverständnis als Apostel gewonnen. Damit legitimierte er sich gegenüber den Augen- und Ohrenzeugen, die aus dem Schülerkreis Jesu kamen, und setzte sich selbst bedenkenlos auf die gleiche Stufe mit den Jerusalemer »Säulen« Kephas und Jakobus, die mit Jesus Jahre gemeinsamen Lebens verbracht hatten. Ihm genügte zu sagen: »Habe ich nicht Jesus unseren Herren gesehen?« (1 Kor 9,1).

Den Auferstandenen »sehen«

Wie ist dieses »Sehen« zu erklären? Die Ostertraditionen des Neuen Testaments sprechen durchweg von »Erscheinungen«, eine unklare Bezeichnung, die erstaunlicherweise in der theologischen Literatur, von Außenseitern abgesehen, nicht hinterfragt wird. Man bleibt binnentheologischen Gedankengängen verhaftet, ohne den Vorgang mit den Erklärungsmöglichkeiten heutigen Wissens zu verbinden. Aus dieser Sicht wurde der Auferstehungsglaube durch Visionen gestiftet. Paulus bestätigt dies: »Als letztem von allen erschien er auch mir …« (1 Kor 15,8). Damit geht er zugleich von einer Identität der Erfahrungen aus, seiner eigenen und jener der Apostel in Jerusalem. Phil 3,8.10 spricht er von einem Erkenntnisvorgang, der ihn in seiner ganzen Existenz ergriffen hat. 2 Kor 4,6 sagt er, dass Gott »in unseren Herzen aufgeleuchtet« sei, »damit wir erleuchtet werden zur Erkenntnis des göttlichen Glanzes auf dem Antlitz Christi«. Der so beschriebene Vorgang ist sicher nicht empirisch verifizierbar; er spielt sich nicht in der äußeren Realität, sondern in seinem Innern ab. Seine eigene Beschreibung als auch jene der Apostelgeschichte lässt schließen, dass diese Erfahrung in Trance stattfand. Bevor hier »übernatürliche« Deutungen bemüht werden, sind Erklärungen heranzuziehen, die dem psychologischen Wissen folgen (→ S. 20 ff.).

Wenn das von Ernst Troeltsch bereits zitierte Diktum recht hat – unser Denken »kennt keine Fakta, die zwar in der Geschichte stehen, aber nicht aus der Geschichte stammen« –, dann ist die Christusvision des Paulus wie alle sonstigen Visionen keine Erscheinung aus dem Jenseits. Während der Visionär überzeugt ist, das Geschaute spiele sich außerhalb seiner selbst ab, erkennt die heutige Tiefenpsychologie in dem innerlich Wahrgenommenen eine symbolische Gestaltung des Unbewussten, denn was in der menschlichen Psyche erscheint, ist niemals pure Transzendenz. Schon Thomas von Aquin lehrte: »Quidquid recipitur ad modum recipientis recipitur« (»Was immer wahrgenommen wird, wird nach der Weise des Wahrnehmenden wahrgenommen«). In der Sprache des Psychologen gesagt: »Offenbarung kommt für den heutigen Menschen nicht mehr vom Himmel herab, sondern aus den Tiefen der Seele« (Willy Obrist). Dass sich vor Freud und C. G. Jung Menschen über die Natur ihrer Visionen hätten klar sein können, ist auszuschließen. »Ich kenne einen Diener Christi«, sagt Paulus von sich selbst, »der vor vierzehn Jahren bis in den dritten Himmel entrückt wurde; ob es mit dem Leib oder ohne den Leib geschah, weiß ich nicht, nur Gott weiß es. Und ich weiß, dass dieser Mensch in das Paradies entrückt wurde; ob es mit dem Leib oder ohne den Leib geschah, weiß ich nicht, nur Gott weiß es. Er hörte unsagbare Worte, die ein Mensch nicht aussprechen kann« (2 Kor 12,2).

In seiner Einführung zu Dostojewskis Roman »Der Idiot« zitiert der Übersetzer David Magarshack aus einigen Briefen Dostojewskis, in denen dieser über seine Epilepsieerfahrungen berichtet: »Für einige Momente vor dem Anfall erlebe ich ein Glücksgefühl in einer Weise, die im normalen Zustand unvorstellbar ist und von denen andere Leute keine Ahnung haben. Ich fühle mich vollständig in Harmonie mit mir selbst und der ganzen Welt, und dieses Gefühl ist so stark und beglückend, dass man für diese Glückseligkeit zehn Jahre seines Lebens wenn nicht gar sein ganzes Leben gäbe.« In ähnlicher Weise beschreibt Dostojewski die ekstatischen Zustände des Fürsten Myschkin in seinem Roman »Der Idiot«. Dort verweist Myschkin auch auf den Propheten Mohammed: »›In einem solchen Moment wird der merkwürdige Spruch, dass einmal keine Zeit mehr sein wird, für mich irgendwie verständlich. Ich vermute‹, fügte er lächelnd hinzu, ›dies ist genau die Sekunde, in welcher nicht genug Zeit für einen Tropfen Wasser blieb, um aus dem Krug des Epileptikers Mohammed herauszutropfen, während er in genau dieser Sekunde genügend Zeit hatte, um all die Offenbarungen Allahs zu empfangen (→ S. 21).‹« Dostojewski hatte allerdings auch mystische Erfahrungen, die mit einer tief depressiven Stimmung sowie starken Schuldgefühlen einhergingen.[26]

Die mystische Erfahrung des Paulus empfindet der Theologe und Dichter Christian Lehnert nach:

> Was geschah, traf ihn unvermittelt, gegen die Logik seines Lebens, gegen seine Überzeugungen und seine inneren Kräfte. Was geschah, hatte keinen verständlichen Zusammenhang mit dem, was vorher war und was er und was ihn getrieben hatte. Auf dem Weg nach Damaskus – eine Unterbrechung … Was folgte (wenn es überhaupt sinnvoll ist, von einer Folge zu sprechen), griff tiefer als ein Gedächtnisverlust – es war der Relevanzverlust des Gedächtnisses. Die Vergangenheit hatte für ihn jede Bedeutung verloren, wie auch die Zukunft nur als ein kurzzeitiges Verharren erschien … Paulus ist »berufener Apostel Christi Jesu« … Was Paulus über seine Berufung zu sagen hat, könnte man »subjektiv« nennen – eine Setzung des Inneren, das sich isoliert und eine Tiefe erfährt, welche die Reflexionskraft übersteigt.[27]

So sehr dieses Erlebnis den alltäglichen Lebensrahmen sprengte, sowenig konnte es das antike Weltbild überwinden. Es ist Gerd Lüdemann zuzustimmen, der die Bekehrung des Paulus nicht als einen intellektuellen Akt versteht, sondern als einen Durchbruch in seinem Inneren. Dafür suchte er nachträglich in der Schrift Belege, die seine Christuserfahrung allen Einwänden gegenüber immun machte. Für diese Christusvision aber gilt,

---

26 Vgl. Rayport et al., Dostoevsky's epilepsy: A new approach to retrospective diagnosis, in: »Epilepsy & Behavior«, 22 (2011), 557–570, die Dostojevskis Schilderungen mit modernen Patientenberichten abgleichen.
27 Christian Lehnert, Korinthische Brocken. Ein Essay über Paulus, Berlin 2013, 7; 16; 18.

was für Visionen grundsätzlich gilt: Sie ist ein innerpsychischer Prozess, von dem Paulus mit Recht sagen kann, dabei ins Paradies entrückt worden zu sein, »ob im Leibe oder ohne den Leib, ich weiß es nicht« (2 Kor 12,3).

Vom Augenblick seiner visionären Berufung an sah Paulus sich als »Knecht Christi« und Christus als seinen »Herrn«, dessen Erfahrung ihn bis zum Lebensende erschütterte. Da aber Paulus in den nun folgenden langen Jahren offensichtlich keine Briefe schrieb, ist zu vermuten, dass er in dieser Zeit seine Theologie erst schrittweise entwickelt hat. Der erste uns überkommene Paulusbrief wurde um das Jahr 50 an die Gemeinde von Thessalonich gerichtet. Doch so hoch Paulus in seiner 2 Kor 12,2 ff. geschilderten Vision auch in den dritten Himmel erhoben wurde und Worte hörte, die ein Mensch nicht aussprechen kann, in seinem an die Thessalonicher geschriebenen Brief bleibt er naiven Endzeitvorstellungen verhaftet, die keine Vision hat reifen lassen: »Denn der Herr selbst wird, wenn der Ruf ertönt, wenn die Stimme des Erzengels und die Posaune Gottes erschallen, herabkommen vom Himmel. Zuerst werden die in Christus Verstorbenen auferstehen. Danach werden wir, die wir leben und noch übrig sind, zugleich mit ihnen entrückt werden auf den Wolken, dem Herrn entgegen in die Luft« (1 Thess 4,16 f.).

Den Spott, mit dem im 3. Jahrhundert der neuplatonische Philosoph Porphyrius (um 233–301/305) diese Vorstellung übergoss, werden gebildete Griechen auch schon zur Zeit des Paulus bereit gehalten haben: »Bei solch einer Theatervorstellung müssen selbst die unvernünftigen Kreaturen blöken und kreischen mit ohrenbetäubendem Lärm, wenn sie Menschen von Fleisch sehen, die wie die Vögel in die Luft fliegen oder von einer Wolke getragen werden ... Seit diesem Wort sind dreihundert Jahre vergangen, und nirgendwo ist irgendetwas geschehen, auch Paulus selbst nicht, mit anderen Leibern in die Luft entrückt zu werden.«

Bald nach seiner Christusvision ging Paulus – Gal 1,17 zufolge – nach Arabien. Warum er gerade dorthin ging, sagt er nicht. Nach 2 Kor 11,32 f. muss er in Damaskus öffentlichen Anstoß erregt haben, weil sonst unerklärlich bleibt, warum der Statthalter des Nabatäerkönigs Aretas nach ihm fahndete. Anschließend, zwei oder drei Jahre nach seiner Christusvision, machte er einen Besuch bei Kephas (Petrus) in Jerusalem, um ihn »kennenzulernen«. Neben Petrus begegnete er sonst nur noch dem »Herrenbruder« Jakobus. Über Inhalt und Atmosphäre dieses Besuchs ist nichts bekannt, aber es ist bezeichnend, dass Paulus sich gegenüber dem Kreis der Urapostel betont auf Distanz gehalten hat. Er selbst legte Wert auf die Feststellung: »Ich habe mein Evangelium nicht von einem Menschen empfangen, bin auch nicht darüber belehrt worden« (Gal 1,12).

Zeitlebens hat Paulus darauf geachtet, in keinerlei Abhängigkeit von den Weggefährten Jesu zu stehen; vermutlich hat er sich deswegen nie von diesem Jüngerkreis über Jesu Lehre unterrichten lassen. Sein Übergehen der Reich-Gottes-Verkündigung Jesu hat also auch Gründe, die mit seinem Selbstanspruch korrespondieren, auf einer Stufe mit den Aposteln der ersten Stunde zu stehen. Es wäre für Paulus ein Leichtes gewesen, über Leben und Lehre Jesu von dessen Weggefährten alles zu erfahren, was diese aus eigenem Umgang mit Jesus wussten. Doch hätte er sie konsultiert, hätte er damit auch eine Unterlegenheit anerkannt, die mit seinem eigenen Autoritäts- und Führungsanspruch nicht übereinstimmte. Dementsprechend erklärte er, es sei nicht relevant, Jesus gekannt zu haben, und verhielt sich entsprechend: In allen seinen Briefen ist von Jesus nur fünfzehnmal die Rede, von Christus hingegen 378-mal. Und nur viermal zitiert Paulus Worte, die er Jesus zuschrieb.

Der Neutestamentler Otto Kuss (1905–1991), dessen Lebenswerk Paulus gewidmet war, resümiert:

> Leben und Lehre Jesu sind für Paulus nicht von ausschlaggebender Bedeutung, es sind vielmehr zuerst und vor allem Tod und Auferstehung, die ihn beschäftigen, die er theologisch deutet und zum Mittelpunkt des Denkens über Jesus macht. Die Quellen, die von dem ›wirklichen Jesus‹, vom ›historischen Jesus‹ sprechen, werden vernachlässigt, sie kommen bei Paulus – bis auf verschwindende Spuren – einfach nicht vor, sie haben nicht das mindeste Gewicht für seine Theologie … Die Wiedergabe der originären Predigt Jesu – so wie sie uns etwa in den synoptischen Evangelien zugänglich ist – (wird) weitgehend, ja eigentlich schlechthin, überhaupt vernachlässigt. Die Hinweise der paulinischen Briefe auf Worte und Taten Jesu sind spärlich, und man kommt vor diesem auffallenden Tatbestand nicht ganz aus der Verlegenheit heraus.[28]

Paulus hat intuitiv erkannt, dass das Reich-Gottes-Programm Jesu – soweit er es kennengelernt hat – im hellenistischen Milieu nicht vermittelbar ist. Es verblüfft aber, wie schnell die Mythisierung der Gestalt Jesu bald nach seinem Tod begann. Daran waren primär die hellenistischen Gemeinden beteiligt und vor allem die paulinische Interpretation.

---

28 Otto Kuss, Paulus. Die Rolle des Apostels in der theologischen Entwicklung der Urkirche, Regensburg 1971, 443; 448.

Schriften aus dem Christuskult

Der Christuskult tritt uns so deutlich anders entgegen, dass auf den ersten Blick seine Herkunft aus einer Jesusbewegung nur schwer vorstellbar ist. Er ist durchweg ein Gedankengebäude und unterscheidet sich von Vorgängen im jüdischen Dorfmilieu Galiläas in doppelter Hinsicht:

- Statt der zentralen Reich-Gottes-Botschaft gewinnen Kreuzigung und Auferstehung alle Aufmerksamkeit. Die Jesus bewegende Reich-Gottes-Praxis tritt in den Hintergrund. Die Deutung seines Todes und der Auferstehung führt dazu, Jesus mit einer göttlichen Präsenz zu verbinden.
- Diese Entwicklung tendiert zu kultischer Gestaltung. Hymnen, Gebete, Akklamationen und Doxologien werden geschaffen und gesprochen, wenn man sich im Namen Jesu versammelt. Man feiert die Erinnerung an Jesus und die Gegenwart seines Geistes.

Als Paulus diese bereits stattfindende Entwicklung kennenlernte, hatte sich der Schauplatz vom ländlichen Galiläa in hellenistische Städte verlagert. Paulus bekämpfte die neue Formierung zunächst im Namen der jüdischen Tora. Die Einbeziehung von Nichtjuden in die Tischgemeinschaft sah er als Missachtung des Gesetzes an. Nachdem er aber seine anfängliche Ablehnung aufgegeben hatte, wurde er zum eifrigsten Verfechter des neuen Programms. Er formulierte es folgendermaßen: »Hier ist nicht Jude noch Grieche, hier ist nicht Sklave noch Freier, hier ist nicht Mann noch Frau: denn ihr seid allesamt einer in Christus Jesus« (Gal 3,28). Damit war in der Tat ein kühner Entwurf proklamiert, für den es keine Vorbilder gab und außer der Reich-Gottes-Idee keine nähere Bezeichnung.

Diese in den hellenistischen Städten erfolgte Einbeziehung von Nichtjuden in die Jesusbewegung schuf gegenüber dem jüdischen Herkunftsbereich eine Problematik, die der Rechtfertigung bedurfte. Zunächst war ungewiss, wie diese ausfallen könnte. Es ist auch kaum anzunehmen, eine Lösung der komplexen Situation sei schon im ersten Ansatz gelungen. Als Paulus in den Prozess eingriff, lagen jedoch schon Deutungsversuche vor, die zum Christuskult führten. Ein Aspekt dieser Entwicklung ist die Verwendung des Titels *Christos*, die griechische Übersetzung des hebräischen Messias, von dem nicht anzunehmen ist, dass er Jesus schon bald nach seinem Tod zukam. *Meschiach*, »Messias«, bedeutet ursprünglich *der Gesalbte*. Abgeleitet vom altorientalischen Königsritual der Salbung bezeichnet der Titel im Judentum einen von Jahwe erwählten Menschen mit besonderen Aufgaben für sein Volk Israel, später meint er den von den Propheten angekündigten Retter und Friedensbringer der Endzeit.

Der Rückgriff auf diesen Titel setzte Jesus in ein besonderes Verhältnis zu Gott. Zugleich drängte sich die Frage auf, warum er dann – bei solch hoher Bestimmung! – am Kreuze sterben musste. Es wurde unausweichlich, den Tod Jesu zu *deuten* und zwar mit besonderem Blick auf die aktuelle Gemeindesituation. Paulus bot in seinem (letzten, um das Jahr 56 geschriebenen) Brief an die Römer folgende Interpretation:

> Jetzt gibt es einen anderen Weg, wie man – unabhängig vom Gesetz – für Gott als gerecht annehmbar werden kann, einen Weg, der aber ebenfalls von Gesetz und Propheten bezeugt wird. [22] Dieser neue Weg führt über den Glauben an Jesus Christus und steht für alle offen, wenn sie nur glauben. Da gibt es keinerlei Unterschiede zwischen Juden und Nichtjuden. [23] Denn alle sind wir Sünder, und wir haben auch nicht das kleinste Fünkchen von Gottes Lichtglanz und Herrlichkeit. [24] Und wie werden alle gerecht? Dadurch, dass Gott gnädig etwas schenkt. Denn Jesus Christus hat die Menschen befreit. Wie und warum? [25] Den gewaltsamen Tod hat Gott als Anlass genommen, um Jesus Christus für alle und öffentlich zum Ort der Vergebung zu machen. So hat Gott bewiesen, dass er selbst gerecht ist, indem er die Sünden, die die Menschen vorher begangen hatten, nachsichtig vergeben hat. Die Vergebung wird dem Einzelnen dadurch zuteil, dass er an Jesus als ihren Vermittler glaubt. [26] Gott hat jetzt gezeigt, dass er selbst gerecht ist, das heißt, dass er aus reiner Barmherzigkeit Gemeinschaft mit Menschen will, und er nimmt den Menschen, der an Jesus glaubt, als gerecht an. Der Glaube macht den Menschen für Gott als gerecht annehmbar[29] (Röm 3,21–26).

Die Hinrichtung Jesu als ein Sühnopfer zu deuten, ist dem Verständnis heutiger Menschen kaum noch zugänglich. Für den frühen Christuskult bot sich dieses Verständnis aber an, weil im Tempel zu Jerusalem bis zum Jahre 70 ein Tieropferkult bestand. Das räumte ein, die Hinrichtung Jesu nicht als ein Scheitern verstehen zu müssen, sondern in Analogie zum Opferkult des Tempels positiv deuten zu können. Zugleich aber unterstellt diese Interpretation ein sehr problematisches Gottesverständnis, denn was ist das für ein Gott, der sich mit Menschen nur um den Preis eines Sühnetodes versöhnen kann?

In diesen frühen Jahren gab es noch keine Erzählung über die Passion Jesu, wie wir sie in den Evangelien der späteren Jahrzehnte finden. In seiner ersten Gestalt hatte der Christusmythos auch wenig mit historischer Erinnerung zu tun. Darum kommt der Tod Jesu nicht ohne die »Sichtweise Gottes« aus, über die Paulus hier verfügt, ohne zu begründen, woher er seinen Einblick in die Gedankenwelt Gottes hat. Weil es nun

---

29 Übersetzung: Klaus Berger und Christiane Nord.

auch darum ging, als das »neue Israel« vor Gott gerecht zu sein, wurde es wichtig, von Jesus als dem *Christus* zu sprechen, der von Gott für einen göttlichen Dienst »gesalbt« worden sei. Schließlich folgt die Billigung, die Gott dem gewaltsamen Tod Jesu zuerkannte, indem er ihn von den Toten auferweckte.

Die heutige Theologie bleibt durchweg bei ihrer traditionellen Position, erst die Auferstehung habe überhaupt eine Gemeindebildung ermöglicht, beantwortet aber nicht, warum die Dokumente der Jesusbewegungen im palästinischen Bereich ohne jeden Rückbezug auf Jesu Tod und Auferstehung auskommen. »Die Geschichte des irdischen Jesus wird zum Weg eines gottähnlichen Wesens in die Welt umgedeutet, dem Gott aufgrund seines Gehorsams bis zum Tod am Kreuz zum Kyrios über alle Mächte erhoben hat« (Paul Hoffmann).

In seiner eigenen Botschaft spricht Jesus freilich nirgendwo von notwendiger Sühne und bleibt dem Gedanken fern, dass Gott nur um den Preis »der Hingabe seines Sohnes« in einen blutigen Tod mit den Menschen zu versöhnen gewesen sei. Allein dieser Gedanke macht deutlich, dass er der Verkündigung Jesu fremd ist. Im Gleichnis Jesu vom »barmherzigen Vater« erwartet dieser den heimkehrenden Sohn mit offenen Armen. Voraussetzung der Versöhnung ist allein der Wille des Sohnes heimzukehren. Von irgendwelcher Sühneleistung ist keine Rede. In Jesu Gleichnis von Pharisäer und Zöllner genügt die Bitte, »Gott sei mir Sünder gnädig«, um angenommen zu sein. Keine Sühneleistung, keine Absolution durch Sakramente und Kirche sind vonnöten. Der von Jesus vermittelte Gott ist jedem Menschen unmittelbar, zumal jenen, die er als »die Armen« verstand (→ S. 67 ff.).

Zweierlei Evangelium?

Das Evangelium Jesu und das Evangelium des Paulus lassen sich nicht auf einen Nenner setzen, obwohl die Kirchen und ihre Theologien dies seit jeher unternehmen. In der frühen Zeit des Christentums wurde die Differenz bald nicht mehr wahrgenommen, weil nach dem Jüdisch-Römischen Krieg (66–71) das palästinische Judentum und mit ihm die judenchristliche Tradition abbrachen, während die hellenistische Tradition den von Paulus begründeten unaufhaltsamen Siegeszug begann. Darum insistiert die heutige Theologie: »Nicht der historische Jesus, sondern das biblische Christusbild ist das Fundament des christlichen Glaubens.«

Tatsächlich verdankt das Christentum diesem jüdischen Eiferer aus Tarsus fast alles. Er ist der wahre Gründer der Kirche(n). Er hat ihre Grundlagen geschaffen, von denen man meint, dass sie bis heute tragen, wenngleich die Wiederentdeckung des historischen Jesus und das als fiktiv erkannte zweistöckige Glaubensgebäude der paulinischen Theologie ihre Überzeugungskraft nehmen.

Jesus und Paulus haben unterschiedliche Botschaften verkündigt: Für Paulus sind Leben und Lehre Jesu nicht wichtig. Ihn beschäftigt nur der Tod und die Auferstehung Jesu, die er theologisch deutet und zum Mittelpunkt seines Denkens macht. Was er von Petrus und Jakobus aus erster Hand über den wirklichen Jesus hätte erfahren können, hat er übergangen. Für seine Theologie gewannen die authentischen Kenntnisse der Jesusschüler nicht das geringste Gewicht. Wie sich diese Wertung in den folgenden Jahrhunderten auswirkte, zeigt das Apostolische Glaubensbekenntnis: Der historische Jesus kommt darin bis auf die Erwähnung seines Todes nicht vor; stattdessen ist es der Christus, »der eingeborene Sohn, unser Herr, der empfangen wurde durch den Heiligen Geist, geboren von der Jungfrau Maria, gelitten unter Pontius Pilatus, gekreuzigt, gestorben und begraben, hinabgestiegen in das Reich des Todes, am dritten Tage auferstanden von den Toten, aufgefahren in den Himmel; wo er sitzt zur Rechten Gottes, des allmächtigen Vaters; und kommen wird zu richten die Lebenden und die Toten«. Das gelebte Leben Jesu bleibt ausgeblendet, nicht einmal die zentrale Formel vom Reich Gottes wird aufgegriffen, nur mythische Christologie ohne jede Zeugenschaft historischer Wahrheit, denn visionäre Erfahrung ist keine Quelle historischer Erkenntnis. Otto Kuss pointierte: Des Paulus Genie »verwandelt von innen her so gut wie alles, was er von seinen jesuanischen Vorgängern übernimmt, zu dem neuen Ganzen der ›paulinischen Theologie‹, welche ein maßgebender Grundstock jenes Überzeugungsspektrums geworden ist, welches als ›kirchliche Dogmatik‹ in manchen Spielformen durch die Jahrhunderte gegangen ist«[30]. Oder mit den Worten von Werner Georg Kümmel: »Wenn Paulus … im Ansatz eine andere Predigt verkündigt als Jesus, so ist sein Anspruch, der Apostel Christi zu sein, ein Irrtum; und wenn Jesus mit seiner Predigt nicht den Grund gelegt hat für die Verkündigung der Urgemeinde und damit des Paulus, dann hat Jesus in der Tat nicht den Grund gelegt für das Christentum.«[31]

---

30   Otto Kuss, Dankbarer Abschied, München 1982, 104.
31   Werner Georg Kümmel, Jesus und Paulus, in: ders., Heilsgeschehen und Geschichte. Gesammelte Aufsätze 1933–1964, Marburg 1965, 81–106, hier: 83.

Welches Fazit also ergibt sich?

Paulus veränderte das Evangelium Jesu grundlegend. Dessen Leben und Worte spielten für ihn keine Rolle. Sein Denken setzt beim Sündenfall an. Er konzentriert sich auf die Sühneleistung, die Jesus am Kreuz für die Sündhaftigkeit des Menschen erbracht haben soll, lehrt also einen Gott, der sich erst durch den blutigen Opfertod Jesu mit der schuldbeladenen Menschheit versöhnen lässt. Augustinus entwickelte daraus die Erbsündenlehre, unter der sich die Christenheit in Schuldbewusstsein und Heilsangst verbog, bis schließlich die Menschen dieser Last überdrüssig wurden, weil ein damit zu verbindender Gott kein »zivilisiertes Niveau« hat (→ S. 152 f.). Zuvor setzte Luther bei »Jesus Christus«, dem »wahren Menschen und wahren Gott« an, durch dessen stellvertretende Hingabe am Kreuz ein für alle Mal der Glaubende Rechtfertigung und Heiligung empfange (→ S. 124 ff.). Insgesamt paulinische Theologie, die das kirchliche Spektrum – orthodox, römisch-katholisch, lutherisch, zwinglianisch, calvinistisch – in konfessioneller Differenzierung bis heute beschäftigt, ohne dass in dieser Erlösungsbotschaft das Reich-Gottes-Programm Jesu vermisst wird.

Hätte Jesus den Römerbrief lesen können – und ihn nach Diktion und Denkart überhaupt verstanden –, er würde seine eigene Botschaft darin nicht wiederfinden. Und wenn die Theologen – selbst solche vom Format eines Albert Schweitzer oder Rudolf Bultmann – alle Anstrengungen der Welt aufbieten, um die Lehre des Paulus doch in der Verkündigung und Lebensform des Jesus von Nazaret vorentworfen zu finden: Es überzeugt nicht. Das Evangelium Jesu und das Evangelium des Paulus haben nur eine geringe gemeinsame Schnittmenge. Man verdrängt diese Differenz und wird auch weiterhin alle Mühe darauf verwenden. Dennoch lässt sich die Faktenlage nicht auflösen. Für die meisten Menschen liegt die paulinische Christologie jenseits dessen, was sie mit ihrem heutigen Weltverständnis verbinden können. Sie wird in ihrer dogmatischen Lehrgestalt nicht mehr verstanden und ist eine wesentliche Ursache für den stattfindenden Glaubensverlust. Für die meisten Menschen – auch und gerade für die Gebildeten – sind die paulinischen Setzungen, die sich nirgendwo festmachen lassen, mit heutigem Wissen von Evolution und Geschichte nicht mehr zu verbinden. Doch dieser Verschleiß betrifft das Evangelium Jesu nicht in gleicher Weise. Sein Evangelium ist keine Lehre wie die paulinische Theologie, vielmehr ein Lebensmodus, dessen Evidenz der eigenen Praxis unterliegt und nicht einer Ableitung aus schriftgelehrter Exegese.

Dennoch wäre es falsch zu glauben, die mit dem historischen Jesus von Nazaret verbundenen Traditionen böten nicht ebenfalls ungesicherten Boden. Es ist eine Sache, mit den Methoden der wissenschaftlichen Exegese die originäre Botschaft Jesu zu profilieren, doch ganz anders steht es um das legendarisch und mythisch geprägte Jesusbild der Evangelien.[32] Die Kindheitserzählungen des Matthäus und Lukas sind spät entstandene literarische Formen, deren Gültigkeit auf metaphorischer und symbolischer Ebene liegt. Auch die bereits kultisch geformte Abendmahlsüberlieferung, die Deutung des Todes Jesu und die Auferstehungsgeschichten lassen sich nicht einfach mit dem historischen Jesus verbinden, zumal in diesen Traditionen bereits paulinische Theologie wirksam ist. Hier ist noch breite Aufklärungsarbeit notwendig, um hinter dem wundertätigen und verklärten Jesus seine geschichtliche Realität zu finden. Die Bergpredigt, das Gleichnis vom Vater und dem verlorenen Sohn, die Beispielgeschichte vom barmherzigen Samariter und das Gebot der Feindesliebe haben belastbaren Rückhalt in der Jesusgeschichte. Wenn es in deutlicher Pointierung heißt, der Sabbat sei des Menschen wegen da, nicht der Mensch für den Sabbat, so ist dies eine Formel, die das Denken Jesu von legalistischen Traditionen trennt. Insgesamt unterscheidet sich dieser ungewöhnliche und provokante Jesus von jener Gestalt, die dem christlichen Volksglaubens in zahllosen Bildern und Andachten vor Augen steht.

---

32 Vgl. Hubertus Halbfas, Religiöse Sprachlehre. Theorie und Praxis, Ostfildern 2012.

3. Paradigma und Prüfstein: Offene Tischgemeinschaft

»In der kapitalistischen Welt des ›Shareholder Value‹, der Investment-Banker, einer gigantischen Finanzindustrie mit ihren gesellschaftlichen Leitbildern Egoismus, Gier, Geiz, Erfolg, Dividende, Konsum, Rang und Titel ist Jesus eine totale Provokation und die Verkörperung von Menschlichkeit und Barmherzigkeit.«

Heiner Geißler

Abendmahl – Heilige Messe – Eucharistie

Für Jesus ist das Reich Gottes keine Vision, sondern Wirklichkeit, die er konkret inszeniert: Da will ein Mann ein Festmahl geben (Mt 22,1–13; Lk 14,15–25; Thomasevangelium 64), doch da er erst spät dazu einlädt, haben an dem fraglichen Abend seine Freunde etwas anderes vor und können, wie sie ihn bedauernd wissen lassen, seiner Einladung nicht folgen. So ist nun das Mahl bereit, aber der Speisesaal leer. Darum lässt der Gastgeber seine Diener jeden, den sie auf der Straße treffen, an die Tafel holen.

Man vergegenwärtige sich eine auf diese Weise zusammengeholte Tischgesellschaft, wie in wahrlich bunter Reihe Männer und Frauen, Arme und Reiche, Sklaven und Freie miteinander und durcheinander zu Tische liegen, Pharisäer zwischen Zöllnern und Sündern. Was Jesu Gleichnis schildert und damit in Aussicht stellt, ist eine offene Mahlgemeinschaft, die der Gesellschaftsordnung – damals wie heute – krass widerspricht. Das Bedrohliche dieser Geschichte ist die soziale Herausforderung einer egalitären Tischgemeinschaft. Es ist natürlich nur ein Gleichnis, das die Erschütterung der Gesellschaftsordnung bei Tisch denkbar macht. Aber da Jesus praktizierte, was er mit seinem Gleichnis beschrieb, beschimpfte man ihn als Fresser und Säufer, als Freund von Sündern und Zöllnern. Denn weigerte er sich nicht, Unterschiede gelten zu lassen, wie es sich gehört? Da am Tisch auch Frauen saßen, sogar unverheiratete, hieß es, er esse mit Huren, denn mit Vorliebe klassifizierte man so alle Frauen, die gemäß levantinischer Gesellschaftsordnung (damals wie heute) nicht unmittelbar männlicher Kontrolle unterstanden (→ S. 43).

> Das Reich Gottes als ein Prozess offener Tischgemeinschaft, als jedem zugängliche Mahlgemeinschaft und somit als Muster einer nicht diskriminierenden Gesellschaft negierte die Grundlagen der antiken mediterranen Gesellschaft ... Wenn wir es uns, aus sicherer Entfernung heute ... leisten können, Jesus als Gastgeber amüsant, exzentrisch oder bezaubernd unkonventionell zu finden, musste doch denen, die auch heute die eigene Identität nur in den Augen von ihresgleichen zu finden wissen, die Zumutung, sich bei Tisch und im Leben mit jedem Hergelaufenen gemein zu machen und dabei von allen Unterschieden des Standes, Ranges und Geschlechts abzusehen, notwendig absurd erscheinen. Wer dergleichen zumutet, rückt sich selbst immer noch ins Abseits zur Gesellschaft.[33]

Die Praxis der offenen Tischgemeinschaft, welche die Reich-Gottes-Botschaft Jesu konkretisiert und provokativ herausstellt, wurde nach seinem Tod von der frühen Jesusbewegung weitergeführt. Sie ging nunmehr über das Judentum hinaus, sodass der Unterschied zwischen Jude und Grieche nicht mehr gelten sollte. Jedoch im Handumdrehen wurde diese Mahlgemeinschaft exklusiv – mit immer mehr Griechen bei immer weniger Juden –, weil sie nur noch unter Jesus-Leuten stattfand. Damit begann die Verkirchlichung des Programms Jesu. Nachdem dann mit dem ausgehenden ersten Jahrhundert das hellenisierte Christentum sich vom Judentum geschieden und feindlich distanziert hatte, war man schnell wieder unter seinesgleichen – und der provokante Ansatz Jesu eingeebnet.

Hat das »Letzte Abendmahl« tatsächlich stattgefunden?

Paulus greift in seinem Bemühen, die neue Gemeinschaft zu rechtfertigen, auf einen Text zurück, den er als »Überlieferung« bezeichnet, die er selbst empfangen und seinerseits an die Korinther weitergegeben habe. Diese Überlieferung lautet:

> [23] Jesus, der Herr, nahm in der Nacht, in der er ausgeliefert wurde, Brot, [24] sprach das Dankgebet, brach das Brot und sagte: Das ist mein Leib für euch. Tut dies zu meinem Gedächtnis! [25] Ebenso nahm er nach dem Mahl den Kelch und sprach: Dieser Kelch ist der Neue Bund in meinem Blut. Tut dies, sooft ihr daraus trinkt, zu meinem Gedächtnis! [26] Denn sooft ihr von diesem Brot esst und aus dem Kelch trinkt, verkündet ihr den Tod des Herrn, bis er kommt (1 Kor 11, 23–26).

---

33 John Dominic Crossan, a. a. O. 96–100; 103. Vgl. S. 43

Es ist allerdings unwahrscheinlich, dass das »Letzte Abendmahl«, wie Paulus und später die Synoptiker es darstellen, tatsächlich stattgefunden hat. Weder die Logienquelle noch das Thomasevangelium wissen etwas von einer solchen Gedächtnisfeier. Das Johannesevangelium streicht die Szene vom letzten Mahl Jesu, das seinen Tod deutet, sogar wieder und gibt dem Mahl einen völlig anderen Sinn als Paulus und die Synoptiker. In den Kapiteln 13 bis 17 wird von einem Abschiedsmahl gesprochen, das keine symbolische Gedächtnisfeier mehr ist. Statt des Essens steht die Fußwaschung im Mittelpunkt als ein »Beispiel«, »damit ihr tut, wie ich euch getan habe« (Joh 13,15).

Auch die älteste Kirchenordnung, *Didache* genannt, wahrscheinlich in Syrien verfasst und lange Zeit als kanonische Schrift gezählt, beschreibt ein gemeinsames und rituelles Mahl ohne jeden Rückbezug auf das Paschamahl oder Jesu Letztes Abendmahl und ohne Bezug zu seinem Tod. »Das Material, das mit den Evangelien vergleichbar ist, setzt diese nicht voraus. Es ist vor deren Abfassung formuliert worden. Das Auffallendste ist, dass nichts hiervon als Jesuswort genannt wird« (Klaus Berger). Beschrieben wird ein richtiges Mahl, das aus Brot und Wein besteht und durch den Dank, der über Brot und Wein gesprochen wird, zur Eucharistia, d. h. Danksagung wird.

Selbst noch um die Mitte des 2. Jahrhunderts schildert der Philosoph Justin († ca. 164) den Gottesdienst nicht wesentlich anders. Allerdings gibt es nun einen Vorsteher, der eine Ansprache hält. Danach wird ihm Brot und ein Becher mit Wein und Wasser gebracht, über den dieser eine lange Danksagung spricht. Wenn aber den Christen der Didache oder in den Kreisen um Justin die so genannte Einsetzungstradition bekannt war, warum beschreiben sie dann ausführlich den Ablauf ihrer Mahlfeiern und übergehen ausgerechnet den Rückbezug auf Jesu Vermächtnis? Da ist es plausibler anzunehmen, dass die von Paulus bezeugte Tradition auch Generationen später nicht allen Gemeinden bekannt war, jedenfalls nicht als eine feierliche und verbindlich von Jesus eingesetzte Institution, oder – falls doch bekannt – dass nicht alle dieser Mahldeutung folgen wollten. Historisch beurteilt hat Jesus die Tradition einer offenen Tischgemeinschaft hinterlassen. Im hellenistischen Milieu entwickelten christliche Gruppen daraus das »Letzte Abendmahl« als ein Ritual, das sich mit einem Gedächtnis verband, sich aber nun auf die neue Gemeinschaft bezog und damit exklusiv wurde. Dieses Ritual haben mit zunehmender Hellenisierung schrittweise die anderen Christengemeinden übernommen.

Auch bei den Jesusbewegungen der Q-Linie und der Thomas-Linie scheint das Essen in den Häusern, in denen man willkommen war, eine große Rolle gespielt zu haben, wenngleich hier das jüdische Milieu nicht gesprengt wurde. Dies ist in der Tradition Jesu verständlich. Im Zuge seiner Reich-Gottes-Praxis gab er seinen Jüngerinnen und Jüngern ebenso wie »Zöllnern und Sündern« Anteil an seiner Tischgemeinschaft. Mit gleicher Gewissheit ist davon auszugehen, dass auch in der Jesusbewegung, die den Christuskult schuf, die gemeinsamen Mahlzeiten zentrale Versammlungsform der gemischten Gemeinde waren. Als *vorläufiges Resümee* halten wir fest: Die Praxis des Mahles ging dem Christuskult voraus. Die kultische Ausgestaltung und Deutung des Mahles erfolgte im zweiten Schritt, jedoch uneinheitlich und vermutlich kontrovers.

Eine einheitliche Eucharistiepraxis gab es im frühen Christentum nicht

Aus der Eigenart der vorgestellten Jesusdeutungen resultiert ein Fächer divergierender Sichtweisen, die nicht durch Addition zu einem »vollen« Jesusbild aufgefüllt werden können. Wir haben es in keinem Fall mit dem historischen Jesus zu tun, sondern mit wirkungsgeschichtlichen Brechungen, in denen sich mit dem je tradierten Jesusbild bereits die Veränderungen in den Gemeinden verbinden. Deren Jesusdeutungen spiegeln den zwischenzeitlich entwickelten – heterogenen – Glaubensstand.

Wenn auch nahezu jeder Text der Evangelien das Jesusbild der je eigenen Tradition reflektiert, so ist dies in besonderer Weise im Blick auf das Letzte Abendmahl und den Kreuzestod Jesu der Fall. Mit beiden Komplexen heben sich die Gemeindegründungen in den hellenistischen Städten am deutlichsten von den palästinischen Jesusbewegungen ab. Sie demonstrieren, wie Jesus aus den Gegebenheiten der nachfolgenden Geschichte überraschenden Interpretationen unterliegt.

Angesichts der uneinheitlichen Quellenlage ist es erstaunlich, wie unbekümmert die offene Tischgemeinschaft als das wirksamste Symbol der Reich-Gottes-Verkündigung Jesu von Exegese und Theologie übergangen wird, als sei über einen Zusammenhang mit dem sogenannten »Letzten Abendmahl« nicht einmal nachzudenken. Aber warum »sogenanntes« Letztes Abendmahl? Natürlich erwies sich rückblickend eine der Tischgemeinschaften mit Jesus als die letzte, doch dass dieses letzte Mahl sich als »eucharistisches Vermächtnis« Jesu von den voraufgegangenen Tischgemeinschaften kategorial abhob, um ein für die Nachwelt gültiges Ritual zu werden, ist absolut unwahrscheinlich, zumal diese These eine Art »Kirchengründung« oder wenigstens Vorsorgeplanung Jesu einschlösse, was das historisch-kritisch gewonnene Jesusbild ausschließt. Es unterliegt erheblichen Zweifeln, dass das von Paulus und den Synoptikern geschilderte »Letzte Abendmahl« tatsächlich stattgefunden hat. Was diese überliefern, spiegelt die bis dahin vollzogene kultische Entwicklung. Wie oben gezeigt werden konnte, war die anfängliche Abendmahltradition sehr unterschiedlich und offenbar auch umstritten. Während die von Paulus bezeugte Version das Mahl auf den Tod Jesu bezieht (vgl. 1 Kor 11,23–25), fehlt nicht nur diese Bezugnahme in den beiden Texten der Didache und bei Justin; es wird dort nicht einmal auf das »letzte« Abendmahl als kultisches Vermächtnis Jesu angespielt.

Im Unterschied zu den Tischgemeinschaften Jesu verband sich nach seinem Tod in den Jesusbewegungen mit den gemeinsam gefeierten Mählern eine erste, aber die Tischgemeinschaft wesentlich verändernde Ritualisierung. Das kann auch nicht ausbleiben, wenn ein Mahl aus dem regulären Lebensvorgang herausfällt und zum Erinnerungsmahl wird. Dafür bot die Didache in ihrer ältesten Überlieferung folgende Gebetstexte an:

Nach dem Sättigungsmahl sollt ihr so Dank sagen: »Wir danken dir, heiliger Vater, denn du selbst, dein heiliger Name, wohnt jetzt in unseren Herzen. Wir danken dir, weil du uns durch Jesus, der dir gehorcht, Erkenntnis, Glaube und Unsterblichkeit hast schmecken lassen. Dein ist alle Herrlichkeit für allezeit.«

Oder: »Du Herr, der du überall und am Ende herrschst, hast alles geschaffen um deinetwillen. Du hast den Menschen Speise und Trank zum Genuss gegeben, damit sie dir danken. Uns hast du überdies himmlische Speise, himmlischen Trank und ewiges Leben geschenkt durch ihn, der dir gehorcht. Vor allem danken wir dir, weil du so mächtig bist. Alle Herrlichkeit ist für alle Zeit dein.«

Oder: »Gedenke, Herr, deiner Kirche. Befreie sie von allem Bösen und mache sie vollkommen durch deine Liebe. Sammle sie von den vier Winden her, sie, die du heilig gemacht hast, dass sie eingehe in dein Reich, das du für sie bereitet hast. Denn dein ist alle Macht und Herrlichkeit für allezeit.«

Und: »Es komme Gnade und es vergehe diese Welt. Hosianna, hilf doch, du Gott Davids. Wenn einer heilig ist, soll er zum Mahl hinzutreten, wenn nicht, soll er umdenken. Komm, Herr, amen.« Die Propheten dürfen mit ihren eigenen Worten die Danksagung sprechen (Didache 10).

Diese frühe christliche Gemeindeordnung vermittelt eine gottesdienstliche Praxis *im palästinischen Bereich* ohne Anspielung auf die bekannten Abendmahlstexte. Einen »Einsetzungsbericht« zur Begründung des christlichen Kults sucht man vergeblich. Dennoch handelt es sich bei der kultischen Mahlfeier, der die Gebete gelten, eindeutig um eine Eucharistiefeier, denn so beginnt der Text aus der zweiten Traditionsschicht:

Nun einige Worte über die Eucharistiefeier. So sollt ihr Dank sagen: Zuerst über den Becher: »Wir danken dir, unser Vater, für den Messias. Er ist der heilige Weinstock aus König Davids Geschlecht. In Jesus, der dir gehorcht, hast du ihn uns geoffenbart. Denn dein ist die Herrlichkeit für immer.«

Dann über das geteilte Brot: »Wir danken dir, unser Vater, für das Leben und die Erkenntnis, die du uns geoffenbart hast durch Jesus, der dir gehorcht. Dein ist die Herrlichkeit für alle Zeit.«

Und: »Die Körner dieses Brotes wuchsen, jedes für sich, auf den Höhen heran: Erst durch das Sammeln wurden sie ein Laib. Ebenso sammle deine Kirche aus allen Gegenden der Erde, dass sie eins werde in deinem Reich. Wir loben dich: Dein ist alle Herrlichkeit und Macht. Und Jesus bringe dieses Lob vor dich für allezeit. Nur wer auf den Namen des Herrn getauft ist, soll essen oder trinken bei unserer Danksagung. Denn darüber hat der Herr gesagt: ›Gebt das Heilige nicht den Hunden‹« (Didache 9).

Während die übrige Tradition mit dem Brotbrechen beginnt, steht hier der Becher am Anfang der Liturgie. Erneut bleibt das »Abendmahl« außer Acht. Der Text greift auf die Weinstockmetaphorik zurück, die in Israel Tradition hat. Trotz der bereits bestehenden Spannung zum Judentum, die in den Evangelien einem wachsenden Antijudaismus entgegentreibt, hält die Didache an ihren Wurzeln fest und betont den Weinstock Davids, der in Jesus geoffenbart wurde. Allerdings wird erstmals von der Eucharistie im Sinne eucharistischer Speisen gesprochen und nicht bloß von einer Danksagung. Während es im älteren Kapitel 10,6 der Didache heißt: »Wenn einer heilig ist, soll er zum Mahl hinzutreten, wenn nicht, soll er umdenken«, verlangt der spätere Text als Bedingung für die Würdigkeit nur noch die Taufe. Die Kultisierung des Mahles führt von der offenen Tischgemeinschaft zu strenger Exklusivität. Die Ungetauften werden den Hunden gleichgesetzt: »Gebt das Heilige nicht den Hunden« (Mt 7,6). Diese Begründung mit einem Jesuswort aus der Bergpredigt kann verwundern wie verletzen: Im Hintergrund steht die Geschichte von der heidnischen Syrophönizierin, die auf eine anfängliche Verweigerung Jesu antwortet, selbst die Hunde dürften von den Brosamen essen, die vom Tisch ihrer Herrschaft fallen (Mk 7,24–30).

Solche Dispute lassen ahnen, wie aufgeregt Speisefragen in religiösen Kontexten abgehandelt wurden. Wirkt hier immer noch die irritierende Unruhe wegen des gemeinsamen Essens von Judenchristen und Heidenchristen nach? Oder sind es aktuelle Ängste, dass sich dem eigenen Kult allzu Fernstehende unter die Gemeinde mischen? Zwar mag die Ritualisierung der offenen Tischgemeinschaft Jesu unter den Bedingungen der frühen Gemeindebildungen verständlich und notwendig gewesen sein, doch ging dabei das Wesentliche verloren. Jetzt sitzen nur noch die Heiligen am Tisch, und »die Hunde« mitzubedenken wird verboten.

Andererseits bleibt festzuhalten, dass die Didache Regeln und Gebete für einen Gottesdienst kennt, der wesentlich aus einem Mahl besteht, dessen Vollzug bei der Gemeinde liegt. Von einem Vorsteher ist keine Rede. Diese kultische Mahlfeier wird ausdrücklich als Eucharistie verstanden, stützt sich aber nicht auf eine Erinnerung an ein »Letztes Abendmahl« und einen »Einsetzungsbericht«. Also war in dieser palästinisch-syrischen Tradition entweder die Abendmahlüberlieferung nicht bekannt, oder sie wurde nicht als konstitutiv angesehen, vielleicht auch bewusst übergangen, weil die eigene Praxis davon nicht bestimmt wurde. Als Erklärung für dieses Fehlen einer Eucharistie als Weiterführung eines Vermächtnisses Jesu lässt sich nicht vorstellen, dass man davon wusste und dennoch keinen Gebrauch davon machte. Es lässt sich nur annehmen, dass ein solches Mahl von Jesus selbst nicht »eingesetzt« wurde, zumal die deutenden Worte für diese Situation anachronistisch sind. Die Tatsache, dass es bis ins zweite Jahrhundert hinein verschiedene Formen eucharistischer Mahlfeiern gab, macht es unwahrscheinlich, dass der historische Jesus solche »Einsetzungsworte« am Vorabend seines Todes sprach.

Ein weiteres Beispiel – diesmal für die bewusste Ausklammerung der Abendmahltradition – bietet die Inszenierung des Abschiedsmahles im Johannesevangelium (Joh 13,1–30). Der Verfasser dieser Evangelienschrift hat offensichtlich eine vorliegende Tradition gekannt – seine Passionsdarstellung ist von Markus abhängig –, und doch setzt er statt eines »Einsetzungsberichtes« an diese exponierte Stelle die Schilderung der Fußwaschung, von der wiederum kein anderer Evangelist erzählt. Bultmann nennt diese Leerstelle »das Befremdendste der johanneischen Darstellung«, weil hier fehlt, »was im synoptischen Bericht vom letzten Mahl die Hauptsache ist, die Stiftung des Herrenmahles«.

Es wird ein Mahl, aber kein eucharistisches geschildert, obwohl es das letzte im Jüngerkreis ist. Dieses Mahl ist nur der Anlass für die Fußwaschung und die sich anschließenden Gespräche. Wenn man von Kaiser Caligula berichtet, er habe römische Senatoren bewusst gedemütigt, indem er sie zwang, ihm, dem Kaiser, die Füße zu waschen, so erscheint hier der umgekehrte Gestus bei Jesus. Johannes versteht Jesu Existenz und zumal seinen Tod als dienendes Dasein für andere. Das sich darin ausdrückende Gottesverständnis wird mit dieser symbolischen Szene neu bestimmt. Die mit Gott – auch heute noch – verbundenen Vorstellungen von Herrschaft und Allmacht unterliegen einer Umkehrung der Werte, die – konsequent verfolgt – jeder Herrschaft von Menschen über Menschen die religiöse Legitimation entzieht.

In der angefügten Jüngerbelehrung der Verse 12–30 mit locker aneinandergereihten Einzelworten geht es um die Norm, im Namen Jesu füreinander da zu sein. Wenngleich es fiktive Reden sind, sind sie doch normativ für alles, was »christlichen« und »kirchlichen« Anspruch erhebt. Als diese Jüngerbelehrung um die erste Jahrhundertwende geschrieben wurde, verstand die kleine Gemeinde die Geltung Jesu noch so stark, dass sich Herrschaftsverhältnisse nicht ausbilden konnten. Als sich aber mit der Entwicklung zur Großkirche andere Strukturen ergaben, ging diese Einstellung verloren. Wenn heute in der Liturgie nur noch eine stilisierte Fußwaschung bleibt – hierarchisch in Anspruch genommen –, kann sie mehr verdrängen, als dass sie in ihrer Symbolgestalt Herrschaft nachhaltig in Frage stellte.

Es bleibt die Frage, warum das letzte Evangelium in seiner Darstellung des Abschiedsmahles jeden eucharistischen Bezug löscht. Wenn hier an die Stelle der Mahlgemeinschaft die »Fußwaschung« tritt, *könnte* darin auf den eigentlichen Sinn der Mahlgemeinschaft verwiesen sein: dass alle Eucharistiegemeinschaft nichts nützt, wenn sie sich nicht in gegenseitigem Dienst und gegenseitiger Liebe bewährt. Der Neutestamentler Gerd Theißen hält es sowohl für möglich, dass das Johannesevangelium diese Deutung bewusst über die traditionelle schiebt, wie sie in Joh 6,51 ff. vorliegt, und beide als vereinbar ansieht, als auch, dass der Evangelist mit der neuen die alte Deutung ersetzen will.[34]

Als vorläufiges Resümee bleibt festzuhalten, dass sich die Eucharistiepraxis im frühen Christentum unterschiedlich und variabel zeigt und eine einheitliche kultische Regelung zunächst nicht gegeben war.

Der problematische Todesbezug des Abendmahls

Die Anerkennung christlicher Gemeinschaften aus beschnittenen Juden und unbeschnittenen Heiden als gleichberechtigte Glieder ergab ein Problem, das in seiner Tragweite damals wohl kaum überschaut wurde.

Die Heidenchristen mussten sich von allen heidnischen Riten trennen, weil sonst an eine Gemeinschaft mit den Judenchristen nicht zu denken war. Aber die frühen christlichen Gruppen, die noch dem Judentum zu-

---

34 Gerd Theißen, Die Religion der ersten Christen. Eine Theorie des Urchristentums, Gütersloh 2000, 192; 175.

gehörten, konnten den Heidenchristen keinen Ersatz für ihre bisherige religiöse Symbolwelt bieten: Denn diese Heidenchristen waren als Unbeschnittene nicht zum Tempel zugelassen, was sie gewissermaßen religiös heimatlos machte, denn Tempel und Opfer galten in der Antike als Kriterium der Religionsausübung. Vor allem setzte die Beschlussfassung des Apostelkonzils[35] das junge hellenistische Christentum unter den inneren Druck, eine eigene Kultsymbolik zu entwickeln, die alle Mitglieder, Juden und Nichtjuden, miteinander teilen konnten. Das führte zur Taufe als Aufnahmeritus, der die Beschneidung ersetzte, und das Abendmahl wurde zum Integrationsritus, der die Opfermähler der Tradition ablöste. So entwickelte sich das Christentum zu einer »eigenen Religion«.[36]

Natürlich war diese Situation den Lebensverhältnissen Jesu fremd. Seine Tischgemeinschaften waren nicht kultisch geprägt. Sie hoben Spannungen und Ausgrenzungen im jüdischen Milieu auf, kannten aber keine Gemeinschaft mit Nichtjuden. Doch mit dem Überschritt in die hellenistische Welt wurden die Grenzen der jüdischen Tradition verlassen. Der Transformationsprozess in Erinnerung an die Tischgemeinschaften Jesu setzte hier an. Es ist aber nicht ohne »eine gewisse Ironie« (Theißen), dass aus Handlungen, die in konkreten alltäglichen Situationen ihren Ort haben, beliebig wiederholbare Riten wurden, die von auswechselbaren Inhabern einer »Rolle« vollzogen und schließlich an Ämter gebunden werden. Dabei wird der außergewöhnliche Schritt von der ursprünglich prophetischen Symbolhandlung zum urchristlichen Sakrament durch die Verknüpfung des Mahles mit dem Tode Jesu vollzogen. Diese Beziehung zu stiften, ist alles andere als naheliegend, denn genau genommen setzt das eucharistische Abendmahl den Tod Jesu bereits voraus, was umso mehr diesen Todesbezug als sekundär in der Abendmahltradition erweist. Dies unterstreichen auch die Eucharistieformen ohne Todesbezug, wie sie in der Didache, bei Justin und im Johannesevangelium gegeben sind.

Paulus hingegen verknüpft Abendmahl und Jesu Tod in einem Atemzug: »Dieser Kelch ist der Neue Bund in meinem Blut ... Soft ihr von diesem Brot esst und aus dem Kelch trinkt, verkündet ihr den Tod des Herrn, bis er kommt« (1 Kor 11,25 f.). Mit seiner Identifikation von Wein

---

35 Das Apostelkonzil in Jerusalem (zwischen 44 und 49) war eine Zusammenkunft der Apostel der Jerusalemer Urgemeinde mit Paulus und seinen Mitstreitern. Dort wurde verbindlich, dass Heiden sich nicht erst beschneiden lassen müssen, um Christen zu werden.
36 Vgl. Gerd Theißen, a. a. O., 229 f.

und Blut berührt er ein klares jüdisches Tabu, das der Bibelwissenschaftler Herbert Haag (1915–2001) als nicht ursprünglich einschätzte:

> Wer weiß, dass Blutgenuss für den Juden die grässlichste Zumutung war (und bis heute ist), wird eine solche Überlieferung nur schwer für ursprünglich halten. Im Lebensraum des Hellenismus, wo indirekter Blutgenuss – durch Essen von ungeschächtetem Fleisch – etwas Normales war, direktes Bluttrinken im sakralen Bereich vorkam und man Wein als Blutersatz gleichfalls kannte, dürfte eine solche Formulierung auch für judenchristliche Ohren wohl eher erträglich, wenn nicht überhaupt erst denkbar und (in [un-]bewusster Angleichung an das Brotwort) formulierbar gewesen sein. Die Formel »Mein Blut des Bundes« erweist sich auch dadurch als sekundär, dass sie nur im Griechischen, nicht aber im Aramäischen möglich ist. Angesichts der mehrfach widersprüchlichen Formulierungen des Becherwortes im Vergleich zum Brotwort muss die Frage erlaubt sein, ob nicht die ganze Becherüberlieferung Gemeindebildung ist.[37]

In jedem Fall nahm die Verknüpfung von Mahl und Tod dem Mahl seine symbolische Anschaulichkeit. Die *bildhafte* Analogie, die zwischen der jesuanischen Tischgemeinschaft und dem »himmlischen Mahl« besteht, wird von der neuen *nur gedanklichen* Verknüpfung aufgelöst. Den Verzehr von Brot und Wein und den Kreuzestod verbindet keine Zeichenhaftigkeit. Hier sollen Wort und Glaube überbrücken, was an immanenter Symbolkraft ausgefallen ist.

Wenn in der paulinischen Version der Abendmahlsworte von einer Verheißung des »neuen Bundes« (1 Kor 11,25) die Rede ist, so bezieht sich diese auf Jeremia: »Das wird der Bund sein, den ich nach diesen Tagen mit dem Haus Israel schließe – Spruch des Herrn: Ich lege mein Gesetz in sie hinein und schreibe es auf ihr Herz. Ich werde ihr Gott sein und sie werden mein Volk sein« (Jer 31,33). Diese Sicht dürfte zu den frühesten Deutungen des Abendmahls gehören, aber sie entbehrt jeder Opferthematik. Im Hebräerbrief wird der »neue Bund« sogar den rituellen Opfern bewusst entgegengesetzt (vgl. Hebr. 8,7 ff.; 10,16 f.). Das Stichwort »Bund« stellte klar, dass damit nur der Gottesbund mit dem Judentum gemeint war. Erst spätere Heidenchristen, die den Kontakt zur Jüdischen Bibel verloren hatten, konnten meinen, Alleinerben des Judentums zu sein.

---

37 Herbert Haag, Worauf es ankommt. Wollte Jesus eine Zwei-Stände-Kirche?, Freiburg 1997, 80 f.)

Die Deutung des Todes Jesu als Sühnopfer

Der bisher erörterte Todesbezug des Abendmahles bei Paulus drängt dazu, seiner Deutung des Todes Jesu nachzugehen. Alle Evangelien stellen den Prozess Jesu und seine Hinrichtung in den Zeitrahmen des Pessachfestes. Das damit verbundene blutige Opfergeschehen im Tempel – die Schlachtung der Opfertiere – bot die Möglichkeit, Jesu Kreuzigung, mit der alle Hoffnungen gescheitert schienen, positiv aufzufangen. Offensichtlich überlagerte der Sühnopfergedanke das Geschehen der Festtage, sodass sich von dort her eine Deutung der Hinrichtung Jesu aufdrängte. Die Pessachtradition mit dem uralten Schlachtritual nimmt demnach Einfluss auf die deutende Verarbeitung des Todes Jesu. Dabei bleibt zu bedenken, dass die Verknüpfung der Hinrichtung Jesu mit einem Opfertod im Rückgriff auf allgemein religiöse Traditionen geschah, wie sie seit Jahrtausenden in der Völkerwelt stattfanden. Spezifisch Christliches ist damit nicht verbunden, doch scheint die Prägekraft dieses Hintergrundes so stark gewesen zu sein, dass dieser sich bis in die Formulierung der »Einsetzungsworte« auswirkte.

Religionsgeschichtlich lässt sich die Deutung des Todes Jesu als ein von Gott gewolltes Sühnopfer nur als Rückschritt verstehen. Schon Jahrhunderte früher hatte die Entwicklung begonnen, blutige Tieropfer zu kritisieren, nachdem Menschenopfer bereits aufgegeben worden waren. Der erste Schritt in dieser Richtung innerhalb der griechischen Welt ist von Empedokles (ca. 485–435 v. Chr.) bezeugt, einem gebildeten Sizilianer aus Agrigent. Er beschreibt ein erhofftes »Goldenes Zeitalter«, von dem er glaubte, dass dieses schon einmal bei den Urmenschen existiert habe:

> Bei ihnen war Ares noch kein Gott des Krieges oder des Schlachtgetümmels, und Zeus war nicht König, auch Kronos nicht oder Poseidon, sondern Kypris war Königin, welche die Liebe ist. Diese suchten sie mit frommen Gaben huldvoll zu stimmen, mit gemalten [Opfer-]Tieren und wundersam duftenden Salben, durch Opfer von reiner Myrrhe und duftendem Weihrauch, und auf den Boden gossen sie Spenden aus gelbem Honig. Da wurde kein Altar mit reinem Stierblut benetzt; dies galt damals als die größte Befleckung, einem anderen Lebewesen das Leben zu rauben und seine edlen Glieder zu verschlingen (Fragmente 128 und 130).

Diese Kritik eines Vorsokratikers, dessen Werk nur in kleinen Fragmenten überliefert ist, ergänzen und überbieten die Propheten Israels. Bereits seit dem 8. und 7. Jahrhundert vertreten sie die Meinung, dass Gemeinschaftstreue und Gotteserkenntnis wichtiger seien als alle Tieropfer:

Amos: Eure Brandopfer sind mir zuwider, ich habe keinen Gefallen an euren Gaben; das Mahlopfer eures Mastviehs will ich nicht sehen ... sondern das Recht soll strömen wie Wasser, die Gerechtigkeit wie ein nie versiegender Bach (Am 5,22.24).

Hosea: Schlachtopfer lieben sie, sie opfern Fleisch und essen davon; Jahwe aber hat kein Gefallen an ihnen. Jetzt denkt er an ihre Schuld und straft sie für ihre Sünden: Sie müssen zurück nach Ägypten (Hos 8,13).

Jesaja: Was soll ich mit euren vielen Schlachtopfern? spricht Jahwe. Die Widder, die ihr als Opfer verbrennt, und das Fett eurer Rinder habe ich satt; das Blut der Stiere, der Lämmer und Böcke ist mir zuwider. Wenn ihr kommt, um mein Angesicht zu schauen – wer hat von euch verlangt, dass ihr meine Vorhöfe zertrampelt? Bringt mir nicht länger sinnlose Gaben, Rauchopfer, die mir ein Gräuel sind. Neumond und Sabbat und Festversammlung – Frevel und Feste – ertrage ich nicht. Eure Neumondfeste und Feiertage sind mir in der Seele verhasst, sie sind mir zur Last geworden, ich bin es müde, sie zu ertragen. Wenn ihr eure Hände ausbreitet, verhülle ich meine Augen vor euch. Wenn ihr auch noch so viel betet, ich höre es nicht. Eure Hände sind voller Blut (Jes 1,11–15).

In der nachexilischen Zeit standen die Reinheitsgesetze und die Sonderstellung der Priester mit ihren strengen rituellen Geboten im Vordergrund. Sie meinten, damit der prophetischen Kritik entgehen zu können. Doch haben Jesus und auch die Qumran-Gemeinschaft die prophetische Linie wieder aufgegriffen:

> Wenn du deine Opfergabe zum Altar bringst und dir dabei einfällt, dass dein Bruder etwas gegen dich hat, so lass deine Gabe dort vor dem Altar liegen; geh und versöhne dich zuerst mit deinem Bruder, dann komm und opfere deine Gabe (Mt 5,23 f.).

Eine kultische Stellvertretung, wie sie sich in Tieropfern darstellt, liegt auf einer Ebene, die Jesus fremd ist. Was sich die Menschen in der Liebe schuldig bleiben, verlangt gegenseitige Vergebung, lässt sich aber nicht mit Sühnopfern ausgleichen. Hintergrund solcher Opferpraktiken ist der Gedanke, dass es Verhältnisse gibt, die nur ein blutiges Opfer wenden oder sühnen kann. Das menschliche oder tierische Opfer soll die Gottheit versöhnen oder bewegen, ein Schicksal zu wenden. Offensichtlich kann die Gottheit ohne blutiges Opfer dazu nicht bewogen werden, ist also aus eigener Großmut nicht in der Lage, Güte zu zeigen und Ausgleich zu schaffen. Sie scheint in ein Denkschema eingebunden zu sein, nach dem bestimmte Verschuldungen des Menschen todeswürdig sind und endgültige Verstoßung verdienen, es sei denn, dass sie durch Tötung eines besonderen Opfers ausgeglichen werden.

Während die Opferpriester – die biblischen wie die heidnischen – den Menschen Versöhnung mit der Gottheit durch ein stellvertretendes Tieropfer anboten, verlangten Israels Propheten, die eigenen Beziehungen zu den Mitmenschen und zu Gott zu läutern. Darin kann sich niemand vertreten lassen: »Denn so spricht Jahwe zum Hause Israel: Suchet mich, auf dass ihr lebet, und sucht nicht Bethel«, die Opferstätte (Am 5,4). In diesem Verständnis will Gott nicht Satisfaktion, sondern Menschen mit wachen Herzen, die sich anderer annehmen und darin sich selbst angenommen wissen. Wer von gottgewollten Sühnopfern spricht, spricht zugleich von einem Gottesbild, das die prophetische Tradition Israels bereits überwunden hatte. Somit bleibt nur der Schluss, dass die kirchliche Sühnopfertheologie und die sich darauf gründende Eucharistielehre der Verkündigung Jesu nicht entsprechen.

Der *Katechismus der Katholischen Kirche* legt hingegen auf die Opferdeutung der Eucharistie größten Wert:

Die Eucharistie ist Gedächtnis in dem Sinn, dass sie das Opfer, das Christus dem Vater am Kreuz ein für allemal für die Menschheit dargebracht hat, gegenwärtig und lebendig macht. Der Opfercharakter der Eucharistie tritt schon in den Einsetzungsworten zutage: »Das ist mein Leib, der für euch hingegeben wird … Dieser Kelch ist der Neue Bund in meinem Blut, das für euch vergossen wird« (Lk 22,19–20). Das Opfer des Kreuzes und das Opfer der Eucharistie sind ein einziges Opfer. Die Opfergabe und der Opfernde sind dieselben, nur die Weise des Opferns ist verschieden: blutig am Kreuz, unblutig in der Eucharistie.

In der Eucharistie wird das Opfer Christi auch zum Opfer der Glieder seines Leibes. Das Leben der Gläubigen, ihr Lobpreis, ihr Leiden, ihr Gebet und ihre Arbeit werden mit Christus vereinigt. Als Opfer wird die Eucharistie außerdem für alle lebenden und verstorbenen Gläubigen dargebracht, als Sühne für die Sünden aller Menschen und um geistliche und zeitliche Gaben von Gott zu erlangen. Auch die Kirche des Himmels ist mit dem Opfer Christi vereint (Kompendium, Nr. 276; 280; 281).

Nach diesem Text ist Christus Opfergabe und Opfernder in einer Person. Gemäß Röm 8,32 ist Gott selbst der Opfernde: »Er hat seinen eigenen Sohn nicht verschont, sondern ihn für uns hingegeben.« Darin sieht Paulus den Ausdruck der grenzenlosen Liebe Gottes zu uns. Gott versöhnte durch diesen Hinrichtungstod die Menschheit mit sich selbst, »indem er den Menschen ihre Verfehlungen nicht anrechnet« (2 Kor 5,19).

Da sich inzwischen alle Dogmatiker einig zu sein scheinen, dass Gott selbst dieses Opfer den Menschen gegeben habe, damit sie es ihm darbringen, müsste Gott mit diesem Opfer wieder an den Anfang der blutigen Opfergeschichte zurückgegangen sein – bis zu den Menschenopfern.

Als Ergebnis lässt sich festhalten: Keiner der neutestamentlichen Schriftsteller saß im »Abendmahlssaal« dabei – sofern es diesen gab. Paulus und alle späteren Evangelisten schöpften aus der religiösen Tradition ihres jeweiligen Umfeldes. Zugleich erlaubte der Sühnopfergedanke, die bedrückende Erfahrung der Hinrichtung Jesu positiv zu wenden. Und wer aus der Vorstellungswelt hellenistischer Mysterienreligionen kam, fand in der neuen Eucharistieinterpretation erleichterten Zugang zu einem Christentum, das sich ohne Opferkult schwergetan hätte, in der antiken Religionswelt Plausibilität zu gewinnen.

Vom Abendmahl zur heiligen Messe

Knapp hundert Jahre nach Justin ist Bischof Cyprian von Karthago (um 200–258) der Erste, der den Opferbegriff auf die Eucharistie anwendet und damit ein Priestertum verbindet, wie es in der nichtchristlichen Religionswelt herrschte. Das hatte nachhaltige Wirkung auf die spätere Theologie. Auch wenn die kirchliche Frühzeit im Gegensatz zur übrigen Welt keinerlei Opferkult mehr kannte, drängte sich ihr doch eine zumindest metaphorische Bezugnahme immer wieder auf. Den mit dem Opfer verbundenen Priester, im Neuen Testament *hiereus* genannt, gab es im Sinne dieses Begriffs in den christlichen Gemeinden nicht, denn der frühkirchliche *Presbyter* ist ein »Ältester« oder »Vorsteher«, aber deutlich kein »Priester«. Und doch wurde mit dem – wenn auch nur metaphorischen – Rückgriff auf die alte Opferterminologie eine Entwicklung unterstützt, die in den folgenden Jahrhunderten von der Eucharistie zur Messe führte: Ab dem 4. Jahrhundert endet die Tradition, dass innerhalb der eucharistischen Liturgie alle Teilnehmenden Brot und Kelch empfingen. In den Jahrhunderten danach nahm der Priester allein die konsekrierten Gaben. Er vergegenwärtigte jedes Mal neu das Kreuzesopfer, um so die Passion Jesu sakramental wirksam werden zu lassen. In diesem Verständnis wirkt dieses Opfer sühnend, befreit von Sünden und hilft den Seelen der Verstorbenen, bald aus dem Fegefeuer befreit zu werden. In der Folge bürgerten sich Votiv- und Seelenmessen ein, deren »Früchte« bis zum heutigen Tag Verstorbenen zugewendet werden, was gewissermaßen zu einem geschäftlichen Verkehr führte, denn nun werden Messen »bestellt« und mit einem »Messstipendium« bezahlt. Kein katholischer Messplan ohne Angaben, für welche Verstorbenen oder Anliegen die Messen je »gelesen« werden.

Damit sind wir nun schon endlos weit von einem »Abendmahl« entfernt. Die Messe ist zum religiösen Ritual degeneriert. Was da gesagt wird, verstehen die meisten nicht: »Nimm diese makellose Opfergabe an, wie einst die Gaben deines gerechten Dieners Abel, wie das Opfer unseres Vaters Abraham, wie das reine Opfer deines Hohenpriesters Melchisedek.« Es wird eine mythische Opferlinie gesponnen, die bis zur Überbietung der Opferidee im Sühnopfer des Kreuzestodes führt.

Im Hochmittelalter setzen dann Hostien- und Blutwunder ein, die nur als bedenkliche Abwege zu verstehen sind. Im Dom zu Orvieto in Umbrien schildern Bilder in der Cappella del Corporale das Blutwunder, das sich 1263 im benachbarten Bolsena ereignet haben soll: Im Augenblick der Konsekration von Hostie und Kelch wurde ein Priester von Zweifeln über die Wandlung von Brot und Wein in Christi Fleisch und Blut ergriffen. Als er die Hostie brach, seien jedoch Blutstropfen hervorgetreten, die das Corporale (Altartuch) und einen Stein im Fußboden befleckten. Eine Arbeit von 1938 registriert allein zweihundert solcher Wunder, von denen Henri de Lubac meinte, dem theologisch überforderten christlichen Volk sei gar nichts anderes übrig geblieben, als »in einen Zustand spiritueller Simplizität« zu verfallen. 1215 hatte das 4. Laterankonzil dekretiert, Jesus Christus sei im Abendmahlsgeschehen Priester und Opfer zugleich. »Sein Leib und sein Blut sind im Altarsakrament unter den Gestalten von Brot und Wein in wahrhafter Weise enthalten, nachdem das Brot in den Leib und der Wein in das Blut wesensverwandelt sind durch göttliche Machtwirkung«, um gleich anzufügen: »Und eben dieses Sakrament kann niemand vollziehen als der Priester, der vorschriftsmäßig beauftragt ist (*rite ordinatus*) gemäß der Schlüsselgewalt der Kirche, die Jesus Christus selbst den Aposteln und ihren Nachfolgern überlassen hat.« Der belgische Jesuit Roger Lenaers kommentiert dies aus heutigem Verständnis:

> Die Verwandlung eines Brotes in einen menschlichen Leib, die sich nicht nur jeder Wahrnehmung entzieht, sondern durch das Aussprechen eines kurzen Satzes zustande kommt, ist doch im Reich der Fabel oder der Magie anzusiedeln. Die kirchliche Antwort, dass nicht die scheinbar magische Kraft jener Worte diese Verwandlung wirkt, sondern ein Eingreifen Gottes-in-der-Höhe, und dass dieser Eingriff unfehlbar kommt, wenn ein dazu über hierarchische Kanäle bevollmächtigter Mann (keine Frau!) die richtigen Worte spricht, ist hochkarätiges heteronomes Denken [nach dem es eine Parallelwelt außerhalb der für Menschen wahrnehmbaren gibt; H.H.] … Die vom Konzil von Trient kanonisierte fast materielle Wesensverwandlung ist für den modernen Gläubigen nicht länger denkbar.[38]

---

38 Roger Lenaers, Der Traum des Königs Nebukadnezar. Das Ende einer mittelalterlichen Kirche, Kleve ³2005, 139.

Sind demnach alle, die hier immer noch mitspielen, jenseits jeder Moderne? Oder handelt es sich um eine Neuinszenierung von H. C. Andersens Märchen »Des Kaisers neue Kleider«?

Roger Lenaers findet, »dass das, was man die ›heilige Messe‹ nennt, ein zäher Efeu geworden ist, der das Christsein von allen Seiten überwuchert«. Im großen Rahmen sind Events wie Weltjugendtage, Papstbesuche, Heiligsprechungsfeiern oder Katholikentage ohne eine Messfeier nicht denkbar, im regulären Alltag sollen Priester alltäglich »zelebrieren«, sind Trauungen und Beerdigungen mit Messe erwünscht, werden Schützenfeste, Wallfahrten, Jubiläen und alle nur denkbaren Sonderanlässe wie selbstverständlich mit einer feierlichen Messe ergänzt. Außerdem fehlt es nicht an hochpreisenden Worten, welche die Eucharistie »Quelle und Höhepunkt des ganzen Lebens des Christen« nennen, wie es das Zweite Vatikanische Konzil (1962–1965; LG 11) tat. Für jeden Sonntag ist der Messbesuch Pflicht des Gläubigen, was freilich beschleunigtem Verschleiß unterliegt, da die Kirchgänger nicht nur keinen Höhepunkt erleben, sondern in der Regel routiniertes Ritual und damit verbundene Langeweile. Die Sonntagsmesse, wenn sie denn besucht wird, ändert auch nichts an der Lebenspraxis der Menschen. Hin oder her, sie unterscheiden sich kaum von Zeitgenossen, die an keiner Messe mehr teilnehmen oder als evangelische Christen andere Wege gehen.

Schaut man in die Frömmigkeitsgeschichte zurück, wird die Praxis der Messfeiern erst recht problematisch. Es beginnt bereits mit der Bezeichnung »Messe«. Das Wort leitet sich von der Entlassung in der lateinischen Liturgie ab: »Ite, missa est!«; etwa: »Geht nun, es ist Aussendung!« Das Geschehen erfährt seine Entwertung durch den damit verbundenen technischen und geschäftlichen Sprachgebrauch. Man sagt, eine Messe werde im Sinne eines Anliegens »bestellt«, »bezahlt« und »gelesen«. Umgangssprachlich heißt es, ein bestimmter Geistlicher habe die Messe »gehabt« oder »getan«. Kaum gibt es eine Messe ohne damit verbundene »Intention«: für einen bestimmten Verstorbenen oder im Sinne einer »Gebetsmeinung«. Es entstanden Formulare für Votivmessen, die man zur Erfüllung aller nur denkbaren Bitten benutzen konnte.

In diesem Prozess entwickelte sich ein veritabler Klerusgottesdienst. Das Volk geriet in eine Zuschauerrolle, sodass nur noch der zelebrierende Priester »kommunizierte«. Im mittelalterlichen Kirchenraum trennte der Lettner Klerus und Volk. Mit dem Altar verband sich eine ausgeprägte Reliquienverehrung. Das verbreitete »Schauverlangen« des Volkes führte zur Erhebung des konsekrierten Brotes während des Hochgebetes; außerhalb der Messe entwickelten sich die Anbetung des »Altarsakramentes«, die Fronleichnamsprozession sowie weitere Umzüge mit Monstranz und konsekrierter Hostie. Die konsekrierte Hostie wurde zur Gottespräsenz schlechthin und damit das wichtigste Gnadenmedium, diente zugleich aber auch als Medizin und Zaubermittel. In Klöstern und Kathedralkirchen führte der Klerusüberhang zu Privat- und Winkelmessen. Bis zum Zweiten Vatikanischen Konzil wurden millionenfach Messen »gelesen«, ohne dass sie je »Quelle und Höhepunkt des ganzen Lebens des Christen« waren. Vielmehr war es möglich, sogar selbstverständlich, dass sich damit Inquisitionsprozesse verbanden, bei denen Menschen gefoltert, gerädert und geviertelt wurden, ohne dass der gekreuzigte Christus zur Solidarität mit dem geschundenen Menschen antrieb. Die »Vergegenwärtigung des Kreuzesopfers« war ja eine Größe, die dem *eigenen* Seelenheil und dem der »Armen Seelen« diente.

Insgesamt belegt die Kirchengeschichte, dass die vorgegebene kirchliche Laufspur nur von wenigen Menschen verlassen wurde. Das gilt bis zum Tag. Wenn die Bischöfe im Jahr 2005 ihre Gedanken über die Eucharistie als »Quelle und Höhepunkt« austauschten, haben sie auch nur nachgesprochen, was ständig vorweg beschworen wurde. Ihre Neigung zu eigenständigen Gedanken, die den gewünschten Konformismus durchbrechen, tendiert gegen Null. Selbst wenn die historisch-kritische Forschung Ergebnisse auf den Tisch gelegt hat, die zu Revisionen zwingen, wird die eingefahrene Redeweise weiterhin repetiert, in Abhängigkeit von einem kirchlichen Lehramt, das – wie wir gesehen haben – in Glaubens- und Sittensachen ja nicht argumentationsabhängig ist. Es »gründet in der besonderen Geistbegabung seiner Träger« und »verhält sich beim Gebrauch der Heiligen Schrift in seinen Verlautbarungen vollkommen souverän gegenüber Erkenntnissen der historisch-kritischen Exegese«.

Auch gegenüber dem ausbleibenden Priesternachwuchs, der ja im bestehenden Kirchensystem als existenzgefährdend bewertet werden müsste, bleiben die europäischen Bischöfe »vollkommen souverän« gegenüber der Faktenlage. Sie wagen nicht einmal die öffentliche Diskussion der defizitären Personalstatistik und ihrer Folgen. Doch wenn in Zukunft keine Pfarrer mehr für die bestehenden Gemeinden verfügbar sind, liegt es nahe, darüber nachzudenken, ob die katholische Christenheit weiterhin Kleriker und Konsekration als Steuerungsinstrumente des Kirchengefüges braucht. Die historische Forschung hat ja nachgewiesen, dass eine »apostolische Sukzession«, auf die sich »die göttliche Einsetzung der Hierarchie und des Weihepriestertums« stützt, fiktiv ist. Natürlich kann man diese Forschung ignorieren und sich weiterhin göttlich legitimiert sehen, aber Glaubwürdigkeit lässt sich damit nicht beanspruchen. Männer, die aufgrund einer »Weihe« etwas bewirken können, was nichtgeweihte Männer und zumal Frauen nicht können, könnten modern gedacht als Schamanen angesehen werden, wenngleich sich ein Schamane wenigstens durch Heilungserfolge zu legitimieren hat.

4. Die Neuerfindung des Priestertums

»Die Krisen räumen auf; zunächst mit einer Menge von Lebensformen, aus welchen das Leben längst entwichen war und welche sonst mit ihrem historischen Recht nicht aus der Welt wären wegzubringen gewesen.«

Jakob Burckhardt

Seine berühmte Formel – »Jesus verkündete das Reich Gottes, und gekommen ist die Kirche« – hatte Alfred Loisy mit der Erklärung fortgesetzt: »Wenn man das Prinzip aufstellt, dass alles nur in seinem ursprünglichen Zustand Existenzberechtigung hat, so gibt es keine Einrichtung auf der Erde und in der menschlichen Geschichte, deren Legitimität und Wert nicht bestritten werden könnte.« Dennoch ist nicht alles, was sich später entwickelt, aus seiner faktischen Existenz zu rechtfertigen. Im Blick auf die Kirche bleibt zu fragen, inwieweit das Gewordene seine Legitimation im Evangelium findet.

Natürlich kommt keine Kirche ohne konkrete Verfasstheit aus; dabei ist jede bestrebt, ihr Selbstverständnis in den Anfängen grundgelegt zu sehen. Das beste geschlossene Modell in dieser Hinsicht vertritt die römisch-katholische Theologie. Die Dogmatische Konstitution über die Kirche des Zweiten Vatikanischen Konzils erklärt:

> Um Gottes Volk zu weiden und immerfort zu mehren, hat Christus, der Herr, in seiner Kirche verschiedene Dienstämter eingesetzt, die auf das Wohl des ganzen Leibes ausgerichtet sind. (...) Diese Heilige Synode ... lehrt und erklärt feierlich [mit dem Ersten Vatikanischen Konzil], dass der ewige Hirt Jesus Christus die heilige Kirche gebaut hat, indem er die Apostel sandte, wie er selbst gesandt worden war vom Vater (vgl. Joh 20,21). Er wollte, dass deren Nachfolger, das heißt die Bischöfe, in seiner Kirche bis zur Vollendung der Weltzeit Hirten sein sollten. Damit aber der Episkopat selbst einer und ungeteilt sei, hat er den heiligen Petrus an die Spitze der übrigen Apostel gestellt und in ihm ein immerwährendes und sichtbares Prinzip und Fundament der Glaubenseinheit und der Gemeinschaft eingesetzt. (...) Aus diesem Grunde trugen die Apostel in dieser hierarchisch geordneten Gesellschaft für die Bestellung von Nachfolgern Sorge ... und gaben dann Anordnung, dass nach ihrem Hingang andere bewährte Männer ihr Dienstamt übernähmen (Lumen gentium, 18 ff.).

Derartigen Texten liegt es fern, die herangezogenen Bibelstellen auf die Tragfähigkeit dessen, was sie belegen sollen, zu überprüfen. Erst recht liegt ihnen fern, entgegenstehende exegetische und historische Einsichten zur Kenntnis zu nehmen und ihrem Gewicht Geltung zukommen zu lassen. Sie ignorieren, dass sich das Denken Jesu auf das eigene Volk und die eigene Zeit beschränkt hat und keinerlei »Kirche« in den Blick nahm. Von daher sind sämtliche ihm unterstellten Intentionen, die Zukunft zu sichern, anachronistisch. Am wenigsten werden heutige Ergebnisse der Bibelwissenschaften aufgenommen, und seien sie noch so eindeutig. Was stört, wird verdrängt.

Wie also hat »Christus, der Herr, in seiner Kirche verschiedene Dienstämter eingesetzt«? Zunächst bleibt festzustellen, dass Jesus nach dem übereinstimmenden Zeugnis der Evangelien den priesterlichen Traditionen Israels keine Bedeutung zuspricht: Schon in seinem Gleichnis vom barmherzigen Samariter lässt er Distanz zum Tempelpriestertum erkennen: Knapp und spitz werden Priester und Levit kritisiert: »Sah ihn und ging vorbei«, heißt es Lk 10,31 f. zweimal. Sie ignorieren den Hilflosen, und obwohl sie nicht auf dem Weg zum Tempeldienst sind, was ihre kultische Reinheit bedingen könnte, sondern auf dem Weg zurück von Jerusalem nach Jericho, lassen sie den Mann am Straßenrand liegen. Letztlich war es auch der Tempel und sein Personal, an dem Jesus scheiterte.

Die »Tempelreinigung« ist in ihrem historischen Kern als prophetische Symbolhandlung Jesu zu verstehen, die Jesus im traditionellen Gegensatz des Propheten zum Tempel zeigt. Zusammen mit der Androhung der Tempelzerstörung (Mk 13,2; 14,58; Lk 13,34) war sie wahrscheinlich für das führende Tempelpersonal Anlass, Jesus den Prozess zu machen und seinen Tod herbeizuführen; denn sie bedeutete einen Angriff auf das durch den Hohenpriester repräsentierte und durch die römische Staatsmacht garantierte hierokratische System Israels.

Nach Jesu Tod ist für den hellenistischen Flügel der Jerusalemer Jesusbewegung eine Distanzierung vom Tempel bereits kennzeichnend. Damit verbindet sich bald ein Bruch mit der herrschenden Religionssicht, die Tempel, Priester und Opferdienst als grundlegend ansah. Noch bis ins 3. Jahrhundert trifft die Kirche der Vorwurf, »atheistisch« zu sein, d. h. keinen Tempel, kein Priestertum, keinen Altar und keinen Opferdienst zu haben.

Dennoch werden die kultischen Begriffe der Umwelt schrittweise auf das junge Christentum neu übertragen, allerdings in dem Bewusstsein, dass sich nur noch in einem metaphorischen Sinn davon sprechen lässt (→ S. 70). Die von Jesus in seinen Gleichnissen gelehrte Gottunmittelbarkeit führt jede Form menschlich-priesterlicher Mittlerschaft ad absurdum. »Wo die Rede von einem Weihepriestertum einen solchen Anspruch impliziert«, sagt der Neutestamentler Paul Hoffmann, »steht sie im Widerspruch zum Neuen Testament.«

Von den Startbedingungen des Christentums her ist demnach zu sagen, dass Jesus weder ein priesterliches Amt »eingesetzt« hat noch in solchen Kategorien dachte, noch dass die frühesten Schriften des palästinischen Raumes von einem »Letzten Abendmahl« und sogenannten »Einsetzungsworten« irgendetwas wissen (→ S. 58 ff.). Ein christliches Priestertum hat im Leben und Denken Jesu keinen Rückhalt. Jesus war »Laie« aus der Selbstverständlichkeit seines Gottesbezugs. Wer ihn zum »Hohenpriester« (wenn auch nur metaphorisch) macht, braucht ihn zu einer klerikalen Selbsterhöhung.

Die frühchristlichen Gemeindeformen und ihre Dienste

Die Entwicklung der frühen christlichen Gemeindeformen folgte keinem vorweg durchdachten Konzept, sondern geschah unter dem Zwang der Verhältnisse gewissermaßen »von selbst«. So wie die palästinische Jesusbewegung zunächst von charismatischen Wanderpredigern bestimmt wurde, wurde auch die Mission in den hellenistischen Städten von charismatischen Begabungen (Aposteln, Propheten, Wanderlehrern, Lehrern) betrieben. Deren Autorität war nicht amtlich-institutionell, sondern in einem persönlichen Engagement begründet. Einen spezifischen Typ des Wandercharismatikers repräsentierte Paulus als Gemeindeorganisator. Seine Arbeit zielte auf eine dauerhafte Vergemeinschaftung in Ortsgemeinden und eine überregionale Verbindung aller Gemeinden miteinander. Basis dieser Gemeindegründungen waren Hausgemeinden. Darin kam dem je einladenden Hausherrn wie von selbst eine organisatorische Funktion und auf die Dauer auch Autorität zu. Da das antike Hauswesen patriarchal strukturiert war, ergaben sich aus diesem Ansatz auch Dispositionen für die späteren Herrschaftsformen.

Das sich entwickelnde »Amt« ergibt sich von der Gemeindebasis her. Autorität wird noch nicht institutionell, sondern durch persönliches Engagement begründet. Das »Herrenmahl« ist zunächst Angelegenheit der ganzen Gemeinde. 1 Kor 10,16 spricht vom Becher, den *wir* segnen, und vom Brot, das *wir* brechen. Träger dieses Tuns ist das »Wir« der Gemeinde. Wer das Segensgebet je gesprochen hat, ist offen. Im Normalfall wird es der Gastgeber oder die Gastgeberin gewesen sein. Es kann auch einem durchreisenden Lehrer oder Propheten oder einem hervorragenden Mitglied der Gemeinde übertragen worden sein. Das lässt fragen, wieso diese Bitte im Namen der Gemeinde nicht jeder sprechen kann, der zur Gemeinde gehört, Frau wie Mann. Von »Priesterweihe« erst gar nicht zu reden.

Die Übergangszeit der zweiten und dritten Generation stand vor der Aufgabe, sich in der Gesellschaft dauerhaft einzurichten und als eigene Gruppierung zu konsolidieren. Das führte zu einer »Anpassung« des Charismas an das zeitgenössische Milieu und dessen Ordnungsmuster. Zwar gab es auch jetzt noch keine einheitliche Ämterordnung und Ämterbezeichnung. Es scheint die Regel gewesen zu sein, dass die Gemeinden zunächst nicht von einem Einzelnen, sondern von einem Kollegium geleitet wurden, das sich aus Männern und Frauen zusammensetzte. Für Judenchristen lag es nahe, nach jüdischer Tradition die Mitglieder dieses Kollegiums Presbyter, »Älteste«, zu nennen. Presbyter stehen nicht über der Gemeinde, sondern *in ihr*.

Doch die sich entwickelnden presbyterialen Strukturen bedeuteten einen großen Schritt im Institutionalisierungsprozess der Gemeinden. Die ursprünglich im persönlichen Charisma begründete Autorität gewinnt nun Anteil an einer patriarchalischen Herrschaftsform. Es entstehen Presbyterkollegien als gemeindliche Führungsgremien.

Im Folgenden allerdings spielt die Wortgebung einen Streich, der verhängnisvolle Folgen hat: Das Wort »Priester« kommt nämlich von dem griechischen Wort *presbyteros*, »Ältester«. Wenn im Neuen Testament von *Presbytern* die Rede ist, sind damit aber gerade *keine* »Priester« im heutigen Sinne gemeint, sondern Mitglieder des Ältestenrates, der sich ganz unterschiedlich zusammensetzen konnte. Keine einzige frühchristliche Gemeinde bezeichnete ihre Amtsträger mit dem heidnischen Wort für Priester, griechisch *hiereus*, lateinisch *sacerdos*. Der Rückgriff auf das »Priestertum« im Sinne der damaligen Religionen erfolgte erst viel später.

Auf dem Weg zum Monepiskopat

Neben der jüdisch tradierten Presbyter-Struktur entwickelt sich als Variante das Amt des *Episkopus*. Während die Presbyter von der jüdischen Tradition her eine mehr allgemeine Gemeindevertretung praktizieren, nehmen die Episkopen zunächst vor allem kultische und/oder auch karitative Aufgaben wahr. Sie treten mit der Zeit als spezifische Funktionsträger der Gemeinden hervor, gewinnen weitere Kompetenzen, bis ihnen schließlich die Leitung der gesamten Gemeinde übertragen wird.

Soweit die Quellenlage ein Urteil zulässt, gewinnen zunächst in Kleinasien einzelne Episkopen innerhalb der Presbyterkollegien eine führende Stellung. Es handelt sich anfangs um vereinzelte Entwürfe, die bis zur Durchsetzung einer episkopalen Gemeindeverfassung noch das volle zweite Jahrhundert in Anspruch nehmen.

Zu Beginn dieses 2. Jahrhunderts setzt sich die Patriarchalisierung der Gemeinden im Rahmen der antiken Hausordnung immer mehr durch, da der wohlhabende griechisch-römische Hausherr und Vater nun zum Modell wird. Dieser anti-charismatische Trend beschränkt vor allem die freie Tätigkeit der Frauen. Von jetzt an soll die Frau »durch stilles Zuhören lernen, in aller Unterordnung«. Zu lehren »gestatte ich einer Frau nicht, ebenso wenig über einen Mann zu bestimmen. Sie soll sich still verhalten« (1 Tim 2,11 f.). Mit dem Ausschluss aus aller führenden Verantwortung verbindet sich eine massive theologische Diffamierung: »Denn zuerst wurde Adam erschaffen, danach erst Eva« (1 Tim 2,13). Wann immer fortan Frauen zurückgesetzt werden sollten, musste dieses frauenfeindliche Pseudoargument dafür herhalten.

Die Polemik der so genannten »Kirchenväter« und »Kirchenordnungen« gegen ein kirchliches Amt von Frauen beweist, dass die zunehmende Patriarchalisierung des kirchlichen Amtes nicht unangefochten war, sondern sich mit älteren Traditionen auseinanderzusetzen hatte, die den Führungsanspruch von Frauen noch anerkannten. Gegen Ausgang des 2. Jahrhunderts lässt sich jedoch eine schrittweise Entwicklung zum Monepiskopat feststellen, d.h. von den anfangs kollegial eingebundenen Presbyterkollegien zu einem monarchischen Episkopat hin. Zweifellos werden die üblichen Mechanismen daran beteiligt gewesen sein: das Durchsetzungsvermögen starker Persönlichkeiten, eine Aufgabenteilung mit der Tendenz, sich durch die am besten dafür geeignete Person nach außen vertreten zu lassen, hier und da auch das Gewicht jener, die noch als Apostelschüler oder Schüler von Apostelschülern in Ansehen standen.

Die historische Forschung belegt, dass es sich zunächst nicht um Bischöfe im späteren Sinn des Monepiskopats handelt. Für Rom kann man bis um die Mitte des 2. Jahrhunderts eine kollegiale Leitung nachweisen. Doch seit Beginn des 3. Jahrhunderts tendiert alles auf den Episkopus hin, der nun nicht mehr als »Aufseher«, sondern als Bischof anzusprechen ist. Er fühlt sich als Hirt, er kontrolliert die Lehre und die Taufzulassung, und er ist zuständig für das Gemeindevermögen. Nur wer auf seiner Seite steht, gehört zur Gemeinde. Natürlich ist er jetzt hauptamtlich tätig, muss also auch aus der Gemeindekasse versorgt werden. Das führt dazu, möglichst einen Bischof zu gewinnen, der sich selbst versorgen kann und der vielleicht gar noch einen Teil seines Vermögens in die Gemeinde einbringt.

Die Entwicklung des Monepiskopats und in der theologischen Entwicklung die zunehmende Vergöttlichung Christi verstärken sich wesentlich infolge des Schwunds judenchristlicher Gemeinden und einer entsprechenden Zurückdrängung des jüdischen Erbes. Damit verschwinden letzte Brücken zur rabbinischen Synagoge und zugleich jede Rückbindung an ein Judentum, das als Maßstab und Korrektiv der weiteren Glaubensentwicklung unentbehrlich gewesen wäre, aber nun bis zum Ende des 20. Jahrhunderts in dieser Funktion ausfällt. Allen, die sich fortan dem Christentum zuwenden, sind jüdische Vorstellungen und Traditionen so fremd, dass sie viele christliche Riten und Glaubensformeln nicht mehr aus ihrer jüdischen Genese, sondern von einem hellenistischen Hintergrund hersehen. Das fördert die Überformung des bisherigen Amtsverständnisses mit Kategorien der antiken Religionswelt und führt zu einer Sacerdotalisierung (von *sacerdos*, »Priester«), die der bisherigen Entwicklung unbekannt war.

Es ist das Grundproblem des Christentums, dass es seit Beginn seiner Geschichte immerfort »Übersetzungen« erfahren hat. Bereits in den frühen Jahrzehnten wurde die Reich-Gottes-Praxis Jesu und sein in Gleichnissen entfaltetes Gottesverständnis in eine *Lehre* übersetzt, die den historischen Jesus von Nazaret über alle Maße irritiert haben müsste, hätte er den stattgefundenen Austausch der Inhalte kennenlernen können. Noch bevor es Zeit gab, den jesuanischen Anfang hinreichend zu überdenken, begannen bereits die *Cultural turns* in griechische Denkmodelle und antike Religionsvorstellungen, und dies setzte sich fort in römische Herrschaftskategorien, danach in Neuansätze gemäß fränkischen und germanischen Vorstellungen.

Die Neuerfindung des Priestertums

Es ist der schon erwähnte Bischof von Karthago, Cyprian (200/210–258), der – jüdischen Traditionen bereits entfremdet – erstmals den Presbyter als *sacerdos* bezeichnet und mit dem Levitentum des Alten Testaments vergleicht. Im gleichen Atemzug bezeichnet er das Darbringen der eucharistischen Gaben als *sacrificium* (Opfer). Damit erfolgte eine neue Weichenstellung, die sich mit der konstantinischen Wende real auswirkte. Als nämlich der Gemeindeklerus den heidnischen Priesterschaften gleichgestellt wurde und ebenso wie diese Steuerfreiheit erhielt, um schließlich exklusiv privilegiert zu werden, vollzog sich die Sacerdotalisierung des Klerus gegen eine bis dahin unpassende Vorstellung. Nun gewann der Gedanke des Opfers und der Opferdarbringung, wie er im heidnischen Kult vorherrschte, auch im Kirchenraum Geltung.

Damit ist die erste Wegstrecke zum kultischen Priesterverständnis zurückgelegt. Die hinzukommende Deutung der Liturgie als Nachahmung der himmlischen Liturgie und der Hierarchie als Abbild der himmlischen Hierarchie verschiebt den anfänglich jüdisch geprägten Wortgottesdienst mit der frühchristlichen Danksagung (*eucharistia*) vollends in einen spätantiken Kult – eine Brechung, die vielleicht erst heute in aller Deutlichkeit bewusst wird.

In ihrem Selbstverständnis zeigt sich die spätantike Kirche nun als Bischofskirche. Durch die Einbeziehung der Bischöfe in die Verwaltung des Reiches hebt sich das Bischofsamt immer mehr vom Presbyterkollegium ab. Das fördert eine Angleichung an den staatlichen Beamtenaufbau und betreibt gleichzeitig die hierarchische Ausrichtung der Ämter. In die bischöfliche Liturgie wird profanes Zeremoniell übernommen, was das hierarchische Amtsverständnis hervorhebt und der liturgischen Handlung mehr kultisches Gewicht gibt.

Das Priesterbild des Mittelalters

Dennoch hat sich die spätantike Kirche noch nicht völlig sacerdotal verstanden. Dies verhinderte das verbliebene jüdische Erbe: zunächst der Rang des »Wortes« im Gottesdienst, also die Auslegung der Schrift (als Gegensatz zum heidnischen Kult), daneben die Bedeutung der Gemeinde. Aber mit dem Eintritt in den fränkischen Geschichtsraum vollzog sich eine folgenreiche Wandlung. Das sich hier entwickelnde Eigenkirchenwesen verstand sich vom festgemauerten Altar her (und dem zum Altar gehörenden Besitz). Der Pfründpriester erhielt seine Ordination, »nachdem er das Messesagen bei einem Pfarrer oder in einem Kloster gelernt hat«. Seine Ausbildung war minimal. Er »kommuniziert« als einziger: Priester und Laien bilden hinfort ein kultisches Gegenüber. Die Gemeinde nimmt nur noch hörend teil. Das heilige Opfer wird »für sie« dargebracht.

Auf der anderen Seite führte die Entfaltung eines Mönchtums, dem fast die gesamte Bildung und Verwaltung von Gesellschaft und Staat überantwortet ist, zu einem sacerdotal dominierten Staat. Die Leiter der Bischofskirchen und Abteien wurden die Stützen der Herrscher … Jenseits dieser kulturellen Einheit von Religion und Gesellschaft bot sich keine reale Position mehr.

Die Gemeinsamkeit von *imperium* und *sacerdotium* zerbrach im Investiturstreit; aus dem bisherigen Miteinander wurde immer mehr ein Gegeneinander. Die Intention Gregors VII., die Priester nach dem asketischen Ideal der Mönche zu prägen, veränderte das Priesterbild. Wie die Mönche sollten sich nun auch die Priester des Geldes, der Frauen und der Waffen enthalten. Damit kam die Zölibatsfrage in ein neues Stadium. Priester gelten seitdem »für Gott ausgesondert« und »für die Menschen bestellt«.

Das sacerdotale Priesterverständnis des Mittelalters wird ganz vom »Messopfer« her konzipiert. Allein die apostolische Sukzession schafft den Priester und dessen Fähigkeit, Brot und Wein durch die »Einsetzungsworte« zu verwandeln. Dabei stehen sich »Klerus« und »Volk« gegenüber. Ein Symptom dieser Entwicklung ist es, dass aus dem »heiligen Volk«, griechisch *laós*, »Nichtfachleute« (Laien) wurden, die nun in allen religiösen Belangen auf die Vermittlung durch die Priesterschaft angewiesen sind. In den Augen des gläubigen Volkes gewinnt der Priester immer mehr die Züge eines Schamanen, der über das Göttliche verfügt, der die »Schlüssel des Himmelreiches« besitzt und die Macht hat, endgültig zu »binden« und zu »lösen«. Doch so sehr der Priester durch sein Wort göttliche Wirklichkeit schaffen kann, so bleibt die Wirkung doch an strengsten Formelgebrauch gebunden. »Ist es nicht reines Weizenbrot oder doch nicht hauptsächlich Weizenbrot, kommt das Sakrament nicht zustande. Wenn dem Wein zu viel Wasser beigemischt ist, kommt das Sakrament nicht zustande. Wenn nicht die genaue Brotformel benutzt wird, kommt das Sakrament nicht zustande. Wenn der Priester die Formel erweitert, kommt das Sakrament nicht zustande, aber er sündigt schwer. Alle Eventualitäten sind geregelt. Was ist, wenn während der Messe die Kirche geschändet wird oder Feinde einfallen? Was ist, wenn eine Mücke oder eine Spinne in den Kelch fällt? Was ist, wenn ein Priester die Elemente erbricht?«, fragt Fulbert Steffensky. Wenn ein Mann, der zum Priester »geweiht« wurde, über Brot und Wein die Wandlungsworte spricht, ist Brot nicht mehr Brot, sondern »der Leib Christi« und Wein nicht mehr Wein, sondern »das Blut Christi«? Ein Schamane muss allerdings die Kraft seiner Worte auch durch ihre Wirksamkeit beweisen. Ein Priester braucht keinen Beweis. Sein Wort wirkt *ex opere operatum*, das heißt aus der Kraft des Ritus selbst.

Die reformatorische Kritik

Eine Abkehr von dieser Entwicklung brachte die Reformation. Im Blick auf das allein verbindliche Zeugnis der Schrift betont Luther das allgemeine Priestertum der Getauften. Es ist »ein geistlich Priestertum, allen Christen gemein, dadurch wir alle mit Christo Priester sind«. An die Stelle des Sakramentes der Priesterweihe setzt er mit aller Konsequenz die Taufe: »Denn was aus der Taufe gekrochen ist, das mag sich rühmen, dass es schon zum Priester, Bischof und Papst geweiht sei.« Die Taufe versetzt alle Christen in den geistlichen Stand. Das Treiben des »erdichteten« und selbst ernannten Priesterstandes vergleicht er mit einem Kinderspiel. Somit will er keinerlei geistliche Differenz zwischen Priester und Laie mehr akzeptieren.

Dennoch gibt es für Luther praktische Gründe, die nach Ämtern in der Kirche verlangen: Er begründet das Amt mit der Funktion, um derentwillen es da ist. Die Funktionsträger sollen daher »nicht Priester genannt werden, sondern Diener, Diakone, Bischöfe, Haushalter, Älteste«. Natürlich muss eine Gemeinde – ebenso wie ein anderes Gemeinwesen – »regiert« werden. Sie muss in ein Amt delegieren und »niemand soll sich vermessen, diese [Fähigkeit] öffentlich zu üben, außer dem, der durch die Gemeinde dazu erwählt ist«. Die Delegation durch die Gemeinde versteht Luther freilich nicht als demokratische Beauftragung, sondern als einen Akt des Gehorsams Gott gegenüber. Wenn [der Amtsinhaber dann aber] nicht mehr predigen oder dienen kann oder will, so tritt er wieder in den allgemeinen Haufen zurück, befiehlt sein Amt einem anderen und ist nichts anderes als ein jeglicher Christ.

Ein »unauslöschliches Merkmal« (*character indelebilis*), das nach katholischer Lehre die Weihe dem Empfänger einprägt und ihn in besonderer Weise mit Christus verbindet, sodass er seine »priesterliche Vollmacht« nie mehr verlieren kann, ist Luthers Denken fremd: »Ich sehe nicht, wie der nicht wieder ein Laie werden könne, der einmal Priester geworden ist, weil er von den Laien nur durch den Dienst unterschieden ist.« Dem Amt wird damit jeder sakramentale Charakter genommen, zumal sich dieser nicht biblisch begründen lässt.

Das Priesterbild der Neuzeit

Die nachreformatorische katholische Kirche hält an den bisherigen dogmatischen Vorgaben für das Priestertum fest. Ihr Grundverständnis bleibt vom »Messopfer« her konzipiert. Die gültige Weihe spendet allein der in ununterbrochener Sukzession stehende Bischof und vermittelt die Vollmacht, die eucharistischen Gaben durch das »Einsetzungswort des Stifters« zu verwandeln. Anders als im Mittelalter wird aber jetzt – bedingt durch die neuzeitliche Freisetzung des Individuums – die Seelenführung der Gläubigen zur Aufgabe. Die Beichte als deren bevorzugtes Instrument unterstellt die Katholiken nun einem andauernd schlechten Gewissen und Sündenbewusstsein, die Priester inbegriffen. So sieht sich jeder, um nicht unwürdig und schwer schuldhaft zu kommunizieren, auf den »Beichtiger« verwiesen. Dieses Konzept skrupulöser Gängelei und Angst verändert die Kirche endgültig zur Priesterkirche. Damit entsteht eine neue Form der Abhängigkeit vom Priester – bis ins 20. Jahrhundert hinein, nachdem in den 1960er-Jahren die Beichte nahezu abrupt ihren Rückhalt im Volk verliert.

Im 19. Jahrhundert hatte sich unter den sozialen Nöten der Industrialisierung im Klerus ein Engagement entwickelt, dass zum Aufblühen kirchlicher Caritas und des kirchlichen Vereinswesens führte, keineswegs aber das priesterliche Standes- und Autoritätsbewusstsein minderte. In gewisser Weise verschärfte sich sogar das Profil der Pfarrherren. »Die höchste Glorie eines sauerländischen Hauses (und nicht nur hier) war es, wenn aus ihm ein ›Heer-Sohn‹, ein ›Heer-Ohm‹, ein ›Heer-Vedder‹, d. i. ein geistlicher Sohn, Oheim, Vetter hervorgegangen ist« (Friedrich Wilhelm Grimme, 1866). Die Mütter weinten Freudentränen, wenn sie für den Jungen packen durften, der auszog, um »auf Herr« zu studieren. Denn wie der Priester gesehen wurde und sich selbst verstand, beschreibt James Joyce in seinem autobiographischen Roman »Ein Porträt des Künstlers als junger Mann«:

> Kein König oder Kaiser auf dieser Erde verfügt über die Gewalt des Dieners Gottes. Kein Engel oder Erzengel im Himmel, kein Heiliger, nicht einmal die Heilige Jungfrau persönlich verfügt über die Gewalt eines Dieners Gottes: die Schlüsselgewalt, die Gewalt, zu binden und zu lösen von der Sünde, die Gewalt des Exorzismus, die Gewalt, aus den Geschöpfen Gottes die bösen Geister auszutreiben, die Gewalt über sie haben, die Gewalt, die Autorität, den großen Gott des Himmels auf den Altar herabsteigen und die Gestalt von Brot und Wein annehmen zu lassen. Was für eine Ehrfurcht gebietende Gewalt, Stephen![39]

Im Übrigen verbanden Ressentiments gegenüber den geistigen Entwicklungen seit der Aufklärung, ultramontane Tendenzen und die restaurative Politik Roms den Weltklerus zunehmend stärker mit der Papstkirche,

---

39 James Joyce, Ein Porträt des Künstlers als junger Mann. Aus dem irischen Englisch übersetzt von Friedhelm Rathjen, Zürich 2012, 193 f.

was den zentralistischen und bürokratischen Bestrebungen der römischen Kurie sehr entgegenkam. Eine noch einmal gesteigerte Ausrichtung brachte in Deutschland der Kulturkampf, in Frankreich die antiklerikale und laizistische Welle.

Die Priesterkirche und ihre Bürokratisierung

»Kirche ist Priesterkirche«, sagt Gustav Mensching in seiner »Soziologie der Religion« und verschärft: »Im eigentlichen Sinne gehören zur katholischen Kirche nur die Kleriker. Die Laien gehören nur passiv zur Kirche.« Dem Priestertum stellt er das prophetische Element gegenüber, welches die Priester »kritisieren und bekämpfen« als »Abweichungen in der Verkündigung von den traditionellen Lehren« und als »Störung der Einheit der Sakralinstitution. Propheten fehlt es in den Augen der Priester an der nötigen Legitimation der von ihnen beanspruchten Vollmacht. Wie denn die Priester jede Durchbrechung der Tradition nicht nur in der Lehre, sondern auch in Kultus und Lebensgewohnheit durch die Propheten bekämpfen. Priester sind stets konservative Religionsbeamte.«

Der bisher verfolgte Weg führt von einer ursprünglich antipriesterlichen innerjüdischen Prophetenbewegung über erste Gemeindebildungen, dann patriarchale Strukturentwicklungen und den Monepiskopat zu einer Verkirchlichung, in der sich bereits die Dispositionen einer »Priesterorientierung« entfalten. In der *Katholischen Dogmatik* von Ludwig Ott wird das Endprodukt dieser Entwicklung mit folgenden Sätzen als verpflichtender Glaube beschrieben:

> Die Kirche wurde von dem Gottmenschen Jesus Christus gegründet. Christus hat seiner Kirche eine hierarchische Verfassung gegeben. Die den Aposteln verliehenen hierarchischen Gewalten sind auf die Bischöfe übergegangen. Christus hat den Apostel Petrus zum ersten aller Apostel und zum sichtbaren Haupt der ganzen Kirche bestellt, indem er ihm unmittelbar und persönlich den Jurisdiktionsprimat verlieh. Nach der Anordnung Christi soll Petrus im Primat über die gesamte Kirche für alle Zeiten Nachfolger haben. Die Nachfolger des Petrus im Primat sind die römischen Bischöfe. Der Papst besitzt die volle und oberste Jurisdiktionsgewalt über die gesamte Kirche nicht bloß in Sachen des Glaubens und der Sitten, sondern auch in der Kirchenzucht und der Regierung der Kirche. Der Papst ist, wenn er *ex cathedra* spricht, unfehlbar. Die Bischöfe besitzen kraft göttlichen Rechtes eine ordentliche Regierungsgewalt über ihre Diözesen.[40]

---

40 Ludwig Ott, Grundriss der katholischen Dogmatik, Freiburg 1952, 315–335.

Alle diese Aussagen werden als Dogmen qualifiziert, welchen seit dem Ersten Vatikanum der Entwicklungsgedanke entzogen wurde, weil die Unwandelbarkeit des Dogmas »in dem göttlichen Ursprung der darin ausgesprochenen Wahrheit« liege, die »unveränderlich wie Gott selbst ist« (Ludwig Ott). Will man fragen, woher »die Kirche« dieses beanspruchte Wissen hat, bleiben als Antwort nur Behauptungen übrig, denen historisch belegbare Einwände gegenüberstehen.

Als die Aufklärung, die Französische Revolution, die fortschreitende Trennung von Kirche und Staat, die staatliche Gesetzgebung und liberales Denken den kirchlichen Einfluss immer weiter zurückschnitten, reagierte die Kirche darauf mit Klagen und rigider Abschottung. Ihre institutionelle Identität als »Priesterkirche« hat sie zu wahren gesucht mit der Sicherung des eigenen Jurisdiktionsanspruchs, wie ihn das Erste Vatikanum theologisch begründete und für ihre Autoritätsausübung legitimierte:

> Wir lehren und erklären demnach: Die römische Kirche besitzt nach der Anordnung des Herrn den Vorrang der ordentlichen Gewalt über alle anderen Kirchen. Diese Gewalt der Rechtsbefugnis des römischen Bischofs, die wirklich bischöflichen Charakter hat, ist unmittelbar. Ihr gegenüber sind Hirten und Gläubige jeglichen Ritus und Rangs, einzeln sowohl wie in ihrer Gesamtheit, zur Pflicht hierarchischer Unterordnung und wahren Gehorsams gehalten, nicht allein in Sachen des Glaubens und der Sitten, sondern auch der Ordnung und Regierung der über den ganzen Erdkreis verbreiteten Kirche. Durch die Bewahrung dieser Einheit mit dem römischen Bischof in der Gemeinschaft und im Bekenntnis desselben Glaubens ist so die Kirche Christi eine Herde unter einem obersten Hirten. Dies ist die Lehre der katholischen Wahrheit, von der niemand abweichen kann, ohne Schaden zu leiden an seinem Glauben und an seinem Heil.[41]

Die Kirchenleitung machte aus der Not ihrer neuzeitlichen Situation eine Tugend, indem sie vertikal eine feste Amtshierarchie ausbaute mit zentralisierter Entscheidungsbefugnis, deren Mitglieder einer »strengen und einheitlichen Amtsdisziplin und Kontrolle« (Max Weber) unterliegen.

So fest, unbeirrt und autoritär sich das Kirchensystem in seinem hierarchischen Verständnis auch darstellt, es ist nur eine Fassade, die dem Evangelium Jesu nicht entspricht und der geschichtlichen Wahrheit nicht standhält. Die vom Papsttum beanspruchte unfehlbare Lehrautorität bezieht sich – wie alle sonstigen dogmatischen Ansprüche – auf göttliche

---

41 Josef Neuner/Heinrich Roos, Der Glaube der Kirche in den Urkunden der Lehrverkündigung, Pustet, Regensburg ⁴1954, Nr. 379.

Offenbarung und Weisung, die auch in Anspruch genommen wurde, als über Jahrhunderte mit Folter, Kerker, Rad oder Scheiterhaufen der Wahrheit nachgeholfen wurde, wie dies derzeit ohne jeden Selbstzweifel mit Exkommunikation, Amtsentzug, Rede- und Schreibverbot immer noch vor sich geht. Als autokratischer Verwaltungsapparat betrachtet sich die Hierarchie – so lächerlich es heutigem Denken erscheinen mag – als himmlisch legitimiert. »Die so aufgefasste Hierarchie hängt am himmlischen Gewölbe fest wie ein Kronleuchter an einem Haken in der Decke. Löst diese Decke sich in Luft auf, indem jene himmlische Welt sich als ein schönes, aber zeitbedingtes und von der Modernität überholtes Gedankenschema herausstellt, dann stürzt der Kronleuchter der traditionellen Hierarchieauffassung herunter. In tausend Scherben« (Roger Lenaers).

Das Ende der Priesterkirche

Eine Entbindung aus dieser herrscherlichen Lähmung findet in jüngster Zeit dadurch statt, dass die Priesterkirche an sich selbst leidet, weil ihr der Nachwuchs ausbleibt. Die Klerikerkirche geht in Europa ihrem Ende entgegen. Es lässt sich nur darüber streiten, ob dieses Ende erst erreicht ist, wenn die schrumpfende Klerikerkirche nur noch sich selbst verwaltet, oder bereits in einer Zwischenstufe, wenn die neu entstandenen und bereits überdehnten »Seelsorgeeinheiten« beziehungsweise »Pastoralen Räume« nicht mehr vergrößert werden können.

Was also bleibt? Im Blick auf eine christliche Zukunft ist es angemessen, die Begriffe *Priester* und *Weihe* aufzugeben. Jesus sah sein eigenes Leben gewiss nicht als ein priesterliches an. So wie sein anfänglicher Lehrer, Johannes der Täufer, (vermutlich bewusst) fern von Jerusalem am Jordan lehrte, blieb auch Jesus Jerusalem fern – bis er schließlich doch hinging, um hier freilich den Tod zu finden angesichts von Worten und Taten, die Tempelkritik einschlossen. Dennoch im Christentum von *Priestern* und *Priesterweihe* zu sprechen, heißt, eine Zweiständekirche zu bejahen, die den Anfängen fremd war und sich nur unter dem Einfluss von Opfervorstellungen der zeitgenössischen Kultur durchgesetzt hat. Erst mit der Eucharistie als einem kultischem Opfer kam der Priester ins Spiel, denn Opfer und Priester sind die zwei Seiten einer Medaille. Damit allerdings geriet die Eucharistie in eine Lehrentwicklung, die sich mit Magie und skrupulöser Furcht vermischt, etwa wenn der Messpriester nur noch mit ängstlicher Genauigkeit die »Wandlungsworte« flüstert: *Hoc est enim corpus meum*, um das Mirakel der Transsubstantiation zu bewirken.

Die magische Idee, dass der Priester aufgrund seiner Weihe etwas »können« soll, was andere nicht können, ist durch die Aufarbeitung der geschichtlichen Entwicklung und das moderne Weltbild, das eine Welt irdischer und himmlischer Akteure nicht kennt, hinfällig geworden. Der Begriff Priester schließt die Vorstellung einer Vermittlung zwischen Gott und Mensch ein. Dieses Denkmodell gehört einer Zeit an, welche die Wirklichkeit dualistisch verstand, wobei der himmlischen Welt ein Regiment beigemessen wurde, an dem nur durch Weihevollmacht ausgestattete Menschen teilhaben. Dieses Denkmodell hat bereits die historische Forschung im Blick auf die Entstehung des kirchlichen Priestertums widerlegt. So wenig die Leitung einer Eucharistiefeier in den christlichen Anfängen von einer Weihe abhing, so wenig sind Priester und Weihe heute dazu notwendig. Darum kämpfen jene, die sich für die Priesterweihe der Frau einsetzen – die Kirchenvolksbewegung eingeschlossen –, an einer bereits erledigten Front, statt das Priestertum selbst in Frage zu stellen. Christliche Gemeinden brauchen nicht geweihte Männer und Frauen, erst recht keine zölibatären, sondern Vorsteher, die das Evangelium vom Reich Gottes aus ihrer Lebenspraxis heraus in die Gegenwart übersetzen.

5. Die kirchliche Hierarchie

»Offenbar ist ein andauernder Zustand der Bedrohung in der Persönlichkeit eine wesentliche Bedingung für die Entstehung geschlossener Glaubenssysteme.«

Hans Albert

»Die Geschichte setzt ebenso das Leben fort, wie sie den Tod vorbereitet.«

Friedrich Overbeck

In seinen Gesprächen mit Vittorio Messori sah der Präfekt der Glaubenskongregation, Kardinal Joseph Ratzinger, im Unverständnis für die Feststellung »Christus hat die kirchliche Hierarchie eingesetzt« die »Ursache für den Verfall des ursprünglichen Verständnisses von ›Gehorsam‹«:

> Wenn die Kirche in der Tat unsere Kirche ist, wenn die Kirche nur wir sind, wenn ihre Strukturen nicht die von Christus gewollten sind, dann versteht man auch nicht mehr die Existenz einer vom Herrn selbst eingesetzten Hierarchie als Dienst an den Gläubigen. Man lehnt die Vorstellung einer von Gott gewollten Autorität ab, einer Autorität also, die ihre Legitimierung in Gott hat und nicht – wie es in den politischen Strukturen geschieht – im Konsens der Mehrheit der Mitglieder einer Organisation. Aber die Kirche Christi ist keine Partei, keine Vereinigung, kein Club; ihre tiefe und unaufgebbare Struktur ist nicht demokratisch, sondern sakramental, folglich hierarchisch; denn die auf der apostolischen Sukzession gegründete Hierarchie ist unabdingbare Bedingung, um zur Kraft, zur Wirklichkeit des Sakramentes zu gelangen. Die Autorität hier gründet sich auf die Autorität Christi selbst, der sie Menschen weitergeben wollte, die seine Repräsentanten sein sollten bis zu seiner endgültigen Wiederkunft. Nur wenn man diese Sicht wiedererlangt, wird es möglich sein, die Notwendigkeit und die Fruchtbarkeit des Gehorsams gegenüber der legitimen kirchlichen Hierarchie erneut zu entdecken.[42]

Hinter diesen Sätzen steht das kirchliche Gesetzbuch CIC mit den Canones 330 bis 333, »dass nach der Weisung des Herrn der hl. Petrus und die übrigen Apostel ein Kollegium bilden«; dass im Bischof von Rom »das

---

[42] Benedikt XVI., Zur Lage des Glaubens. Ein Gespräch mit Vittorio Messori, Freiburg 2006, 49.

vom Herrn einzig dem Petrus, dem Ersten der Apostel, übertragene und seinen Nachfolgern zu vermittelnde Amt fortdauert«, und der Papst als Nachfolger Petri auch »Haupt des Bischofskollegiums« ist; dass ihm als »Stellvertreter Christi« die »höchste, volle, unmittelbare und universale ordentliche Gewalt« zukommt …«

Solche Sätze dokumentieren eine institutionelle Fremdsprache, die den normalen Zeitgenossen nicht mehr erreicht, zumal die vorgetragenen Behauptungen historisch nicht stimmen. Der Althistoriker Norbert Brox argumentiert: »Was tatsächlich wurde, war nirgends zwingend vorentworfen. Hypothetisch sind auch andere Entwicklungen denkbar. Was aber geworden ist und sich im Laufe der Kirchengeschichte vielfach wieder geändert hat, kann folglich nicht als ›göttliche Einsetzung‹ mythischer Art beschrieben und bis auf Jesus oder die Apostel zurückdatiert werden … Die altkirchliche Ordnung mit Verfassung und Ämtern stand nicht am Anfang, sondern war das Ergebnis einer Entwicklung.«[43]

Der Historiker weiß, dass die monarchischen Herrschafts- und Verwaltungsstrukturen der Kirche in der Botschaft Jesu keine Legitimation finden und auch durch die Ordnung der frühen Kirche nicht gedeckt sind. Sie verdanken sich dem Patriarchalismus der antiken Gesellschaft und den Herrschafts- und Verwaltungsstrukturen des Römischen Reiches. Wenn man solchen Gegebenheiten auch nicht ganz ausweichen konnte, so können sie doch bleibende Verbindlichkeit nicht in Anspruch nehmen. Es entbehrt jeder sachlichen Basis, »die Existenz einer vom Herrn selbst eingesetzten Hierarchie als Dienst an den Gläubigen« (Ratzinger) gegen die heutigen Forderungen des Kirchenvolks nach mehr geschwisterlichen und demokratischen Kirchenstrukturen zu setzen. Die Weisung Mt 23,8–11: »Ihr alle seid Brüder – ihr sollt keinen Vater auf Erden nennen – einer ist euer Vater – einer euer Lehrer«, widerspricht dem autoritären Verständnis des kirchlichen Amtes. Reinhold Schneider bemerkte: »Erst langsam versteht man, wie heidnisch das Papsttum seinem Wesen nach ist. Auf den Trümmern einer so gewaltigen Gestaltung, wie es das römische Imperium war, kann man nicht ungestraft bauen: Wie man sich auch drehen und wenden mag, man wiederholt; und mit dem alten Stil beschwört man auch den alten Gehalt.«[44]

---

43 Norbert Brox, Kirchengeschichte des Altertums, Düsseldorf 1983, 94 f.
44 Reinhold Schneider, zit. n. Karl-Josef Kuschel, Vielleicht hält Gott sich einige Dichter, Mainz 1966, 244.

Hierarchie, Wahrheitsmonopol und Lehrdisziplin

Der Bonner Kirchenrechtler Norbert Lüdecke beschreibt die Basis des römisch-katholischen Selbstverständnisses folgendermaßen:

> Damit Christi erlösendes Wirken den Menschen in Wort und Zeichen zugänglich bleibt, hat Christus seine Kirche als Glaubens- und Rechtsgemeinschaft gestiftet ... Der Stifterwille wirkt durch besonderen Geistbeistand im kirchlichen Lehramt fort.
>
> In der Taufe wird der Mensch durch die hoheitliche Aufnahme in die Kirche Christi lebenslang ihrer Rechtsordnung unterworfen und so zur Wahrheit befreit. Diese geistliche Freiheit ist nicht individuelle Autonomie, sondern communiale Ekklesionomie. Zu tun, was man will, ist illusorische Freiheit. Geistliche Freiheit, *libertas sacra* als *vera libertas*, bedeutet zu tun, was recht und würdig, was wahrheitsgemäß ist. Das wird nicht subjektiv erfunden, sondern ist objektiv vorgegeben. Es wird den Gläubigen von den kirchlichen Hierarchen vermittelt in Lehre und Recht mit einem Anspruch auf Gehorsam wie gegenüber Christus ...
>
> Die hierarchischen Glaubenswächter sind damit als solche Freiheitshüter. In der Verteidigung ihrer hierarchischen Position gegen jede Relativierung schützen sie die (eben nicht formale, sondern materiale, wahrheitsgefüllte) Freiheit der Gläubigen. Mit anderen Worten: Hierarchieschutz ist Garantie kirchlicher, wahrer Freiheit. Kirchenlogisch gilt: Je unbestrittener die Hierarchie, desto freier der Gläubige.[45]

Aus diesem Ansatz ergeben sich alle Bestimmungen des Kirchenrechts. Den amerikanischen Bischöfen hat Kardinal Ratzinger einmal erklärt, der Gehorsam gegenüber dem »sprechenden Gott, gegenüber Jesus« sei notwendig auch Gehorsam gegenüber seinem Leib, der Kirche mit ihren konkreten Hirten. Jesus und Kirche zu unterscheiden oder zu trennen, sei nur ein Manöver, um sich von einem als zu konkret und schwierig empfundenen Gehorsam zu drücken. Darum wird ein innerkirchlicher Dialog auch nicht auf Augenhöhe der Dialogpartner geführt, sondern in einer unaufgebbaren asymmetrischen Kommunikation, einer *communicatio hierarchica*. Deren Maßstab bestimmt das Lehramt. »Ihm kommt es zu, die Dialogpartner zu bestimmen, über den Beginn und das Ende eines Dialogs zu entscheiden und sein Gelingen oder Scheitern unter dem Gesichtspunkt der Heilsdienlichkeit zu beurteilen.«

---

45 Norbert Lüdecke, Kommunikationskontrolle als Heilsdienst. Sinn, Nutzen und Ausübung der Zensur nach römisch-katholischem Selbstverständnis, in: Rottenburger Jahrbuch für Kirchengeschichte 28 (2009), 67–98, hier: 69 f.

Hinter solchen Bestimmungen der Lehrdisziplin steht die Überzeugung, dass von der Annahme und Bewahrung der katholischen Glaubens- und Sittenlehre das ewige Heil des Gläubigen abhängt. Von daher liegt auch die Kontrolle theologischer Lehre und Meinungsäußerung nahe. Es geht bei der Glaubenswahrheit stets um das Ganze: die Fülle des wahren Menschseins, um Heil oder Hölle. Darum hat der Gläubige, zumal der einfach Glaubende, das Recht auf rechte Vermittlung und Unversehrtheit des Glaubens. Entsprechend sind Kontrolleinrichtungen ein Freiheitsrecht, das einzufordern ist. »Die kirchliche Gemeinschaft hat ein Recht darauf, die Lehre des Glaubens unverfälscht zu empfangen. Zu diesem Ziel muss es in der Kirche jemanden geben, der sagt, was der wahre Glaube ist und was nicht.«[46] Dagegen gilt: Der »wahre Glaube« unterliegt von Anfang an historischen Bedingungen, ist also wandelbar. In Gesellschaft, Staat wie Kirche kann es niemals darum gehen, einen formalen Wahrheitsanspruch an die Stelle eigenen Denkens und Argumentierens zu setzen. Die Verantwortlichkeit mündiger Menschen ist nicht delegierbar und angesichts der Kirchengeschichte am wenigsten an die Hierarchie abzutreten (→ S. 163).

Der sicherste Schutz vor Abweichungen im Glaubensverständnis liegt in der Sozialisation aller Gläubigen zu doktrineller Konformität. Kommt es dennoch zu Beanstandungen, wird vom Katholiken erwartet, dass er auf öffentlichen Widerspruch verzichtet, sich einem eventuellen Schreib- und/oder Redeverbot unterwirft und in Demut wartet, bis sich das Lehramt vielleicht selbst korrigiert. Solche Repression erfuhren Theologen zwischen den Herrschaftszeiten Pius' IX. und Pius' X. in überbordender Weise, doch setzt sich die Kette solcher Kaltstellungen bis heute fort. Die folgenden Namen erinnern an Konflikte, die durchweg das Ansehen der Glaubenskongregation im 19. und 20. Jahrhundert minderten: Theodor Wacker, Hermann Schell, Marie-Joseph Lagrange, Alfred Loisy, George Tyrell, Romolo Murri, Joseph Wittig, Ernesto Buonaiuti, Wilhelm Wilbrand, Teilhard de Chardin, Friedrich Heiler, Karl Hermann Schelkle, Franz-Joseph Schierse, Ivan Illich, Hans Küng, Eugen Drewermann, Leonardo Boff ..., doch stehen die Genannten für viele hundert weitere Schicksale, deren theologisches Denken die Glaubenskongregation zensurierte.

Das kirchliche Kontrollwesen, das die lehramtliche Wahrheit auf verschiedenen Ebenen und mit abgestuften Methoden sichert, hält stille An-

---

46 Erzbischof Jérome Hammer, in: Herder Korrespondenz 28 (1974), 238–246, hier: 241.

passung nicht für ausreichend. Das Kirchenrecht verpflichtet die mit der Glaubensvermittlung Betrauten, »all das zu glauben, was im geschriebenen oder im überlieferten Wort Gottes als dem einen der Kirche anvertrauten Glaubensgut enthalten ist und zugleich als von Gott geoffenbart vorgelegt wird« (c. 750). Um diesen Maßstab durchzusetzen, sichert die Kirche ihre Glaubenslehre mit vielfachen Inpflichtnahmen des lehrenden Personals:

> Alle lehramtlichen Äußerungen sind mindestens mit religiösem Gehorsam des Willens und des Verstandes zu beantworten. Um schwachen Gewissen aufzuhelfen und die Selbstzensur zu stützen, sind Strafen aufgestellt. Wer mindestens eine vom Lehramt definitiv vorgelegte Offenbarungswahrheit hartnäckig leugnet, den trifft die Höchststrafe der völligen Entrechtung (Exkommunikation mit der Tat; c. 1364).
>
> Die Lehrkonformität vor allem beim Führungsstand wird durch besondere Einrichtungen zu stützen versucht: Bei Diakonats- und Priesterweihe versprechen die Kandidaten dem Bischof Ehrfurcht und Gehorsam, wobei ein verstärkter Gehorsam gegenüber Papst und dem eigenen Bischof »zur ersten Klerikerpflicht« wird (c. 273). In einem streng geheimen Informationsprozess durch die Apostolische Nuntiatur wird vor allem die Glaubenstreue des Kandidaten geprüft, insbesondere in seiner Ansicht über die kirchliche Sittenlehre im sexuellen Verhalten und gegenüber der Unmöglichkeit der Priesterweihe für Frauen. Vor Amtsantritt bekundet der Diözesanbischof in der Professio Fidei seine Gemeinschaft mit dem Papst »als Totalidentifikation mit dem Gesamtbestand an lehramtlichen Vorlagen und sagt eidlich für die Zukunft seinen besonderen Lehr- und Leitungsgehorsam bei der Amtsführung zu.«[47]

Ähnlich haben alle anderen, die ein Verkündigungsamt ausüben, zumal Professoren der Theologie, in der *Professio Fidei* ihre Totalidentifikation mit allen kirchlichen Lehräußerungen zu bekennen. Im anschließenden Treueid schwören sie u. a., auch bei der künftigen Ausübung ihres Amtes lehrgehorsam zu sein. Dementsprechend hat sich die fachliche Leistung eines Lehrenden durch Rechtgläubigkeit und untadeliges Leben auszuzeichnen. »Die sich theologischen Wissenschaften widmen, besitzen die gebührende Freiheit der Forschung und der klugen Meinungsäußerung in den Bereichen, in denen sie über Sachkenntnis verfügen; dabei ist der schuldige Gehorsam gegenüber dem Lehramt der Kirche zu wahren« (c. 218).

Das Selbstverständnis des kirchlichen Lehramtes berührt sich nicht mit den Grundsätzen wissenschaftlicher freier Arbeit und offener Diskussion.

---

47 Vgl. Norbert Lüdecke, a. a. O., 77.

Es bildet mit wissenschaftlich arbeitenden Theologen keine Diskursgemeinschaft Gleichberechtigter:

> Die Autorität des authentischen, d.h. in der Autorität Christi agierenden Lehramts in Glaubens- und Sittensachen ist nicht argumentationsabhängig, sondern formaler Natur ... Die wissenschaftliche Theologie ist die *Ancilla Ecclesiae* bzw. in Bezug auf die Kirchenstruktur unmittelbar *Ancilla Magisterii*. Allein das Lehramt besitzt Entscheidungskompetenz in Fragen der Lehre, d.h. die Kompetenz, sie vorzulegen und die ihnen gebührende Zustimmung zu befehlen sowie durch Sanktionierung zu sichern.
>
> Das gilt auch und insbesondere für die Auslegung der Heiligen Schrift. Nach der Lehre des II. Vatikanums wurde die Offenbarung aus Tradition und Heiliger Schrift der Kirche anvertraut. Entsprechend ihrer unaufgebbar hierarchischen Struktur wird das Wort Gottes allein vom hierarchischen Lehramt verbindlich ausgelegt.[48]

Das Lehramt versteht sich selbst als die Instanz, die den Willen Gottes verbindlich auslegt. Es ist gewissermaßen Außenstelle des himmlischen Büros. Das dabei praktizierte »souveräne« Verhalten gegenüber Erkenntnissen der historisch-kritischen Exegese kann man natürlich auch als ängstlich und hilflos bezeichnen, weil eben dieses Lehramt die Resultate der Forschung nicht aufzunehmen vermag, ohne dadurch zur eigenen Glaubenslehre in Widerspruch zu geraten. Offenes und wahrhaftiges Verhalten würde dem Lehramt seinen Selbstanspruch entziehen. Aber gerade dieser Zusammenhang, dass die ehrliche Wahrnehmung und offene Auseinandersetzung mit belegbaren historischen Erkenntnissen zum Systembruch führen würde, lässt dieser Institution keinen anderen Ausweg, als den wissenschaftlichen Erkenntnisstand und demokratische Selbstverständlichkeiten einfach nicht mehr aufzunehmen. Diskutieren kann dieses Lehramt nicht. Bei aller Macht innerhalb des hierarchischen Apparats unterliegt es zugleich hilfloser Ohnmacht, weil es nicht sachhaltig und offen mit neuen Fragestellungen umzugehen vermag, die dem historisch gegebenen Dogmenbestand und dem autokratischen Führungsstil widersprechen.

---

48 Norbert Lüdecke, Vom Lehramt zur Heiligen Schrift. Kanonistische Fallstricke zur Exegetenkontrolle, in: Ulrich Busse, Michael Reichardt, Michael Theobald (Hg.), Erinnerung an Jesus. Kontinuität und Diskontinuität in der neutestamentlichen Überlieferung (Bonner Biblische Beiträge 166), Göttingen 2011, 501–525, hier: 510–515.

Eine Christologie ohne Reich-Gottes-Erinnerung

Die geschilderte kirchliche Lehrdisziplin folgt der Maxime: »Wahr ist, was gelehrt wird« statt: »Gelehrt wird, was wahr ist.« Diese Praxis gewann vor allem in den neuzeitlichen Jahrhunderten Auftrieb, als zunächst naturwissenschaftliche Herausforderungen und historisch-kritische Forschungen das vormoderne Kirchensystem erschütterten. Jedoch verdankt sich der Antrieb zu solcher Orthodoxie nicht primär den Zeitumständen, sondern Prozessen des christlichen Anfangs, in denen die Reich-Gottes-Praxis Jesu gegen eine Lehre ausgetauscht wurde. Darum sollte man darauf verzichten, Papst und Bischöfe für den »wahren Glauben« verantwortlich zu sehen, denn »es ist das Unglück der Christenheit, das Christentum zu einer bloßen Lehre gemacht zu haben« (Sören Kierkegaard). Dieser Vorgang, der mit dem »Glaubensgehorsam« des Paulus begonnen hat (Röm 1,5; 16,26), pervertierte das Christentum schlimmer als alle Häresien (oder vermeintliche Häresien) der Geschichte. Einer der Paulus-Schüler entwickelte diesen fatalen Begriff des Glaubensgehorsams im Zweiten Thessalonicherbrief gleich zur Drohbotschaft: Die Annahme oder Ablehnung der Botschaft werde über das Schicksal der Menschen beim Gericht entscheiden: »Dann übt er Vergeltung an denen, die Gott nicht kennen und dem Evangelium Jesu, unseres Herrn, nicht gehorchen. Fern vom Angesicht des Herrn und von seiner Macht und Herrlichkeit müssen sie sein, mit ewigem Verderben werden sie bestraft« (2 Tess 1,8–10).

Mit der Vorstellung von heilswirksamer Lehre und zu verfolgender Strafe ging das kaum zu sich selbst gekommene junge Christentum in die antike Welt und verhaspelte sich in den folgenden Jahrhunderten in endlosen Lehrstreitigkeiten (→ S. 100 ff.). Der immer strammer eingeforderte Lehrgehorsam ließ die Reich-Gottes-Praxis Jesu hinter sich zurück. Alle freien Kräfte wurden von Häresiekontroversen gebunden, welche die Jahrhunderte durchziehen. Verdächtigungen, Verurteilungen, Folter und Hinrichtungen durch das Kirchenregime entstellten das Evangelium Jesu. Gegenüber einer Weltordnung mit religiösem Anspruch wollte sich das junge Christentum auf gleicher Höhe behaupten. Das führte doktrinär zu Angleichungen, etwa in der Übernahme des Opfer- und Priesterbegriffs (→ S. 80 f.), aber auch zu kompatiblen Organisationsstrukturen, die Kaiser Konstantin als staatstragend entdeckte und für seine Interessen zu nutzen suchte. Es entwickelte sich eine Zweistände-Kirche, die den Anfängen fremd war. Die zu dieser Zeit umkämpfte Christologie war dafür besonders geeignet, da ihr längst jede Reich-Gottes-Erinnerung abging. Als dann schließlich unter Kaiser Theodosius diese vom jesuanischen

Reich Gottes entleerte Religion alleinige Staatsreligion wurde, legitimierte fortan der thronende Christus die politische Herrschaft. Der arme Wanderlehrer Jesus von Nazaret verschwand hinter dem hoheitlich herrschenden Christus, in dessen Typus vorrangig oder gar ausschließlich göttliche Qualitäten interessierten. Die Wandlungen, die sich daraus langfristig ergaben, lassen sich in notwendiger Kürze etwa so beschreiben:

– Die Kirche begann, sich nach dem Modell des Reiches umzugestalten. Den Gemeinden, die vor Kaiser Konstantin weitgehende Unabhängigkeit hatten, wurde nun verordnet, was als wahr zu gelten hat: der erste Schritt von der Gemeindekirche zur Staatskirche. Das Kaiserbild wurde zur Matrix des Kultbildes: Christus als Pantokrator, wie er bald übermächtig aus den Apsiden des basilikalen Kirchenbaus auf das Volk herabschaute. Die zunehmenden Vergünstigungen erhoben das Christentum bald über alle anderen Religionen und förderten die Entwicklung zu einem Herrschaftschristentum.

– Als Kaiser Theodosius I. das Christentum zur ausschließlichen Staatsreligion erklärte, wurden alle Staatsbürger gewissermaßen zu Christen, wenngleich das Heidentum noch mindestens 200 Jahre lang fortbestand. (Kierkegaard kommentierte später: »Wenn alle Christen sind, ist keiner Christ.«) Intoleranz war damit staatlich verordnet, was zunächst die Juden durch Sondergesetze und Übergriffe zu spüren bekamen.

– Die Kirche wurde Kaiserkirche. Schon der ungetaufte Konstantin nannte sich »Bischof über die äußeren Angelegenheiten« der Kirche. Zugleich stand er auch dem Ökumenischen Konzil 325 in Nicäa vor und stattete dessen christlogische Beschlüsse mit Rechtskraft aus. Möglicherweise hat er den göttlichen Christus immer nur im Modell des *sol invictus* gesehen, als eine Sonnengottheit, deren Abbild und irdische Vertretung in ihm selbst erschien. Er rückte damit das Gottesverständnis in die Perspektive von Herrschaft, fern aller Unmittelbarkeit und Vertrautheit, die Jesus mit der Anrede »Abba« (Vater) vermittelte.

– Seitdem interessiert fast nur noch die Göttlichkeit Christi, durchaus zweckdienlich gedacht, denn »seine Funktion ist die größtmögliche Divinisierung der Herrschaft« (Albert Mirgeler), die das Kirchenrecht bis heute in Anspruch nimmt. Wie im 4. Jahrhundert will diese göttlich legitimierte Autorität Christi unverändert in der geschichtlich gewordenen hierarchischen Kirche anerkannt werden. Noch Benedikt XVI. betonte, nur wenn man »diese Sicht wiedererlangt, wird es möglich sein, die Notwendigkeit und die Fruchtbarkeit des Gehorsams gegenüber der legitimen kirchlichen Hierarchie erneut zu entdecken«.

– Während bis 313 der Klerus für den verfolgenden Staat vor allem das christliche Volk repräsentierte, wurde die Geistlichkeit nun dem Volk gegenübergestellt, wie es der staatlichen Hierarchie entspricht. Alle Ämter partizipieren seitdem an dieser Herrschaftsautorität. Die Hierarchisierung der Kirche erfuhr maximale Verstärkung.

– In ihrer Summe führte diese Entwicklung zur Unterscheidung einer herrschenden Klerikerkirche und einer beherrschten Laienkirche. Kirchenrecht ist Klerikerrecht. Dieses bestimmt über die »Laien«, die nirgendwo Stimmrecht haben. Hinzu kommt, dass den Frauen bereits wegen ihres Geschlechts ein Zugangsrecht zum Klerikerstand verwehrt ist. Mehr als 99 Prozent sogenannter Laien unterstellen sich weniger als einem Prozent Klerikern, deren episkopaler Oberbau sich als göttliche Stiftung (miss)versteht. Ein bizarrer Fremdkörper in emanzipierten demokratischen Gesellschaften.

Rückblickend erweist sich die Konstantinische Wende als ein Ereignis, dessen vielfältige Folgen die Kirche überfordert haben. Die kirchlichen Amtsträger und Theologen waren dem gesellschaftlichen Aufstieg und plötzlichen Machtzuwachs spirituell nicht gewachsen; es mangelte ihnen sowohl an notwendigen seelischen Qualitäten wie auch an kritischem Potenzial, den Versuchungen der Macht standzuhalten. Mit der Verpflichtung der Reichsbevölkerung auf das Nicänische Glaubensbekenntnis (durch das Religionsgesetz Theodosius I. vom 28. Februar 380) waren alle dadurch zu Häretikern erklärte Mitchristen Staatsfeinde geworden.

Insgesamt hat sich die Kirche von den fundamentalen Veränderungen der konstantinischen und der nachfolgenden Zeit nie mehr befreien können. Die Verbindungen mit dem Staat, der Zuwachs an Macht und die Entfaltung hierarchischer Herrschaft blieben angesichts des jesuanischen Ursprungs unaufgearbeitet. Die vereinzelten Ansätze, die es dazu immer wieder gab und auch heute gibt, verstärken dieses Urteil. Es schließt alle christlichen Konfessionen und Kirchen ein – die byzantinischen Orthodoxien wie die reformatorischen Bekenntnisse – und stellt sie vor die Aufgabe, ihre eigentliche Identität im Licht des jesuanischen Ursprungs und einer von dorther reflektierten Geschichte erst noch zu finden. Die zurückliegende zweitausendjährige Geschichte der Christenheit bietet jedoch unzählige Möglichkeiten, diese Aufgabe als hierarchische Herrschaftskirche zu verfehlen.

Die nachreformatorische römisch-katholische Situation

In den Jahrhunderten vor der Reformation wirkte das herrscherliche römische Erbe fort. Den reformatorischen Schock hat die katholische Kirche mit dem Konzil von Trient (1545 bis 1563) aufzufangen gesucht, doch mit zu geringer Kraft, denn die damals gefassten Beschlüsse – zumal die Neufassung der Priesterausbildung – wurde flächendeckend erst im 19. Jahrhundert umgesetzt. Dem Denken der französischen Revolution und der Aufklärung war die Kirche aus ihrer Struktur heraus nicht gewachsen. Die mit dem Wiener Kongress einsetzende Restauration half dem Papst, seinen Kirchenstaat zu retten, zugleich die Kirche gegen jedes aufklärerische Denken abzudichten. Pius IX. und Pius X. verurteilten die humanitären Errungenschaften der Aufklärung und zumal Erkenntnisse der historisch-kritischen Bibelwissenschaften als »modernistisch«. Während die evangelische Bibeltheologie mit ihren bahnbrechenden Resultaten wenigstens auf intellektueller Ebene im Gespräch mit der Zeit blieb, erhielten katholische Theologen rigide Lehr- und Publikationsverbote, die selbst im 21. Jahrhundert Joseph Ratzinger als Präfekt der Glaubenskongregation noch bedenkenlos fortsetzte.

In anderer Hinsicht hat die Säkularisation – was die Kirche aus eigener Kraft nicht geleistet hätte – durch Enteignung kirchlichen Besitzes die Bischofsbesetzungen von Ansprüchen des Adels gelöst, sodass bürgerliche Bischöfe nun zur Regel wurden. Deren römische Ernennung schuf jedoch eine bis dahin nicht gekannte Abhängigkeit von Rom, sodass sich ein Zentralismus entwickelte, der regionale Initiativen entmutigt oder abwürgt. In jüngster Zeit wurden die Promotoren und Stützen der Befreiungstheologie in Lateinamerika durch Männer ersetzt, die rückgängig machten, was Bischöfe wie Pedro Casaldáliga, Hélder Câmara, Paulo Evaristo Arns, Aloisio Lorscheider u. a. vor aller Welt an Glaubwürdigkeit gewonnen hatten. Unter Johannes Paul II. und Joseph Ratzinger sind die Auswahlkriterien für den Bischofsnachwuchs wesentlich verengt worden: Nicht der Begabte, sozial Sensible und theologisch Gebildete wird Bischof, sondern der in das traditionelle System Eingebundene und Berechenbare. Wie sich das auswirkt, bewertete 2011 für Irland Kardinal Diarmuid Martin: Die Kirche von Irland besitze im Lande keine Intellektuellen und keine Führungspersönlichkeiten mehr, die in der Öffentlichkeit noch Gesprächspartner der geistig führenden Schicht sein könnten; sie habe »in many ways already reached the brink of collapse«.

Die Unangemessenheit bürokratischer Organisationsformen der Priesterkirche, ihr zentralistischer Kontrollapparat, der alles dem gleichen Reglement unterwirft, die Rückstufung der Bischöfe zu Abteilungsleitern bei Höherstufung ihrer klerikalen Würde, die Unterwerfung des sakramentalen Lebens unter juristische Kategorien, die Zulassung wie Ausschluss regeln – das alles gehört nun zu einem Problembereich, der dogmatisch wie juristisch festgeschrieben wurde und die Kirche in ein Prokrustesbett legt, aus dem sie sich nicht mehr zu erheben vermag, ohne ihre selbst verfügten Bindungen »göttlichen Rechts« zu bestreiten.

Den Glauben an einen hierarchischen Verfassungskern göttlichen Ursprungs sieht die römische Kirche als identitätsbestimmend an. Damit glaubt sie sich geschichtlicher Kontingenz entheben zu können und betrachtet ihre Ordnung als sakral und unwandelbar. Entsprechend gehen ihre heutigen Katechismen weiterhin an zweihundert Jahren exegetischer Forschung vorbei, ohne auch nur irgendeine zweifelsfrei gewonnene Erkenntnis dieser Forschung zu berücksichtigen. Genauso beharrt das Magisterium darauf, seiner Lehre die gebührende Zustimmung befehlen zu können und durch Sanktionierung zu sichern – vollkommen souverän gegenüber wissenschaftlich gewonnenen Erkenntnissen. Aber was ist das für eine Souveränität, die es gebildeten Zeitgenossen unmöglich macht, Glaubensansprüche aus autoritativen Setzungen anzunehmen? »Der Glaube gedeiht am besten«, sagt Peter Sloterdijk, »wenn er sich selbst klimatisieren kann.« 1959 urteilte der Neutestamentler Hans Conzelmann: »Die Kirche lebt praktisch davon, dass die Ergebnisse der wissenschaftlichen Leben-Jesu-Forschung in ihr nicht publik sind.« Inzwischen hat die Glaubenszitadelle lauter offene Flanken. Dafür, dass es nicht gleich zu Ende geht, sorgt die kirchliche Glaubensbetreuung, die mit ihrer Selbstklimatisierung fortfährt, »indem sie sich darauf konzentriert, in ihren eigenen Räumen die Temperatur konstant zu halten und Zugluft auszuschließen – soweit möglich. Für Besucher von außen wirkt das Ergebnis prima vista charmant, auf die Dauer stickig, für Aufenthalte ungeeignet.«

6. Trinitäre Kontroversen

»Alles was die Heilige Schrift über Christus sagt, das bewahrheitet sich völlig an jedem guten und göttlichen Menschen.«

Meister Eckhart

Das paulinisch geprägte Christentum hob sich von seiner kulturellen Umgebung von Anfang an ab durch die Herkunft seiner Wahrheit aus Offenbarung und von daher durch seine autoritätsbezogene Begründung sowie die Härte der Sanktionen für Verstöße gegen diese nicht zu bezweifelnde Wahrheit. Obwohl es sich auf dieselbe biblische Offenbarungstradition gründet wie das Judentum, blieben sich beide Überlieferungen in ihrem Verhältnis zur Wahrheit unvergleichbar fremd. Das Judentum kannte weder Dogmen noch eine autoritative Lehrinstanz, welche die Glaubensartikulation überwachte. Im Gegensatz hierzu definierte sich das paulinische Christentum von früh auf als feststehende Lehre (Röm 6,17; 16,17; Phil 4,9):

> Aus dieser starken Fixierung auf die Doktrin ist die Leidenschaftlichkeit zu verstehen, mit der die dogmatischen Streitigkeiten vor allem seit dem 2. Jahrhundert geführt wurden. Die vernichtende Polemik, die unerhört scharfen Aggressionen, die Verweigerung von Einigung und Versöhnung, die rücksichtslosen Mittel im Umgang mit dem »Gegner« zeigen, wie einseitig nun das Wesen des Christentums im Dogma gesehen wurde, zu dessen Gunsten andere christliche Postulate missachtet wurden. Infolge von Parteilichkeit, Fanatismus und auch Machtinteressen waren diese Konflikte kompliziert und aussichtslos. Die antike Gesellschaft hatte wegen ihres sehr anderen, undogmatischen Religionsverständnisses solche Glaubensstreitigkeiten vorher nicht gekannt. Erst das Christentum hat sie durch sein zentrales Interesse an der Glaubensformel verursacht.[49]

Das alles bewegende Problem wurde die Bestimmung des historischen Jesus als »Sohn Gottes«. Es ist der prominenteste Hoheitstitel, der Jesus als dem Christus »in letzter und unüberbietbarer Weise« zukommt, im

---

49 Norbert Brox, a.a.O., 138.

Neuen Testament erstmals von Paulus (Röm 1,3) in Anspruch genommen, bereits in der davidischen Königsliturgie verankert, aber letztlich der religiösen Tradition Ägyptens entstammend.

Einer der frühesten Texte, die Jesus als »göttlich« zu deuten versuchen, ist der sogenannte Christushymnus im Philipperbrief des Paulus. Zentrales Thema ist die Inkarnation des präexistenten Christus:

> Er, der in Gottesgestalt war,
> erachtete das Gottgleichsein nicht als ein Beutestück,
> sondern er entäußerte sich selbst,
> nahm Knechtsgestalt an und wurde den Menschen gleich.
> In seiner äußeren Erscheinung als ein Mensch erfunden,
> erniedrigte er sich selbst
> und wurde gehorsam bis zum Tod,
> bis zum Tod am Kreuz (Phil 2,6–8).

Das vom üblichen paulinischen Wortschatz abweichende Vokabular, der Verzicht auf das bei Paulus sonst übliche Auferstehungsmoment sowie die runde poetische Form lassen vermuten, dass Paulus diesen Text nicht selbst verfasst, sondern bereits vorgefunden hat. Nur die Erwähnung des Kreuzes ist vermutlich eine Einfügung des Paulus. »Er war in Gottesgestalt« (*theomorphos*), sagt sein Brief, und nahm die Gestalt eines Menschen an. Nehmen wir die folgenden Verse 8–11 noch hinzu, finden wir die Erniedrigung Jesu mit seiner Erhöhung verknüpft. Er wird zum Kyrios gemacht, »auf dass im Namen Jesu sich jedes Knie beuge, im Himmel, auf der Erde und unter der Erde«. Der Hymnus hat eine antirömische Spitze, die sich gegen das römische Bürgerrecht und gegen den römischen Kaiser richtet, und korrespondiert insofern mit der vom Kaiser beanspruchten Göttlichkeit. Paulus schrieb diesen Brief im Gefängnis, vermutlich in Ephesus; die Abfassungszeit könnte dann in die Jahre 55/56 fallen. Da der Hymnus noch ein paar Jahre älter ist, wird überdeutlich, wie früh die Vergöttlichungsvorstellungen um den bereits zum Christus gewordenen Jesus von Nazaret eingesetzt haben.

Jahrzehnte später, um die Jahrhundertwende, entwickelte das Johannesevangelium eine Theologie des Logos. Parallel zu den ersten Worten der Genesis heißt es: »*Im Anfang* war das Wort (Logos), und das Wort war bei Gott, und Gott war das Wort«, und endet dann:

> Und der Logos ist Fleisch geworden und hat unter uns gewohnt,
> und wir haben seine Herrlichkeit geschaut,
> eine Herrlichkeit, wie sie der Einziggeborene vom Vater hat (Joh 1,1; 14).

Der Logos, inzwischen Synonym des Gottessohnes, ist selbst Gott (andere übersetzen mit »göttlich«). Und »der Logos wird Fleisch, das heißt Mensch, was bedeutet, dass er von seinem Reich des Lichtes in unser Reich der Finsternis gekommen ist. Ohne Logos wäre keine Schöpfung gewesen, auch hier eine Gleichsetzung Jesu mit Gott«.[50]

Als dann in den ersten christlichen Jahrhunderten die Frage immer heftiger umstritten wurde, wie das Verhältnis des Christus zu Gott zu erklären sei, dominierte zunächst der Versuch, die Einzigkeit und »Alleinherrschaft« Gottes zu betonen: Entweder erklärte man das Verhältnis Christi zu Gott so, dass in ihm göttliche Kräfte wirken (Dynamismus), auch dass er durch Adoption nachträglich mit Gott verbunden sei (Adoptianismus). Oder man begriff den Christus als eine Erscheinungsform Gottes: Dieser habe sich zuerst als Vater, dann als Sohn und schließlich als Geist geoffenbart, jedoch immer als derselbe Eine. Die Patriarchen von Alexandria, Athanasius (ca. 296–373) und Kyrillos (375–444), jetzt schon im Abstand von weit mehr als dreihundert Jahren, konnten auf dem immer noch präsenten ägyptischen Hintergrund leichter als andere von einer göttlichen Triade sprechen. Doch entstanden damit zugleich neue Probleme, denn wenn ägyptische *Bilder* zu griechisch reflektierten *Begriffen* werden, entwickelt sich ein unendlicher und letztlich nicht lösbarer Streit der Theorien, die zwar – wie die christologischen Konzilien zeigten – machtpolitisch durchsetzbar sind, doch um den Preis ihrer bildadäquaten Offenheit, die das ägyptische Denken kennzeichnet.

Die ägyptische Göttertriade

Die Sohn-Gottes-Idee und das jenseitige Sitzen des Königs »zur Rechten Gottes« verdankt sich dem ägyptischen Gottesverständnis. Diese Tradition kennt eine Dreiheit von Gottheiten: zunächst Re, der Vater- und Schöpfergott, der sich selbst erschafft und keines anderen bedarf. Zweiter Schöpfergott ist Ptach, der die Welt durch die Gedanken seines Herzens und durch sein Wort geschaffen hat. Der dritte im Bund der Schöpfergötter ist der Geistgott Amun, meistens mit der Federkrone dargestellt, der ähnlich wie der pfingstliche Geist »Herr und Lebensspender« genannt wird.

---

50 Tullio Aurelio, Gott, Götter & Idole. Und der Mensch schuf sie nach seinem Bild, Gütersloh 2011, 241.

Diese drei Gottheiten bilden die sogenannte Reichstriade, die als Modell seit dem 13. Jahrhundert v. Chr. die Religionsgeschichte Ägyptens bestimmt hat. Die Zusammengehörigkeit dieser Götter ist bis in die Frühzeit der alten Kirche ein exemplarisches Modell geblieben für die Verbundenheit und Wechselwirkung der göttlichen Gestalten, welche der Schöpfung ihr Dasein und Leben geben. Zwar wird man den Sonnengott Re nicht mit Jahwe, Ptach nicht mit Christus, den Geistgott Amun nicht mit dem Pneuma des Neuen Testaments gleichsetzen dürfen. Zwischen ihnen bestehen qualitative Unterschiede und Akzentverschiebungen. Doch lässt sich sehr wohl sagen, dass die ägyptische Reichstriade ein Modell war, das in hellenistischer Zeit den mediterranen Raum erreichte und das frühkirchliche Denken beeinflusste. Gewiss ist nicht davon auszugehen, die christlichen Theologen hätten sich bei ihren endlosen Auseinandersetzungen über die Trinitätsidee systematisch mit dem ägyptischen Modell befasst. Allerdings war die alexandrinische Theologie unentrinnbar von der ägyptischen Bilder- und Symbolwelt umgeben, auch wenn sich deren Denken bereits im griechischen Logos vollzog. Wenn Athanasius die Wesensgleichheit von Vater und Sohn in der einen Gottheit betonte, stand ihm dafür ein jahrtausendealtes Bilddenken zur Verfügung. Die Beschlüsse des Konzils von Nicäa im Jahr 325 wurden im Wesentlichen erst durch ihn zur Glaubensgrundlage der Kirche. Letztlich führt ein gerader Weg von den mythischen Bildern des Alten Ägyptens zu den Dogmen der frühen Kirche.

Hier drängt sich allerdings die Frage auf, ab wann denn etwas als »Offenbarung« zu gelten hat. Solange in Ägypten die triadisch verstandene Gottheit unter wechselnden Gestalten gefeiert wurde, heißt dies in christlicher Sicht »Heidentum« oder gar »heidnische Verblendung«. Nachdem aber dieses Modell das kirchliche Denken inspiriert, wird es zum »wahren Glauben«?

Der trinitarische Streit

Ausgang der trinitarischen Streitigkeiten ist also der Begriff »Sohn Gottes«. Die Formel, die den davidischen König in sein Amt einsetzte, lautete: »So verkündige ich denn den Beschluss Jahwes: Jahwe sprach zu mir: ›Mein Sohn bist du. Heute habe ich dich gezeugt‹« (Ps 2,7). Damit wird – metaphorisch – die Einsetzung des Königs in sein Amt benannt, durch die er die Anerkennung als »Sohn Gottes« empfängt. Die Tragik der christlichen Glaubensentwicklung besteht darin, den Sohn-Gottes-Titel griechisch zu denken, statt ihn unter der Kontrolle des jüdischen Monotheismus zu halten. So beginnt eine endlose Spekulation, deren Verlauf Kampf und Feindschaft, Verurteilungen und Verbannungen, Mord und Totschlag für Jahrhunderte einschloss.

Das Problem geht von den Begriffen *Vater* und *Sohn* aus, die man zunächst naiv benutzt hatte, unter griechischem Einfluss nun aber bald zu zerlegen und überprüfen begann. Wenn Gott der Vater Jesu Christi ist, wie verhält sich dann die Gottheit zur Menschheit? Sind das überhaupt vergleichbare Größen? Man erfand den Begriff »wesensgleich« (*homoúsios*) als Vermittlungsgröße, doch damit entstanden neue Probleme: Wenn Jesus der Sohn Gottes ist, gab es dann eine Zeit, in welcher es ihn noch nicht gab, weil er ein Geschöpf des Vaters ist – dann aber nicht wesensgleich? Arius, Presbyter aus Alexandria (um 260–336), argumentierte: »Einen Anfang hat der Sohn, Gott aber ist ohne Anfang.« Er wollte den Titel »Sohn Gottes«, der bereits das Neue Testament durchzieht, nicht aufgeben, ihn jedoch im Sinne einer Adoptivsohnschaft verstehen. Der Streit eskalierte. Der Bischof Gregor von Nyssa (um 335–394) karikierte die Entwicklung: »Die ganze Stadt [Konstantinopel] ist voll davon, die Gässchen, die Märkte, die Plätze, die Straßen … Bittest du jemanden um Kleingeld, hält er einen philosophischen Vortrag über den Gezeugten oder Ungezeugten. Fragst du nach dem Preis eines Brotes, bekommst du die Antwort, der Vater sei größer und der Sohn untergeordnet. Fragt man aber, ob das Bad [in den Thermen] bereitet ist, antwortet man, der Sohn sei aus dem Nichts erschaffen.« Mögen hier noch Humor und Spott mitschwingen, so schildert der Geschichtsschreiber Eusebius von Caesarea (ca. 260–340) die Auswirkung des Streits in den Gemeinden: »Bischöfe griffen Bischöfe an, und im Volk bildeten sich Parteiungen, die gegeneinander kämpften … Unsere Bischöfe ließen alle Gottesfurcht fahren, entbrannten im Streit miteinander und taten nichts anderes, als Streit, Drohungen, Eifersucht, Feindschaft und Hass gegeneinander aufzuhäufen. Sie beanspruchten mit aller Leidenschaft die Objekte ihres Ehrgeizes, als ob diese Beutestücke für Tyrannen wären.« Man verhängte wechselseitig den Bann gegeneinander, doch um andersdenkende Bischöfe abzusetzen, waren sogar militante Einsätze notwendig.

Die trinitarische Formel von Nicäa

Der sich immer mehr verwirrende Konflikt bekam eine neue Qualität, nachdem Kaiser Konstantin das Christentum anerkannt hatte und eigene Interessen damit verband. Um der Zerstrittenheit ein Ende zu machen, verfügte er 325 eine Synode der Kirche seines Reiches in Nicäa, nahe dem damaligen Kaisersitz Nikomedia. Die dortigen Lokalitäten gehörten vermutlich zum kaiserlichen Palast. Konstantin hatte alle 1800 Bischöfe der damaligen christlichen Kirche (etwa 1000 im griechischen und 800 im lateinischen Sprachraum) brieflich zur Teilnahme aufgefordert und übernahm die Reisespesen der etwa 300 Bischöfe, die im Osten des Reiches fast alle seiner Einladung folgten.

Den theologischen Disput eröffneten die Arianer mit einem Bekenntnis, das unter Tumulten zerrissen wurde. Daraufhin wechselten sechzehn der achtzehn Unterzeichner die Seite. Arius argumentierte aus der Position eines Monotheismus, der strikt die Einheit und Einzigkeit Gottes in Anspruch nahm. Folglich lehnte er für Christus den Begriff »wesensähnlich« ab und wies ihm nur die Rolle des vornehmsten aller Geschöpfe zu. Die Arianer waren jedoch keine homogene Gruppierung, wie auch von den versammelten Bischöfen viele nur ein geringes theologisches Unterscheidungsvermögen besaßen, andere nur unsichere Meinungen und darum die Seiten je nach Argumenten oder äußeren Einflüssen tauschten. Insgesamt waren die Anti-Arianer in der Überzahl. Man nahm als Diskussionsgrundlage ein vorhandenes Glaubensbekenntnis, in dem es bereits hieß: »Gott von Gott, Licht vom Licht«, was den meisten aber nicht genügte, sodass sie ergänzten: »Wahrer Gott vom wahren Gott, gezeugt, nicht geschaffen, eines Wesens (*homoúsios*) mit dem Vater.«

Während der lateinische Westen die trinitarische Formel von Nicäa in einer auffallenden Problemlosigkeit festhielt, fanden die harten Debatten um die Trinität und die später folgenden Probleme um die Christologie in den Kirchen des Ostens statt.

Mit dem Abschluss des Konzils von Nicäa waren die Glaubensstreitigkeiten keineswegs beigelegt. Trotz des Konzilsentscheids blieb die Kirche gespalten. Es blieb schwierig, den »wahren Glauben« zu definieren, häufig entschieden die Mehrheiten, manchmal handgreiflich. Unter Athanasius von Alexandria (um 298–373) kam es zu einer Schlägerei am Altar, wobei der eucharistische Kelch zu Bruch ging. Bischöfe, die zeitweilig die Gemeinschaft mit Athanasius verweigert hatten, wurden eingesperrt, verprügelt oder abgesetzt. So sehr Athanasius zeitlebens für seine dogmatische Option gekämpft hat, so eindeutig ist es ihm dabei immer auch um Macht gegangen.

Die meisten christlichen Kaiser vor Theodosius I. (347–395) hatten mit dem Arianismus sympathisiert. Dieser war vom Konzil zwar verurteilt worden, dennoch lebte er in Politik und Gesellschaft weiter, besonders in der Armee, im Kaiserhaus und der Hauptstadt Konstantinopel. Aber Theodosius erklärte im Jahr 380 das nicäische Christentum für maßgeblich: »Dass wir also an die eine Gottheit des Vaters und des Sohnes und des Heiligen Geistes bei gleicher Majestät und heiliger Dreifaltigkeit glauben.« Alle anderen sollten als Häretiker gelten. Auf dem von Theodosius im Jahr 381 einberufenen Ersten Konzil von Konstantinopel verwarfen 150 Bischöfe nochmals den Arianismus und formulierten die endgültige, bis heute bestehende Fassung des Nicänischen Glaubensbekenntnisses. Gregor von Nazianz kommentierte: Auch hier, wie so oft, »schnatterten die Bischöfe los wie ein ganzer Schwarm Elstern, ein Lärm wie von einer Horde Kinder«. Doch entscheidend blieb die Position des Kaisers: Er verbot das arianische Christentum im Römischen Reich, wenngleich die Sache damit noch nicht erledigt war.

Das Konzil von Chalkedon

Im Jahre 449 hatte das Konzil von Ephesus, unter dem Einfluss des alexandrinischen Patriarchen Dioskur I. handstreichartig erklärt, dass Jesus Christus doch nur eine einzige, nämlich göttliche Natur habe. Kaiser Theodosius II. neigte unter dem Einfluss seines Hofeunuchen Chysaphius dieser Position ebenfalls zu, während Papst Leo der Große (um 400–461) scharf protestierte und das Konzil von Ephesus eine »Räubersynode« nannte. Nachdem Theodosius ein Jahr später durch einen Reitunfall ums Leben kam, nutzten die Vertreter der Zwei-Naturen-Lehre ihre Chance und bekräftigten, Jesus Christus habe sowohl eine göttliche als auch eine menschliche Natur. Theodosius' Schwester Aelia Pulcheria (399–453) verbündete sich mit Papst Leo, entmachtete Chysaphius und ließ ihn später hinrichten. Sie heiratete Markian, den Militärtribun der kaiserlichen Garde, und half auf diesem Wege, dass er (von 450 bis 457) Kaiser des Oströmischen Reiches wurde. Gleich nach seiner Thronbesteigung berief Markian ein weiteres Konzil ein, das einen autoritativen Schlusspunkt unter die christologischen Querelen setzen sollte.

Kaiser Markian eröffnete das Konzil in Chalkedon am 8. Oktober 451. Chalkedon war Konstantinopel gegenüber gelegen auf der asiatischen Seite des Bosporus. Ergebnis dieses Konzils war das große »Glaubensbekenntnis von Chalkedon«, das von allen trinitarischen christlichen Kirchen anerkannt wird. Gegen den Nestorianismus[51] auf der einen Seite, der vor allem von den mächtigen Kirchen Ägyptens und Syriens verfochten wurde, und den Monophysiten[52] auf der anderen Seite definierte das Konzil Christus als wahren Gott und wahren Menschen zugleich, und zwar »unvermischt und ungetrennt«. Zusammen mit dem römischen Bischof Leo dem Großen erreichte er damit eine weitgehende dogmatische Einigung zwischen der West- und Ostkirche, wie er zugleich die Abspaltung der nestorianischen und der orthodoxen Kirchen in Syrien und Ägypten beförderte.

Inzwischen währte der dogmatische Streit schon viele Generationen. Eine Seite exkommunizierte die andere, politische Interessen waren stets beteiligt, und ein bisweilen unentwirrbares Ränkespiel vermischte sich mit »Wahrheitsfragen«. Der auf Einheit bedachten Reichspolitik stand dies natürlich massiv im Wege. Unter Kaiser Justinian (um 482–565) erreichte das Zusammenspiel von spätantikem Staat und christlicher Kirche seinen Höhepunkt. Justinian ging entschlossen gegen die verbliebenen Nichtchristen im Reich vor. Im Jahr 529 ließ er die neuplatonische Philosophenschule in Athen schließen. Der Vorwurf des heimlichen Heidentums wurde ein Instrument, um unliebsame Angehörige der Oberschicht zu belasten. Im Jahr 553 berief er das Zweite Konzil von Konstantinopel ein, das Fünfte Ökumenische und letzte der Spätantike. Dennoch blieb eine Trennung der chalkedonischen, monophysitischen und nestorianischen Kirchen bestehen, wofür es keineswegs nur dogmatische Gründe gab, sondern ebenso politische, nationale und emotionale Umstände, die oft im Resultat entscheidender waren.

---

51 Nestorianismus: die Lehre, dass die göttliche und menschliche Natur in der Person Christi geteilt und unvermischt sei. Sie ist nach Nestorius benannt, der von 428 bis 431 Patriarch von Konstantinopel war und sie maßgeblich vertreten hat.

52 Monophysitismus: Als Reaktion auf den Nestorianismus entstand der gegensätzlich ausgerichtete Monophysitismus, nach dem Jesus vollkommen göttlich sei und nur eine göttliche Natur habe. Dieser wurde auf dem Konzil von Chalkedon 451 verworfen und die Zweinaturenlehre angenommen, nach der göttliche und menschliche Natur Christi unvermischt und ungetrennt nebeneinander stehen.

Bis heute bekennt die Christenheit mit der Formel von Chalkedon Jesus Christus als wahren Gott und wahren Menschen, in zwei Naturen unvermischt, unverwandelt, ungeteilt und ungetrennt. Das Bekenntnis gilt für Katholiken ebenso wie für reformatorische Christen. Unübersehbar ist allerdings, dass in der Gegenwart die Christen längst wieder Arianer sind. Für das, was sie glauben, bedienen sie sich vager Ausdrucksweisen, etwa dass man in Jesus von Nazaret und seiner Botschaft »Gott erfahre«, aber das ist etwas ganz anderes, als in Christus den wahren Gott und wahren Menschen in zwei Naturen ungeteilt und ungetrennt zu sehen und zu bekennen. Für Menschen der Gegenwart sind solche Formeln ausgebrannt und nicht zu retten. Wenn sie weiterhin in Glaubensbekenntnissen begegnen, bleiben sie doch Verwirrspiele, die schon in den Jahren ihrer Entstehung in ihrer begrifflichen Differenzierung durchweg die Menschen überforderten.

Dass sich eine so gedrechselte Dogmatik überhaupt entwickeln konnte, liegt vor allem am Verlust der jüdischen Umwelt, die dem jungen Christentum allzu bald das kritische Korrektiv seiner eigenen Entwicklung nahm.[53] Während der jüdische Jahwe sich aller Kenntnis entzieht, konstruierten Theologen, denen der historische Jesus längst entfremdet war, ein metaphysisches Wissen um die innersten Vorgänge einer trinitarischen Gottheit – und verteidigen es bis heute. Die Zweinaturenlehre von Chalkedon ist das Produkt einer Entwicklung, die »Jesus, den Juden« als theologierelevanten Maßstab nicht mehr kennt. Im Grundsatz dürfen sich der christliche und der jüdische Gottesglaube nicht unterscheiden. Die christliche Dogmatik sollte nie vergessen, dass es Tora und Propheten waren, die Jesus in seiner Verkündigung zur Sprache brachte.

---

53 Es ist allerdings nicht so, als hätte das rabbinische Judentum in seinem gesamten Verbreitungsgebiet den in den Jahrhunderten zuvor gewonnenen Monotheismus einheitlich behauptet. Im »Judentum des Zweiten Tempels« betritt mit dem Menschensohn des Danielbuchs erstmals ein Engel die Bühne, »der in einen quasigöttlichen Status« und in einer späteren Auslegung von Daniel 7 zum »Sohn Gottes« und »Sohn des Höchsten« erhoben wird. »Die Parallelen zum gottgleichen Jesus-Christus, der als Erstgeborener vor aller Schöpfung immer schon bei Gott war, dann aber Menschengestalt annehmen musste, um das göttliche Erlösungswerk zu vollenden, liegen auf der Hand«, sagt der Judaist Peter Schäfer. Dieser binitarische Gedanke begegnet im Judentum Babyloniens, nicht bei den Rabbinen Palästinas. Mit seinem Buch »Zwei Götter im Himmel. Gottesvorstellungen in der jüdischen Antike« (München 2017) hat Peter Schäfer unsere Vorstellungen von Monotheismus, Judentum und Christentum regional und zeitlich differenziert, nicht aber, wie der Verlag meint, »grundstürzend verändert«.

Und was ist mit dem Geist, der dritten Person in der Trinität?

Alle bisher dargestellten Konflikte handelten von »Vater« und »Sohn«, aber vom Heiligen Geist, der erst die Gottheit trinitarisch macht, war nicht die Rede. Doch bekannte das Konzil zu Konstantinopel auch den Geist Gottes als göttliche Person, was vor neue Rätsel stellt. Juden zwingt die Rede vom Geist Gottes zu keiner Unterscheidung in Gott. Wenn der Geist Gottes etwas bewirkt, ist es des einen Gottes Wirken. Aber nichts zwingt dazu, den Geist Gottes als eine eigene Person oder Hypostase zu verehren. Hier wie bei den vorangegangenen Fragen nach den innergöttlichen Beziehungen bleibt die Verwunderung, woher die beratenden Bischöfe »wissen« konnten, wie das innerste Wesen Gottes aussieht. Die grundsätzliche und nie zu unterlassende Frage jeder Theologie heißt: »Woher weißt du das?« Die dogmatischen Lehrbücher umgehen diese Fragestellung. Sie orakeln ihre Lehre aus »der Schrift«, die für mancherlei Lesart je nach Zeit und Vorverständnis offen ist, und machen daraus eine (unfehlbare) Wahrheit, die ihnen aus der Höhe zugekommen sei.

So wurde nun dem Glaubensbekenntnis von Nicäa zugefügt:

> Wir glauben an den Heiligen Geist, der Herr ist und lebendig macht, der aus dem Vater und dem Sohn hervorgeht, der mit dem Vater und dem Sohn angebetet und verherrlicht wird, der gesprochen hat durch die Propheten.

Die Väter, die diesen Glauben besiegelten, erklärten:

> Wir haben durch gemeinsames Urteil die Lehren des Irrtums verjagt und den irrtumslosen Glauben erneuert ... Um ihnen [= den Häretikern] alle Machenschaften gegen die Wahrheit zu verwehren, hat deshalb diese jetzt versammelte heilige, große und ökumenische Synode, die lehrt, was von Anfang an unerschütterlich verkündet wird, entschieden, dass vor allem der Glaube der 318 heiligen Väter unangetastet bleibt. Ferner bestätigt sie wegen der Kämpfer gegen den Heiligen Geist die Lehre über das Wesen des Geistes, die einige Zeit später von den 150 in der Kaiserstadt versammelten Vätern überliefert wurde.

Vom sechsten Jahrhundert an wird das Nicäno-Konstantinopolitanum als eine Revision des Bekenntnisses von Nicäa bezeichnet, das in den Orientalisch-Orthodoxen Kirchen bis heute verwendet wird. Aber während die ursprüngliche Bekenntnisformel lautete, dass der Geist »aus dem Vater hervorgeht«, hat die westliche Kirche später die Formel erweitert, dass der Heilige Geist »aus dem Vater *und dem Sohne* (*filioque*) hervorgeht«. Es ist auch dies ein Streit, der verwundert, woher die heiligen Väter ihr unterschiedliches Wissen über diese »innergöttlichen Hervorgänge« beziehen konnten, um es unterschiedlich gegeneinander mit Wahrheitsanspruch zu behaupten. Erstaunlich, dass dies neben dem Papst-Primat der wichtigste theologische Streitpunkt sein soll, der bis heute eine Wiedervereinigung der römisch-katholischen Kirche und der orthodoxen Kirchen nach der großen Kirchenspaltung von 1054 verhindert. Historiker stimmen jedoch darin überein, dass sich die Kirchen vor allem wegen fortschreitender Entfremdung trennten, die mit dem Wachstum des päpstlichen Autoritätsanspruchs zusammenfiel. Letztlich waren für die Trennung weniger theologische Differenzen verantwortlich als kirchenpolitische Faktoren.

Wenn man im Blick auf die Gottesaussagen freilich bedenkt, dass für Meister Eckhart Gott »weder Güte noch Sein noch Wahrheit noch Eins ist« und er also resümierte: »Er ist gar nichts, er ist weder dies noch das«, und dass moderne Wissenschaftler sich ebenso behutsam ausdrücken wie etwa Hans-Peter Dürr, der seine Offenheit für Transzendenz vorsichtig mit »Hintergrund« beschreibt, so muten die Aussagen der christlogischen Konzile in ihrer definierenden Begrifflichkeit, so distinguiert philosophisch sie wirken mögen, demgegenüber naiv an.

Was den zuletzt definierten »Heiligen Geist« betrifft, so hat dieser trotz des feierlichen Bekenntnisses zu ihm keine rechte Bedeutung gewonnen. Man erwähnt ihn zu Pfingsten, aber gleich danach, meint Roger Lenaers, »verschwindet er wieder in der Sakristei«. Er überdauert im formelhaften Gebrauch wie beim Kreuzzeichen oder dem »Ehre sei dem Vater«. Einstmals rief man ihn auch um Hilfe an, wenn er bei Schularbeiten und Prüfungen den Verstand erleuchten sollte, aber bereits diese Verlegenheitsbedürfnisse zeigen, dass man im Grunde für ihn keine Verwendung hat, es sei denn, man beschwört seine erleuchtende Leitung, wenn in der Kirche eher geistlose Zustände herrschen. Beim Betrachten der Geschichte lässt sich der Eindruck nicht verdrängen, dass »die dritte Person in der Gottheit« das trinitarische Gleichgewicht nicht erreicht hat.

Anselms Satisfaktionstheologie und Meister Eckharts radikaler Paradigmenwechsel

Gegen Ende des 11. Jahrhunderts wollte Anselm von Canterbury mit zwingenden Vernunftgründen beweisen, dass Gott notwendig Mensch werden musste, um dessen Zorn über die erbsündige Menschheit durch eine angemessene Gegenleistung wieder aufzuheben. Dahinter stand damals die Vorstellung der Lehnspflicht zwischen einem Herrn und seinen Vasallen. Anselm vertrat die Meinung, dass der Mensch Gott gegenüber Satisfaktion zu leisten habe, um die erworbene Schuld auszugleichen und die Rechtsordnung wiederherzustellen. Aber da der Mensch diese Satisfaktion aufgrund seines gefallenen Status nicht selbst erbringen könne, sei Gott gezwungen, die gesamte Menschheit zu verwerfen, was er jedoch als Schutzherr seiner Vasallen nicht tun dürfe. Dieses Dilemma führte dazu, dass Gott Mensch werden musste, um solche Genugtuung zu leisten:

> Die Frage lautet nunmehr, wie kann Gott Mensch werden? Denn die göttliche und die menschliche Natur können sich nicht eine in die andere verwandeln, so dass die göttliche zur menschlichen, oder die menschliche zu göttlichen würde; und sie lassen sich auch nicht so vermengen, dass eine neue dritte aus beiden hervorginge, die dann weder ganz göttlich, noch ganz menschlich wäre. Überhaupt würde ja, wenn das geschehen könnte, dass die eine in die andere aufginge, entweder nur Gott und kein Mensch übrigbleiben, oder nur mehr der Mensch und kein Gott … Während mithin ein Gott-Mensch gefunden werden muss – unbeschadet der Vollständigkeit beider Naturen –, tut es doch nicht minder not, dass die beiden vollständigen Naturen in Einer Person sich begegnen, sowie der Leib und die vernünftige Seele in Einem Menschen zusammentreffen, da es nur auf diesem Wege möglich, dass ein- und derselbe vollkommener Gott und vollkommener Mensch sei.[54]

In seiner Schrift *Cur deus homo* entwickelte Anselm die Satisfaktionslehre – durch den Kreuzestod habe Christus als Sohn Gottes den gerechten Zorn Gottes beglichen –, was zu jener Sühnopfer-Theologie führte, die sich im Erlösungsverständnis und einem belastenden Gottesbild bis zum Tage ausdrückt (→ S. 119 ff.). Der einzige Theologe, der aus diesem Gedankenkreis ausbrach, ist der ungewöhnlich eigenständige Meister Eckhart, der die »Menschwerdung Gottes« nicht als ein einmaliges Ereignis verstand: »Der Vater gebiert seinen Sohn ohne Unterlass … Er gebiert *mich* als seinen Sohn und als denselben Sohn.« Gott sei nicht nur »dort« Mensch geworden – als Jesus von Nazaret, sondern »hier wie dort«, »und er ist aus dem Grunde Mensch geworden, dass er auch *dich* als seinen eingeborenen Sohn gebäre und als nicht geringer«.[55]

---

54 Anselm von Canterbury: Cur deus homo; Warum Gott Mensch geworden, Zweites Buch, 7. Kapitel.
55 Meister Eckhart: Deutsche Predigten und Traktate, hg. und übersetzt von Josef Quint, München ⁵1963, 185; vgl. 357; 451.

Dieses Selbst- und Weltverständnis drängt Eckhart zu einer Christologie, die das geschichtlich Singuläre auf eine allgemeine anthropologische Ebene hebt: »Alles, was die Heilige Schrift über Christus sagt, das bewahrheitet sich völlig an jedem guten und göttlichen Menschen.« Er erklärt die »Menschwerdung Gottes« in der Geburt Jesu zum Paradigma für das, was sich *für alle anderen* Menschen ebenso ereignen soll. »Der gute Mensch ist der eingeborene Sohn Gottes.« In seiner 7. Predigt bringt Eckhart diese Überzeugung in eine äußerst kühne Grundsätzlichkeit:

> Es gebiert der Vater seinen Sohn in der Seele in derselben Weise, wie er ihn in der Ewigkeit gebiert und nicht anders. Er muss es tun, sei es ihm lieb oder leid. Der Vater gebiert seinen Sohn ohne Unterlass, und ich sage mehr noch: Er gebiert mich als seinen Sohn und als denselben Sohn. Ich sage noch mehr: Er gebiert mich nicht allein als seinen Sohn; er gebiert mich als sich und sich als mich und mich als sein Sein und als seine Natur. Im innersten Quell, da quelle ich aus im Heiligen Geiste; da ist *ein* Leben und *ein* Sein und *ein* Werk. Alles, was Gott wirkt, das ist Eins; darum gebiert er mich als seinen Sohn ohne jeden Unterschied. Mein leiblicher Vater ist nicht eigentlich mein Vater, sondern nur mit einem kleinen Stück seiner Natur, und ich bin getrennt von ihm; er kann tot sein und ich leben. Darum ist der himmlische Vater in Wahrheit mein Vater, denn ich bin sein Sohn und habe alles das von ihm, was ich habe, und bin derselbe Sohn und nicht ein anderer. Weil der Vater (nur) ein Werk wirkt, darum wirkt er mich als seinen eingeborenen Sohn ohne jeden Unterschied.[56]

In dem, was Gott gab, »zielte er auf mich und gab mir's so recht wie ihm; ich nehme davon nichts aus, weder Einigung noch Heiligkeit der Gottheit noch irgendetwas. Alles, was er ihm (Christus) je in der menschlichen Natur gab, das ist mir nicht fremder noch ferner als ihm …« Und noch deutlicher: »Alles, was die Heilige Schrift über Christus sagt, das bewahrheitet sich völlig an jedem guten und göttlichen Menschen.« Damit wird Christologie zur Anthropologie und der trinitarische Streit aufgehoben. Da Eckhart »Gott« und »Gottheit« unterscheidet und behauptet, Gott und Gottheit seien so weit voneinander verschieden wie Himmel und Erde, kann er die Rede von der Dreifaltigkeit zwar »Gott« zuordnen, das heißt menschlichem Denken und Reden, nicht aber der Gottheit. »Dies ist leicht einzusehen«, sagt Eckhart, »denn dieses einige Eine ist ohne Weise und ohne Eigenheit.« Die Gottheit ist ohne jeden göttlichen Namen und ohne jede Eigenheit. Zugleich kennt Meister Eckhart nicht mehr den ein-

---

56 Ebd., S. 174.

maligen »Gottmenschen« Jesus Christus, der als Erlöser einer unerlösten Menschheit gegenübersteht. Zu einer Zeit, in der Christen und Muslime gegeneinander kämpften und innerhalb der Christenheit der Empfang der Sakramente über Heil oder Unheil entscheiden sollte, unterschied er weder zwischen Christen und Nichtchristen, Getauften und Verlorenen, sondern nannte den Seelengrund *eines jeden Menschen* göttlich: Dank dieses göttlichen Seelengrundes sind *alle* Menschen gleich.

Für die Theologie im 21. Jahrhundert – evangelisch wie katholisch – ist Meister Eckharts Denken immer noch eine Zumutung. Es hat seine Zukunft noch vor sich.

7. Die Erbsünde – ein dogmatischer Supergau

»Alle bisherigen Antworten auf die Frage der Theodizee sind in höchstem Maße unbefriedigend, falsch, blasphemisch und nicht vermittelbar. Nichts geht mehr. Das hat auch schon der intelligenteste, wenn auch frauenfeindlichste Kirchenlehrer, der Bischof von Hippo, Augustinus, erkannt. Er machte daher eine (mit einem Anfangsverdacht gegen Eva versehene) theologische Erfindung, deren Wahnsinn den Irrsinn jeder Rassenideologie übertrifft. Der Super-GAU aller faulen Ausreden lautet: Nicht Gott muss sich rechtfertigen, sondern der Mensch muss sich rechtfertigen. Wegen der Sünden, die auf die Ursünde des Menschen zurückgehen und von der die gesamte Menschheit befallen ist.«

Heiner Geißler

»Man bringt erst schlau genug die Erbsünde in den Menschen hinein, um sich ihrer nachher als Schurkerei zu bedienen.«

Johann Gottfried Seume

In allen christlichen Konfessionen wird seit jeher von Erbsünde gesprochen, obwohl doch kaum jemand sagen kann, was das sein soll. Der lateinische Begriff sagt *peccatum originale*, Ursprungssünde oder Ursünde. Der Katechismus der Katholischen Kirche von 1983 gibt folgende Erklärung:

Im Anschluss an den hl. Paulus lehrte die Kirche stets, dass das unermessliche Elend, das auf den Menschen lastet, und ihr Hang zum Bösen und zum Tode nicht verständlich sind ohne den Zusammenhang mit der Sünde Adams und mit dem Umstand, dass dieser uns eine Sünde weitergegeben hat, von der wir alle schon bei der Geburt betroffen sind und »die der Tod der Seele« ist. Wegen dieser Glaubensgewissheit spendet die Kirche die Taufe zur Vergebung der Sünden selbst kleinen Kindern, die keine persönliche Sünde begangen haben …

Die Weitergabe der Erbsünde ist jedoch ein Geheimnis, das wir nicht völlig verstehen können. Durch die Offenbarung wissen wir aber, dass Adam die ursprüngliche Heiligkeit und Gerechtigkeit nicht für sich allein erhalten hatte, sondern für die ganze Menschennatur. Indem Adam und Eva dem Versucher nachgeben, begehen sie eine persönliche Sünde, aber diese Sünde trifft die Menschennatur, die sie in der Folge im gefallenen Zustand weitergeben.

Sie ist eine Sünde, die durch Fortpflanzung an die ganze Menschheit weitergegeben wird, nämlich durch die Weitergabe einer menschlichen Natur, die der ursprünglichen Heiligkeit und Gerechtigkeit ermangelt. Deswegen ist die Erbsünde »Sünde« in einem übertragenen Sinn: Sie ist eine Sünde, die man »miterhalten«, nicht aber begangen hat, ein Zustand, keine Tat.[57]

Die Online-Dogmatik »Evangelischer Glaube« erklärt die Sache so:

Schon als wir auf die Welt kamen und jeder uns unschuldig und niedlich fand, hatte Sünde uns auf verborgene Weise im Griff. Und so wie diese Welt beschaffen ist, entrinnen wir ihr auch nie. Denn Sünde beschränkt sich nicht auf punktuelle Fehltritte, die man überspielen könnte, sondern sie ist ein permanenter Gestank, der uns immer und überall anhaftet. Diesen Geruch loszuwerden, ist unmöglich, weil er von innen kommt. Und das heißt: Es geht bei diesem Thema nicht um moralische Schwächeanfälle, die vorübergehen, sondern um einen permanenten Schaden, der uns tief in den Knochen steckt. Unser Leben in der gefallenen Schöpfung ist so beschaffen, dass sich das Sündigen darin gar nicht vermeiden lässt. Genauso gut könnte man ins Meer springen und dabei hoffen, trocken zu bleiben! Warum aber ist das so? Wie kommt es? Ich meine, es hat drei wichtige Gründe:

Der erste ist, dass wir von Geburt an egozentrisch sind und das, was uns selbst betrifft, immer stärker empfinden und ernster nehmen als das, was die anderen betrifft … Die anderen nehmen meine Not genauso leicht wie ich ihre. Und von den engsten Angehörigen abgesehen, ist ihnen auch mein Hunger nach Glück egal. Nun wäre das nicht so tragisch, wenn von dem, was zum Glück beiträgt, für jeden genug da wäre. Aber dem ist nicht so. Und das ist der zweite Grund, weshalb wir der Sünde nicht entrinnen …

Das Leben gleicht jenem Spiel, das man »Reise nach Jerusalem« nennt. Alle Mitspieler laufen um eine Reihe von Stühlen herum, und auf Kommando versucht sich jeder schnell hinzusetzen. Weil es aber immer weniger Stühle als Teilnehmer sind, findet der Langsamste keinen Platz mehr und muss ausscheiden. In jeder Runde ist es ein Stuhl weniger. Immer fällt der Schwächste hinten runter. Und so ist das im Leben auch. Denn wer seinen Stuhl erobert und verteidigt, nimmt in Kauf, dass irgendwo ein anderer leer ausgeht. So lebt jeder von uns auf Kosten anderer …

Wir verschließen uns innerlich in uns selbst. Und das ist der dritte Grund, weshalb wir der Sünde nicht entkommen … »Sorge für dich selbst«, sagt man trotzig, »sonst tut es keiner!« »Kämpfe für dich selbst, sonst verteidigt dich keiner! Sei dir selbst der Nächste, denn die anderen tun es auch! Verlass dich auf keinen, denn sonst bist du verlassen! Und zeige keine Skrupel, sonst nutzen die anderen deine Schwäche aus!« Wer sich mit solchen Sprüchen rechtfertigt, ahnt, dass er dauernd schuldig wird, und will es doch als Notwehr sehen.[58]

---

57 Ecclesia Catholica: Katechismus der Katholischen Kirche. (1997) Nr. 403 f.
58 https://www.evangelischer-glaube.de/der-mensch/erbsünde/

Diese drei Gründe seien aber nicht Folge einer freien Entscheidung, sondern eines Verhängnisses, was den Begriff Erbsünde völlig berechtige. Sobald der Mensch zu sich komme, sei er bereits ein Sünder, das heißt, er ist in ein Verhängnis verstrickt, dessen Wurzeln tief in unsere Naturanlagen hinabreichen:

> Und darum ist Sünde auch kein Merkmal, das die »bösen« von den »guten« Menschen unterscheiden würde, sondern der Normalzustand aller Menschen, die in diese Welt geboren werden ... Wir werden mit hineingezogen in das Verhängnis, das mit Adam und Eva begann, bis jeder ganz persönlich den Beweis erbringt, dass er von derselben Art ist wie diese beiden. Und ertragen kann man diese Selbsteinschätzung nur, weil Gott sich die Tragödie des Menschen nicht unbegrenzt anschauen wollte, sondern ihr eine unverhoffte Wendung gegeben hat. Paulus schreibt in Römer 5:
> »Wie durch einen Menschen die Sünde in die Welt gekommen ist und der Tod durch die Sünde, so ist der Tod zu allen Menschen durchgedrungen, weil sie alle gesündigt haben.« Dem Verhängnis in Adam stellt Paulus dann aber sogleich die Rettung in Christus gegenüber und sagt: »Wenn durch die Sünde des Einen die Vielen gestorben sind, um wie viel mehr ist Gottes Gnade und Gabe den Vielen überreich zuteil geworden durch die Gnade des einen Menschen Jesus Christus ... Denn das Urteil hat von dem Einen her zur Verdammnis geführt, die Gnade aber hilft aus vielen Sünden zur Gerechtigkeit.«
> Nur weil Adam Christus gegenübersteht, treibt uns die Betrachtung der Erbsünde nicht zur Verzweiflung ... Soweit wir im Glauben stehen, sind wir nicht mehr »in Adam«, sondern sind »in Christus« und dürfen uns der Zusage freuen, dass wir nicht mit Adam sterben, sondern mit Christus leben werden![59]

Ausgangspunkt dieser Weltsicht ist der Apostel Paulus mit einer Theologie der Sünde, die als Grundlage der späteren Erbsündenlehre gelten kann. Er stellt Adam, den »ersten Menschen«, Christus, dem »zweiten Adam«, gegenüber. Während die Sünde des Ersten die Menschheit dem Tod auslieferte, wird sie durch die Erlösungstat des Zweiten aus diesem Tod errettet.

Damit verbunden ist in der Theologie des Paulus der Begriff »Gnade«, ein Wort, das bei Jesus nicht vorkommt. Die Rechtfertigungslehre des Paulus – »nicht aus Werken des Gesetzes«, sondern »aus Glauben (Gal 2,16) – setzt fundamental die Deutung der Gnade Gottes voraus, wie sich insgesamt die paulinische Theologie auf das Prinzip der *sola gratia* stützt. »Mitunter gilt Gnade sogar als Hauptbegriff der paulinischen Theologie« (Klaus Scholtissek). Für Paulus gipfelt Gottes Gnadenhandeln im Sühnetod

---

59 Ebd.

Christi (Röm 3,21–26) und ist die Ursache der Rechtfertigung des Sünders. Der Mensch wird als Sünder gesehen, demnach verloren, es sei denn, dass jemand, der unendlich mehr Wert hat, als ein Mensch haben kann, sich für den verlorenen Menschenwurm einsetzt, um ihn freizukaufen. Aus sich heraus scheint der Mensch nicht liebenswert genug zu sein. Auch die Liebe Gottes zu den Menschen ist offensichtlich nicht ausreichend, denn nach Paulus musste zunächst ein Opfer stattfinden, das Gnade gewährt. Wo aber begnadigt wird, wird noch lange nicht geliebt. Darum deutet er den Tod Jesu als Sühnetod, durch den die sündige Menschheit mit Gott wieder versöhnt wird. Aber woher weiß er das? Es ist ein Interpretament, das sich aus der Tradition der Völker ableitet. Man konnte sich eine Gottheit nicht denken, die ohne Opfer zu gewinnen war. Paulus spricht mehrfach vom Zorn Gottes, aber die Liebe kommt aus einer anderen Haltung. In der Botschaft Jesu hingegen braucht es keine Erlösung, auf der Paulus seine Theologie aufbaut. Der junge Mensch, der im Gleichnis Jesu das Erbe des Vaters verbraucht und dabei selbst herunterkommt, wird von diesem Vater mit überschwänglicher Freude empfangen, nur weil er nach Hause zurückkehrt. Für den Gott, den Jesus vertritt, ist weder Sühneleistung noch Opfertod notwendig. Hier braucht es das Wort Gnade nicht.

Mit der Theologie des Paulus verbinden sich weitere Fragen:

– Was ist das für ein Gott, der den Menschen so schwach erschafft, dass dieser, noch bevor die Menschheitsgeschichte ihren Anfang finden konnte, in abgrundtiefe Schuld fällt, sodass die menschliche Befindlichkeit gleich bis in ihre elementaren Naturanlagen hinein verdorben wird? Hätte der Schöpfer sein Geschöpf nicht besser ausstatten können? Nein!, sagt die Glaubenstradition. An diesem Malheur ist keineswegs Gott schuld, sondern der Teufel.

– Wenn aber Gott der Schöpfer alles Vorhandenen ist, warum gibt es dann einen Teufel? Liegt da nicht doch ein Baufehler vor, der eine grundlegende Reparatur verlangt und nicht einfach als »Erlösung« durch den gleichen Verursacher-Gott ausgegeben werden kann?

– Und woher weiß Paulus von alledem? Hatte er Einsicht in das himmlische Büro? Der Parallelismus von Adam und Christus mag zwar im Sinne seiner Christologie genial anmuten, was dieser aber alles einschließt, ist ein Konstrukt, das die Wirklichkeit nicht deckt.

– Ist der Paradiesmythos überhaupt für eine Anthropologie belastbar, wie Paulus sie entwirft? Die theologischen und philosophischen Lasten, die diesem Narrativ im Laufe der Geschichte aufgeladen wurden, bleiben dem Charakter der Erzählung fremd. Wenn die Frau »dem Mann bei ihr« auch zu essen gibt, so ist dies keine Verführung, wenngleich die Auslegungsgeschichte diesen Aspekt über Gebühr herausgestellt hat. Die Erzählung ergänzt schlicht »und er aß«, was heißen soll: Es bedurfte gar keiner »Verführung«, er machte einfach mit. Die Gemeinschaft von Mann und Frau kann wie im Guten auch eine Gemeinschaft in der Verfehlung sein. Doch in der Folge »schämen sie sich voreinander«. Was hat sich damit verändert? Verloren ging die Unbefangenheit, in der sie sich vordem ihrer Nacktheit nicht bewusst waren. Was bis dahin richtig war, ist nun falsch. Aber dass sie dies nun wissen, ist zugleich etwas Positives. Die Erkenntnis von Verfehlung und Sünde kann auch zu größerer Reife und Weisheit führen.

– In der christlichen Auslegungsgeschichte hat die Frau eine sehr belastende Deutung gefunden. Besonders der Strafspruch Gen 3,16, dass sie unter Schmerzen Kinder gebären soll, wurde jahrhundertelang so aufgefasst, dass diese Schmerzen eine verdiente Strafe für den »Sündenfall« seien, wenngleich der Text weder von Sünde noch von Sündenfall spricht. Unter Berufung auf diese Stelle galten sogar Bemühungen um eine schmerzarme Geburt als der göttlichen Ordnung widersprechend. Aber dann hätte man unter Berufung auf Gen 3,17–19 sich ebenso gegen die Einführung von Traktoren und Motorsägen wenden müssen, die den bei der Mannesarbeit vorgesehenen Schweiß verringern. Der mythische Text zielt auf Existenzerhellung, nicht auf ein Geschehen, das sich zu Beginn der Menschheitsgeschichte ereignete und alle späteren Zeiten »erbsündig« gemacht hätte.

– Und welche Fiktion verbindet sich mit dem »ersten Menschen«? Aus Ähnlichkeiten und Abweichungen im Erbgut errechnet, stammen alle heutigen Menschen von einer Population des *Homo sapiens* ab. Aber es gab Menschen vor dem Homo sapiens. Die Anthropologie nennt den *Homo habilis*, eine ausgestorbene Art, die auf ein Vorkommen von ca. 2,1 bis 1,5 Millionen Jahren datiert wird. Der *Homo erectus* war laut Richard Leakey »die erste hominine Art, die das Feuer benutzte; die erste, die das Jagen als ein wesentliches Element zur Sicherung ihrer Nahrungsversorgung einsetzte; die erste, die wie ein moderner Mensch laufen konnte.« Der *Homo neanderthalensis* ist ein ausgestorbener Verwandter des heutigen Menschen. Er entwickelte sich in Europa – parallel zum *Homo sapiens* in Afrika – aus einem gemeinsamen afrikanischen Vorfahren der Gattung Homo und besiedelte zeitweise große Teile Süd-, Mittel- und Osteuropas. Da der Apostel Paulus von all dem nichts wusste, die Evolution des Lebens nicht kannte, die reziproke Verwiesenheit von Leben und Tod nicht bedachte und den Tod als »der Sünde Sold« bewertete, verfehlt seine Sündentheologie mit ihren darauf gegründeten Erlösungsgedanken eine Anthropologie, die sich heute ganz anderen Ansätzen und Erkenntnissen unterstellt.

– Dass Paulus eine Ursünde brauchte, liegt an seiner Christologie, die Jesus als Erlöser aus dieser ursündlichen Verlorenheit in Anspruch nahm. Aber just diese »Christologie« war jenem, dem er sie übergestülpt hat, unbekannt. Jesus hat vom Sündenfall Adams und Evas nie gesprochen. Dieser Mythos hat sein Reich-Gottes-Evangelium zu keiner Zeit berührt. Während die paulinischen Spekulationen beanspruchen, in die Gedankenwelt Gottes hineinzuführen, beschreibt Jesus seinen Gott in säkularen Geschichten, die heute ebenso nachvollziehbar sind wie damals.

Augustin, der Erfinder der Erbsünde

Um die Entwicklung der christlichen Sündentheologie genauer wahrzunehmen, müssen wir neben Paulus den Kirchenlehrer Augustinus von Hippo (354–430) in den Blick nehmen, denn dieser ist der eigentliche Erfinder der Erbsünde. Er berief sich natürlich auf das 5. Kapitel des Römerbriefs mit dem Adam-Christus-Vergleich: »Durch den einen Menschen Adam hat die Sünde Einzug gehalten in die Welt und in ihrem Gefolge der Tod. Und weil alle sündigten, galt die Herrschaft des Todes auch für alle und jeden.« Wenn Paulus schon unbekümmert genug war, den Tod als Strafe für Adams und Evas Sünde zu erklären, hat Augustinus sogar jegliches menschliche Leiden als Strafe für diesen mythischen Biss in den Apfel angesehen, was aus Gott ein Ungeheuer machen würde.

Nach Augustin hat die Menschheit durch diese Ursünde den freien Willen verloren und besitzt nur noch die Freiheit, das Böse zu tun. Er hält die Mehrzahl der Menschen von Ewigkeit her zur ewigen Verdammnis bestimmt. Sie haben nicht mehr die freie Wahl zum Guten hin. Doch ist ihre Bestimmung zum Unheil kein eigener Akt mehr, sondern die innere Folge der Erbsünde. Einem derart pessimistischen Determinismus widerspricht die heutige Anthropologie und muss dafür nicht einmal beim Menschen ansetzen. Bereits die Fruchtfliege zeigt in Experimenten Lernfähigkeit, d. h. sie kann zwischen Möglichkeiten wählen, ganz zu schweigen von höher organisierten Tieren. In ihrer Summe fußt die menschliche Kultur auf kreativen Akten ungezählter Menschen. Augustin hingegen überschüttet das menschliche Leben mit Fäulnis. In seiner »Einführung in das Denken Augustins« erklärt der Philosophiehistoriker Kurt Flasch, »der Gott Augustins will nicht, dass alle Menschen selig werden«, und nennt folgende Gründe, die Augustin zu seiner Erbsündenlehre führten:

Die von der Kirche geübte oder doch gebilligte Kindertaufe ist notwendig unter der Voraussetzung, die ungetauften Kinder seien ewig verloren. Das kann – wenn Gott gerecht ist – aber nur sein, wenn die Kinder Schuld haben. Und sie haben Schuld, weil die Kirche sie tauft, damit sie nicht verloren gehen. – In dieser Argumentation normiert die Institution Kirche Augustins Theoriebildung. Von nun an wird, was Schuld, was Seele, was Heil ist, von der Institution her gedacht.

Insgesamt sieht Augustin die menschliche Natur als zerstört an: »Verwundet, verletzt, gequält, verloren ist sie; wahres Eingeständnis, nicht falsche Verteidigung hat sie nötig.« Es war unsere Natur, *natura nostra*, die im Paradies gesündigt hat. Demnach ist die menschliche Natur nicht eine Person, sondern das Subjekt des menschlichen Handelns. Durch diese Sünde unserer Natur wurden wir »alle ein einziger Klumpen Dreck« oder »ein Haufen der Sünde«, und Augustin folgert weiter: »Seitdem gebührt allen, sieht man von der Barmherzigkeit Gottes ab, die ewige Verdammung.«

In diesem Denken nimmt der Gott Augustins Züge persönlicher Willkür an. Kurt Flasch pointiert: »Er wird einem spätantiken Imperator immer ähnlicher. Man muss es noch deutlicher sagen: Er wird ein Ungeheuer. Er will nicht, dass alle Menschen gerettet werden. Er erschafft die Mehrheit der Menschen nur zu dem Zweck, um an ihren Höllenqualen seine Gerechtigkeit zu demonstrieren. Er könnte sie retten, wenn er wollte ... Von jetzt an gilt es als eine Antwort, auf die Frage nach dem Grund eines Ereignisses zu sagen: weil Gott es gewollt hat. Warum Gott es gewollt hat, das soll der Mensch nicht zu erkunden suchen.«[60]

In solchen Ausführungen griff der späte Augustin Motive seiner manichäischen Periode in veränderter Form wieder auf und verschärfte damit seine Geringschätzung der Sexualität. Sexuelle Regungen oder gar die Wildheit sexueller Lust werden ihm zu Beweisen der Erbsünde. Da diese zum Verlust der ursprünglichen Gnade führe, setze sie bestialische Regungen frei, deren der Mensch sich schämen muss. Er wurde »dem Viehe gleich und zeugt nun auch wie das Vieh«. Alles, was aus dem Beischlaf geboren wird, nennt er »Sündenfleisch«, das an der Ursünde teilhat. Das führt zu einer Ehelehre, die den stets sündhaften Beischlaf nur dadurch zu entschuldigen vermag, dass die Handelnden nicht die Lust intendieren, sondern den »Zweck« der Ehe. Diese Konstruktion hat sich bis in die kirchliche Ehelehre der Gegenwart gehalten, zwar von Abaelard korrigiert, nicht aber von Albert und Thomas, und von Papst Paul VI. erneut bestätigt.

Augustins Erbsündenlehre zu verteidigen, ist nicht möglich. Sie blieb bis zu Luther und dem Jansenismus eine lebendige Kraft, wenngleich sie danach nur noch durch Abschwächung verteidigt wurde. Ihre Folgen von Sündenangst und einem ständigen schlechten Gewissen haben alle christlichen Generationen erlitten. Vielen wurde die Ehe vergällt, die Sexualität von Jugend auf madig gemacht, auch wenn dieses kirchliche Machtinstrument, damit über die Menschen zu herrschen, seit einigen Jahrzehnten verschlissen ist. Die Empörung darüber aber lodert noch einmal auf, wenn die Forschung uns ins Bild setzt, welche Mittel und Begleiterscheinungen Augustin akzeptierte, um seine Erbsündenlehre kirchlich durchzudrücken.

---

60 Kurt Flasch, Augustin. Einführung in sein Denken, Stuttgart ³2003, 195–203.

Augustins theologische Nachhilfe mit 80 numidischen Zuchthengsten

In Pelagius (um 350–420), einem britischen Mönch, erwuchs Augustin ein Gegner seiner Erbsündenlehre. Pelagius war der Auffassung, Augustins Lehre laufe darauf hinaus, den Manichäismus in das Christentum einzuführen. Er klagte Augustin an, einen heidnischen Fatalismus zu lehren, als sei er eine christliche Doktrin. Als der westgotische Heerführer Alarich I. Rom im Jahr 410 plünderte, floh Pelagius nach Karthago, rückte damit Augustin nahe und kam in einen verschärften Konflikt mit ihm. Zwar wurde Pelagius 415 auf einer Synode vom Vorwurf der Häresie freigesprochen, doch Augustinus hatte bereits eine wirksame Kampagne in Gang gebracht, Pelagius als Häretiker auszuweisen.

Pelagius verfocht im Gegensatz zu Augustinus eine positive Anthropologie: Der Mensch sei wesenhaft gut und der menschliche Wille imstande, aufgrund seines natürlichen Vermögens Gottes Geboten zu gehorchen. Durch Askese und permanente Übung sei die menschliche Natur zu stärken, gemäß der Formel »Du kannst, weil du willst«. Im Bestreben, den Manichäismus als Häresie zu widerlegen, betonte er die Freiheit des Willens, der als eine Gabe Gottes niemals von der Sünde korrumpiert werden könne.

Weitergeführt und zu philosophischer Reife gebracht wurde der Ansatz des Pelagius im Werk des Julian von Eclanum (386–455), Bischof und führender Theologe des Pelagianismus, der Augustin in einer Reihe von Schriften die Stirn bot. Julian war als erster bemüht, die Lehren des Pelagius zu durchdenken. Die Willensfreiheit, die den Menschen erst zu Gottes Ebenbild mache, könne auch durch die Sünde nicht verloren gehen, denn die Sünde verändere nicht die natürliche Beschaffenheit des Menschen. Julian sah in Augustins Erbsündenlehre einen Widerspruch in sich, weil mit dieser Lehre Gott zum Urheber des Bösen werde. Die Gnade Gottes wirke nicht in Erwählung und Vorherbestimmung, sondern in körperlichen und geistigen Begabungen des Menschen, der für sein Heil selbst verantwortlich sei. Mit der Hilfe des göttlichen Heilswillens könne der Mensch – auch der Heide! – alle Gebote erfüllen und so durch den Gebrauch seines freien Willens die ewige Seligkeit erringen.

Julians Denken versuchte, das Menschenbild der antiken Philosophie gegen Augustins »neue Lehre« zu schützen. Dennoch konnte er sich im lateinischen Bereich der Kirche nicht durchsetzen, weil er dem Einfluss und den Machenschaften Augustins nicht gewachsen war, was weitreichende Folgen für die Geschichte des abendländischen Christentums bis in die Gegenwart hinein hatte. Als nämlich Augustins Parteigänger auf

Konzilien von der Gegenseite überstimmt wurden, zögerte Augustin keinen Moment – immer schon der Staatsmacht nahestehend –, sich mit dieser zu verbünden, um die Vertreter des Pelagius mundtot zu machen. 416 wurde Pelagius auf den Synoden von Karthago und Milevum verurteilt. Anfang 417 erfolgte die Exkommunikation durch den römischen Bischof Innozenz I. Dazu hatte Innozenz ein langes persönliches Schreiben von Augustin erhalten, das eine scharfe Attacke gegen Pelagius ritt. Augustin führte darin aus – mit den Worten des Althistorikers Peter Brown – dass die pelagianischen Ideen »in letzter Konsequenz die Grundlagen der bischöflichen Autorität untergraben«. Ein Einlenken gegenüber den Pelagianern würde die der katholischen Kirche »erst neuerdings zugewachsene gewaltige Autorität« aufheben, »die als einzige Macht der Welt den Menschen aus seiner sündigen Selbstverstrickung ›befreien‹ könne«.

Dem römischen Bischof wurde auf diese Weise die Brauchbarkeit der augustinischen Erbsündenlehre vor Augen geführt, denn wenn die Menschennatur tatsächlich so verderbt darniederliegt, wie Augustin sie darstellte, könne sie ohne Einwirkung einer äußeren Macht, der auf übernatürlicher Ebene die göttliche Gnade entspricht, nicht heil werden. Die Religionshistorikerin Elaine Pagels beschreibt die dramatischen Vorgänge:

> Bis zum Jahr 417 hatte sich die Atmosphäre der Feindseligkeit zwischen Anhängern und Gegnern des Pelagianismus so stark aufgeheizt, dass sich die beiden Parteien in der Stadt Rom regelrechte Straßenkämpfe lieferten ... Nach Innozenz' Tod (417) wurde der Pelagianismus von seinem Nachfolger Zosimus zunächst für rechtgläubig erklärt; aber auf den massiven Einspruch der Kirche von Afrika hin schwenkte Zosimus auf Augustins Linie ein, und Pelagius wurde exkommuniziert.
>
> Um die fragliche Zeit brauchten sich die katholischen Bischöfe für die Durchsetzung ihrer Interessen nicht mehr auf kirchliche Disziplinierungsmaßnahmen wie Tadel und Verweis zu beschränken, sondern verstanden es bereits sehr gut, die Staatsmacht vor ihren Karren zu spannen. Während der Kampagne gegen den Pelagianismus und seine Anhänger (unter denen sich viele einflussreiche Römer befanden) buhlten Augustinus und die anderen Bischöfe der Kirche von Afrika ganz schamlos um die Unterstützung der weltlichen Machthaber. Augustins Freund und Amtsbruder Alypius reiste mit achtzig numidischen Zuchthengsten als »Schmiergeld« im Begleitgut von Nordafrika an den Hof nach Rom, wo seine Politik der offenen Hand mit offenen Ohren für das antipelagianische Anliegen belohnt wurde. Augustinus konnte mit dem Resultat zufrieden sein: Im April 418 sprach Papst Zosimus die Exkommunikation über Pelagius aus, und gleichzeitig verhängte Kaiser Honorius Entehrung, Strafe und Verbannung über den frischgebackenen Ketzer.[61]

---

61 Elaine Pagels, Adam, Eva und die Schlange. Die Theologie der Sünde, Reinbek 1991, 265 f.

Natürlich handelt keine Dogmengeschichte davon, dass achtzig numidische Hengste dazu beigetragen haben, die Wahrheit des Glaubens ans Licht zu bringen. Dieses stattliche Aufgebot für die kaiserliche Kavallerie war überzeugender als der klügste und mutigste Mann aus der nächsten Bischofsgeneration, Julian von Eclanum, der den alternden Bischof von Hippo in eine publizistische Kontroverse verwickelte, die den Apologeten der Erbsündentheorie in den letzten zwölf Jahren seines Lebens am Schreibtisch häufig genug in Schweiß und Rage brachte. Bis zu seinem Tode schrieb Augustin an sechs Büchern, das *Opus imperfectum contra Iulianum* genannt, um diesen Gegner zu widerlegen, doch ohne mit ihm fertig zu werden. Als einer von achtzehn italienischen Bischöfen hatte sich Julian geweigert, die 418 von Zosimus verfasste *Epistola Tractatoria*, welche die Lehren des Pelagius verdammte, zu unterschreiben. Daher wurde er von Kaiser Honorius abgesetzt und musste 421 Italien verlassen. Julian hatte das Pech, nicht genügend Beziehungen aktivieren zu können, am wenigsten Kaiser und Papst, somit wurde er verdammt und vergessen. Seine späteren Versuche, die Verurteilung des Pelagianismus aufheben zu lassen, scheiterten und führten nur zu weiteren Verdammungen durch Coelestin I., Sixtus III. und Leo den Großen. Im Jahr 431 machte die Verurteilung des Pelagianismus durch das Konzil von Ephesus jede neue Unterstützung zunichte.

Augustins Sündenlehre bedeutete einen radikalen Bruch mit der voraufgegangenen Glaubenstradition. Für viele Christen dieser Zeit verstieß die Erbsündedoktrin gegen die Grundpfeiler der christlichen Überzeugung, dass Gott eine gute Welt geschaffen habe und dass der Mensch über Willensfreiheit verfüge. Julian versuchte, diese Überzeugungen wieder einer seriösen Diskussion unter Theologen zu erschließen. Dabei konnte er sich der Argumentation älterer Kirchenlehrer als auch des Johannes Chrysostomos bedienen, um die augustinische Erbsündentheorie ad absurdum zu führen.

Der Vorstellung von einer »Erbsünde« hielt Julian entgegen, dass das Vermögen »eines Einzelnen nicht derart ist, dass es das Gefüge des Weltalls verändern könnte«. Für Julian bestand der Irrtum Augustins darin, den gegebenen Naturzustand als eine Strafe anzusehen und die menschliche Natur als so zerstört, dass sie »ein einziger Klumpen Dreck« geworden sei und jeder Mensch bei seiner Geburt nichts als ein unwissender Fleischklumpen, ein Sklave der Sinnlichkeit und der Leidenschaft, bar aller Vernunft. Er zerpflückte die augustinische Lesart der Schöpfungsgeschichte und pointierte: »Ich habe den Beweis erbracht, dass vieles an den Dingen, die er sich ausgedacht hat, falsch, anderes töricht und wiederum anderes gotteslästerlich ist.« Die Ansicht, dass die Schmerzen des Gebärens durch die Sünde in die Welt gekommen seien, hält er für einen Wahnsinn, denn schmerzhafte Wehen und die Mühsal der körperlichen Arbeit gehörten zu den »natürlichen Lebensumständen der Geschlechter«, die mit Sündhaftigkeit nichts zu tun haben. Außerdem sei zu bedenken, dass unter extremen Schmerzen zu gebären, kein allgemeines »Gesetz« ist, wie die Erfahrungen bei gewissen Barbaren- und Nomadenvölkern lehre, wo viele Frauen ihre Kinder leicht gebären, auch Bauernweiber in der Regel keinen Arzt brauchen, um zu entbinden, während dort, wo Luxus und Verweichlichung herrschen, auch andere Erfahrungen gemacht werden. Ebenfalls hält er den Tod für eine natürliche und notwendige Bedingung der menschlichen Existenz. Alles in allem beweist Julian von Eclanum mehr Nüchternheit und einen besseren Realitätssinn, doch hat es die durch Bestechung zum Erfolg geführte Erbsündenlehre erreicht, die ganze Christenheit in ein permanentes Sünden- und Schuldbewusstsein zu stürzen, die Sexualität für alle weiteren Zeiten zu verteufeln und das Christentum als Erlösungsreligion zu fördern.

Was Luther verfehlt hat und die Evangelische Kirche heute nicht anzupacken wagt

Seitdem ruht das kirchlich verwaltete Christentum auf dem Fundament der Erbsünde. Es ist zwar ein morsches Fundament und nicht belastbar, gilt der reinen Lehre aber immer noch als Begründung für die Erlösungsbedürftigkeit der Menschheit. Paulus hat als erster die sündigen Paradieseltern in Haft genommen, sodass seitdem die Schöpfung ächzt und auf Erlösung wartet. Augustin hat diesen Ansatz massiv weiterentwickelt – mit Bestechung und Vitamin B – und aus dem Apfelbiss, der Jesus nie beschäftigte, den Sündenfall der ganzen Menschheit, die Verderbtheit der Natur und die Herrschaft des Teufels entfaltet.

Auch dem Reformator Martin Luther war die Erbsündenlehre willkommen, denn ohne dieses Konstrukt »funktioniert weder die lutherische noch die römische Erlösungstheorie« (Kurt Flasch). Er übernahm die Position Augustins und überbot sie mit seiner Lehre, die Sünde habe den Menschen in seiner leib-seelischen Gesamtheit deformiert und ihn zu jeglicher guten Handlung unfähig gemacht. In Röm 9,18 übersetzte er überspitzt: »Gott erbarmt sich, wessen er will, und macht verstockt, wen er will.« Damit vertritt Luther eine Vorherbestimmung des Menschen und die Bestreitung seiner Willensfreiheit, sodass dieser bei eigener Ohnmacht ganz dem Verfügen Gottes ausgesetzt ist: »So ist der menschliche Wille in die Mitte gestellt wie ein Zugtier. Wenn Gott sich darauf gesetzt hat, will er und geht, wohin Gott will ... Wenn Satan sich darauf gesetzt hat, will und geht er, wohin Satan will. Und es steht nicht in seiner freien Entscheidung, zu einem von beiden Reitern zu laufen ...«

Diesem Denken Luthers widersprach Erasmus von Rotterdam mit seiner Streitschrift *De libero arbitrio* (»Über den freien Willen«) vom September 1524. Erasmus betont darin, dass es ohne Freiheit kein moralisches Leben gibt. Die Erbsünde habe die Fähigkeit des Menschen zum Guten nicht zerstört. Kraft des freien Willens könne sich der Mensch auf den Weg zum Heil machen oder auch davon entfernen, doch seien freier Wille und Verantwortlichkeit aneinander gebunden. Alle Mahnungen zur Umkehr seien nutzlos und widersinnig, wenn der Mensch zum Guten oder zum Bösen vorherbestimmt sei und keine Freiheit habe, sich eigenverantwortlich zu entscheiden. Dann nämlich würde Gott mit seiner Verwerfung bestrafen, was er selbst als menschliches Schicksal bestimmt hat. Das nimmt dem Gottesverständnis jeden Sinn.

Der EKD-Grundlagentext *Rechtfertigung und Freiheit* zum Reformationsjubiläum 2017 hat es vermieden, diesen fundamentalen Konflikt zwischen Luther und Erasmus aufzuarbeiten, wie überhaupt dieser Jubiläumsanlass versäumte, sich nach einem halben Jahrtausend anzuschauen, welche Traditionen noch tragen und welche brüchig wurden. Betont wird: »Wenn der Mensch allein aus Gnade gerechtfertigt wird, dann können seine Werke keine, auch nicht die geringste Rolle spielen ... Allein durch den Glauben heißt eben ›nicht durch Werke‹. Der Mensch muss sich Gottes Gnade gefallen lassen, er muss aushalten, dass er selbst nichts zu seiner Rechtfertigung beitragen kann.«[62] Insgesamt weiß auch dieser »Grundlagentext« fraglos über Gott Bescheid, was Gott denkt, erwartet und begnadet. Ohne Einschränkung bestreiten Paulus und Augustin weiterhin mit ihrer Erlösungstheologie das christliche Glaubensbewusstsein. Was inzwischen in Sachen Sünde, Erbsünde, Verwerfung und Erlösung an Einwänden und Problemen vorgetragen wurde, bleibt ausgesperrt. Allerdings hat der Schriftsteller Friedrich Christian Delius während der Reformationsfeiern 2017 Luther von seinem Denkmalsockel geholt und mit ihm ein fiktives Gespräch geführt:

---

62 Rechtfertigung und Freiheit. 500 Jahre Reformation 2017. Ein Grundlagentext des Rates der Evangelischen Kirche in Deutschland (EKD), hg. vom Kirchenamt der EKD, Gütersloh 2014, Kap. 2.6.1.

Würden Sie heute, wenn Sie es könnten, Ihren Verehrern und Nachfolgern, den heutigen Kirchenmännern und Kirchenfrauen, etwas mehr Mut einhauchen, dies wacklige Dogma anzutasten? Den Mut, das Thema Sünde nicht nur mit spitzen Fingern anzufassen? Können die nicht einen Beitrag zum Lutherjahr leisten, nämlich den: nicht kneifen vor dem höllischen Aufwand sowie den möglichen Konsequenzen, die theologische Panscherei der Erbsünde beenden, die ganze Sündentheorie neu durchdenken, revidieren, radikal reformieren? Bei Fragen der Ethik mehr auf sachkundige Philosophen hören? Die Erbsünde mit Verstand in die Tonne treten, es sich bei der Frage der Böswerdung des Menschen nicht mehr so dämlich einfach machen und Gut und Böse besser justieren? Zumal, anders als um 418, die Zeiten der Staatsreligion vorbei sind?

Ja, sagen hier vielleicht manche, das ist doch längst geschehen, kein moderner Christ glaubt noch daran, dass der Mensch erbsündig vergiftet sei, weil Adam am Anfang der Schöpfung gesündigt habe. Geblieben sei das, was man heute Entfremdung oder unglückliches Bewusstsein nenne und wofür Sie einst die Formel gefunden hätten, der Mensch sei »in sich selbst verkrümmt«. Schon möglich, würde ich antworten, aber solange die Gleichung Mensch gleich Sünder in den Kirchen gilt und die Angst regiert, eintausendsechshundert Jahre alte, hochproblematische Dogmen anzutasten, bleibt die Reformation eine halbe, eine verkorkste Sache.

Die Angst vor solchem Mut, die Angst vor neuen weniger lebensfeindlichen Reinheitsgeboten kann man verstehen. Die gleiche Angst, dass hier ein Grundpfeiler des Christentums angetastet wird, mit dem die Kirche steht und fällt, hat man in Ihren Kreisen 1517 doch auch gehabt, oder? Und haben Sie da ängstlich reagiert? Na also. Dabei brauchen die heutigen macht- und angsthabenden Kirchenvertreter gar nicht so viel Angst zu haben: In den Jahrhunderten vor Augustinus hat das Christentum doch ganz ordentlich gewirkt. Und wer es genauer betrachtet, wird zugeben müssen: wahrscheinlich sogar besser.[63]

Hier wie immer gilt das Wort von David Friedrich Strauß: »Die wahre Kritik des Dogmas ist seine Geschichte.«

---

63 Friedrich Christian Delius, Warum Luther die Reformation versemmelt hat. Eine Streitschrift, Reinbek 2017, 44–46.

8. Die allerseligste Jungfrau und Gottesmutter Maria

»Der Marienkult ist nicht nur heidnisch schön, sondern vor allen Dingen auch ein sehr kluger Kult. Die Madonna ist schlichter als Christus, sie steht dem Herzen näher, in ihr gibt es keine Widersprüche, sie droht nicht mit der Hölle. Sie ist ganz Liebe, ganz Mitleid und Vergebung …«

Maxim Gorki

»Ein Bedürfnis, so dringend es auch sei, kann doch nicht das Unmögliche möglich machen.«

Friedrich Wilhelm Joseph Schelling

Der christliche Glaube soll in der »Heiligen Schrift« sein Fundament haben, das gilt allgemein. Die Evangelische Kirche pointiert sogar: *Sola scriptura!* Nichts neben der Schrift! Im Blick auf Maria und die mit ihr verbundene Theologie bereitet dieses Schriftprinzip freilich große Schwierigkeiten, denn so unermesslich hoch und breit sich der marianische Himmel entfaltet, so irritierend klein und schwach ist das biblische Fundament.

Das neutestamentliche Zeugnis

Zum Fundament können zunächst die Kindheitserzählungen des Lukas und Matthäus zählen, wenngleich sie legendarisch sind und einander widersprechen. Bei Lukas kehren Josef und Maria nach Nazaret zurück, bei Matthäus fliehen sie nach Ägypten. Beachtenswerter ist, dass sich beide eine jungfräuliche Geburt vorstellen, unter den Bedingungen ihrer Zeit als einen Eingriff aus dem Jenseits, der eine menschliche Vaterschaft aufhebt. Ein solch zeitbedingtes Mirakel schließt sich für heutiges Denken aus, weil nirgendwo in der erfahrbaren Welt etwas bewirkt wird, dessen Ursachen außerhalb der Welt liegen. Eine doppelstöckige Wirklichkeit ist auszuschließen. Eine »Jungfrauengeburt« würde alle reale Erfahrung infrage stellen, das kritische Denken obendrein. Roger Lenaers ergänzt, wegen des Fehlens eines Y-Chromosoms sei als Frucht einer Jungfrauenzeugung überdies nur ein Mädchen zu erwarten. Dem Wort Jungfrau ist also die wörtliche Bedeutung zu nehmen. In einem symbolischen Verständnis darf interpretiert werden, dass dieser von Josef und Maria gezeugte Jesus in seiner menschlichen Bedingtheit *von Gott her* verstanden werden will.

Bleiben wir bei neutestamentlichen Auskünften, so war Jesus (vermutlich der älteste) von vier nachfolgenden Brüdern. Sie hießen Jakobus, Josef, Judas und Simon; seine Schwestern werden erwähnt, aber nicht mit Zahl und Namen genannt (Mk 6,3). Also eine zeitübliche große Familie, an die mehrfach im Neuen Testament erinnert wird. Mk 3,31 ff. und Joh 2,12 nennen »die Mutter und die Brüder« in engem Zusammenhang (vgl. auch Joh 7,5). Von diesen Brüdern wird Jakobus in der frühesten Jerusalemer Gemeinde durchgehend als »Herrenbruder« bezeichnet (Gal 1,19; 2,9.12; Apg 12,17; 15,13; 21,18; 1 Kor 15,7; Jak 11,1; Jud 1). Auch der jüdische Geschichtsschreiber Josephus spricht von dem »Bruder Jesu, der Christus genannt wurde« (Ant 20,9,1). Selbst die aus einer Planungsgruppe der deutschen katholischen Bischöfe hervorgegangene »Einheitsübersetzung« der Bibel bezeichnet Jakobus in ihren Einleitungen mit Selbstverständlichkeit als »Bruder des Herrn« – wenngleich ohne Konsequenzen, denn die Dogmen, nach denen Maria nur Jesus als einzigen Sohn hatte, der keinen irdischen Vater besaß und dessen wunderbare Geburt ihre Jungfräulichkeit nicht aufhob, bleiben von alldem unberührt, als gebe es in den Evangelien keine Geschwister Jesu. Wie schon Augustinus formulierte: Maria »ist Jungfrau geblieben, als sie ihren Sohn empfing, Jungfrau, als sie ihn gebar, Jungfrau, als sie ihn trug, Jungfrau, als sie ihn an ihrer Brust nährte. Allzeit Jungfrau« (Serm. 186,1). Ebenso lehrt der »Katechismus der Katholischen Kirche«:

> Ein vertieftes Verständnis ihres Glaubens an die jungfräuliche Mutterschaft Marias führte die Kirche zum Bekenntnis, dass Maria stets wirklich Jungfrau geblieben ist [vgl. DS 427], auch bei der Geburt des menschgewordenen Gottessohnes [vgl. DS 291; 294; 442; 503; 571; 1880]. Durch seine Geburt hat ihr Sohn »ihre jungfräuliche Unversehrtheit nicht gemindert, sondern geheiligt« (LG 57). Die Liturgie der Kirche preist Maria als die »allzeit Jungfräuliche«. Man wendet manchmal dagegen ein, in der Schrift sei von Brüdern und Schwestern Jesu die Rede. Die Kirche hat diese Stellen immer in dem Sinn verstanden, dass sie nicht weitere Kinder der Jungfrau Maria betreffen. In der Tat sind Jakobus und Josef, die als »Brüder Jesu« bezeichnet werden (Mt 13,55), die Söhne einer Maria, welche Jüngerin Jesu war [vgl. Mt 27,56.] und bezeichnenderweise »die andere Maria« genannt wird (Mt 28,1). Gemäß einer bekannten Ausdrucksweise des Alten Testamentes [vgl. z. B. Gen 13,8; 14,16; 29,15] handelt es sich dabei um nahe Verwandte Jesu [Nr. 499; 500].

Zwar hat »die Kirche diese Stellen immer in dem Sinn verstanden, dass sie nicht weitere Kinder der Jungfrau Maria betreffen«, konnte diese Position aber nur deshalb behaupten, weil sie sich den Einwänden der historisch-kritischen Exegese nicht stellt. Mit deren pauschaler Abwehr mag sie das Dogma durch Unkenntnis schützen, verliert darüber aber ihre Glaubwürdigkeit. Die katholische Frömmigkeitsgeschichte mit ihrer überbordenden Marienfrömmigkeit und zahllosen Marienwallfahrtsorten machen »die allerheiligste Jungfrau und Gottesmutter Maria« zu einer nicht mehr hinterfragten Glaubensnorm: Die »Erscheinungen« an tausendundeinem Wallfahrtsort stabilisieren diesen Glauben. Bildbenennungen der Kunstgeschichte wie »Muttergottes« oder »Immaculata« transportieren die mythischen Chiffren sogar in die allgemeine Öffentlichkeit.

Im Reich Gottes gilt eine andere Verwandtschaft

Aber die bisher benannten Verwandtschaftsverhältnisse in der Familie von Josef und Maria in Nazaret gewinnen eine weitere Beleuchtung durch die kritischen Worte, die angesichts eines unterstellten innigen Mutter-Sohn-Verhältnisses in den Evangelien überliefert sind. In der orientalischen und mediterranen Welt ist die Familie eine geschlossene Welt. Deren allgemein anerkannte Herrschaft, Macht und Gültigkeit stellt Jesus in Frage:

> Wer nicht seinen Vater und seine Mutter hassen kann, der kann nicht mein Jünger sein. Und wer nicht seine Brüder und Schwestern hassen und sein Kreuz nicht tragen kann wie ich, der ist meiner nicht wert (Thomasevangelium 55).

> Jesu Mutter und seine Brüder wollten zu ihm. Sie blieben vor dem Haus stehen und schickten jemanden hinein, ihn zu rufen. Er saß drinnen im Kreise vieler Zuhörer, und man sagte ihm: »Deine Mutter und deine Geschwister sind da, sie stehen draußen und wollen zu dir.« Er erwiderte: »Wer ist denn das, meine Mutter und meine Geschwister?« Er blickte um sich auf die, welche um ihn herumsaßen, und sagte: »Das ist meine Mutter, das sind meine Geschwister. Denn jeder, der den Willen Gottes tut, der ist mein Bruder, meine Schwester, meine Mutter« (Mk 3,31–35).

> Als Jesus so redete, rief eine Frau aus dem Volk: »Selig ist die Frau, deren Leib dich getragen hat und an deren Brust du gesogen hast.« Jesus erwiderte: »Ja, selig sind die, die Gottes Wort hören und halten« (Spruchquelle Q, Lk 11,27 f.).

> Ihr sollt nicht denken, ich sei ein Friedensapostel. Nein, ich bringe Ärger und Streit. Ab jetzt wird sich eine fünfköpfige Familie so zerstreiten, dass drei gegen

zwei stehen und zwei gegen drei. Der Vater wird sich mit dem Sohn zerstreiten, die Mutter mit der Tochter und die Schwiegermutter mit der Schwiegertochter« (Spruchquelle Q; Lk 12,51–53; Mt 10,34–36).

Die beiden ersten Aussagen bestreiten geradewegs den Exklusivanspruch der Familie und stellen ihr eine offene Gesellschaft gegenüber für alle, die dazu gehören wollen. Im dritten Zitat wird abgestritten, dass eine Frau über einen berühmten Sohn Bedeutung gewinnt. Jesus verneint dies zugunsten einer Seligkeit, die jeder gewinnen kann, ohne dass Geschlecht und Familienstand eine Rolle spielen. Die letzte Aussage klärt schließlich die Zielrichtung der familienkritischen Urteile Jesu: Es sind die Machtverhältnisse der levantinischen Familie, die den Sohn, die Tochter und Schwiegertochter der Autorität der Eltern, zumal des Vaters unterstellen. Die Familie bildet die Gesellschaft in ihren Hierarchien und Zwängen ab. Ihr gegenüber proklamiert Jesus eine offene Gesellschaft, die niemanden ausgrenzt.

Dieser Jesus hat mit dem Kirchen-Jesus der meisten Gebete, Lieder und Bilder nichts gemeinsam. Sein Programm ist eher kirchensprengend, vor allem wenn man die bürgerlich-folkloristische Gemeindegestalt der westlichen Gesellschaften in den Blick nimmt. Die Wandermissionare, die Jesus zu ihrem Tun angeleitet hatte und die nach seinem Tod in radikaler Armut durch die galiläisch-südsyrische Landschaft zogen, betrieben auch keine Gemeindegründung nach Art des Paulus in den Städten der hellenistischen Welt. Der unorganisierte Charakter ihrer Tätigkeiten ist noch erkennbar: Männer und Frauen suchten durchweg zu zweit einzelne Häuser auf und verkündeten eine Gottesherrschaft radikaler Gleichheit. Die Texte dieser Traditionsschicht sind – bei kritischem Vergleich – so weit transparent, dass sie das ursprüngliche Reden und Tun Jesu noch durchscheinen lassen. Aber sofern Jesu Programm überhaupt in heutiges Verständnis übersetzt werden kann, mutet es sehr fremd an. Darum gab es in den ersten christlichen Jahrhunderten auch keinerlei belegbare Marienverehrung.

Antike Vorläufer und das Konzil von Ephesus

Die christologischen Konzilien von Nicäa bis Chalkedon versuchten in immer neuen Ansätzen seit 325 das Gottesverhältnis Christi zu bestimmen. Als dann im Jahr 431 das Konzil zu Ephesus tagte, wurde als Nebenresultat der Mutter Jesu das Prädikat »Gottesmutter« zugebilligt, genauer übersetzt »Gottesgebärerin« (*theotokos*). Vorher war diese Bezeichnung nur eine gewisse *façon de dire*, nun aber wurde jeder Angriff auf diesen Terminus, und damit auch wohl jeder Präzisierungsversuch, schlankweg mit dem Bann belegt. Der Begriff *theotokos* setzte sich durch und trat einen Siegeszug ohnegleichen an.

Wollten Juden die Rede von Maria als »Gottesmutter« in ihre Sprache übersetzen, wäre für sie die Gotteslästerung vollkommen: »Mutter JHWHs«? Allein diese Formel verweist auf die unendliche Entfremdung, welche die christliche Theologie in vierhundert Jahren ohne jüdisches Problembewusstsein genommen hat. Die Entwicklung wird jedoch nachvollziehbar, wenn wir ihre Vorläufer in der Alten Welt bedenken, die auch in der Spätantike noch bekannt waren.

Auf den ersten Blick könnte es zwar scheinen, als sei die Mariologie ein Nebenprodukt der Christologie, zumal es in Ephesus primär um die Göttlichkeit ihres Sohnes ging. In Wirklichkeit aber dürfte die Rede von der »Gottesmutter« ein Bedürfnis freigelegt haben, das unendliche Zeiten früher bereits in der Verehrung der göttlichen Mutter und Himmelskönigin ihren Ausdruck fand. Die babylonisch-assyrische Ischtar hieß »Königin des Himmels und der Sterne«. In Jerusalem ist der Kult der Göttin Aschera vom 10. bis 7. Jahrhundert v. Chr. durchgehend belegt. Während der Reform des Königs Joschija wurde ihr Kult abgeschafft, lebte aber nach dessen Scheitern in der Verehrung der Himmelskönigin Astarte gleich wieder auf (Jer 7,18; 44,17–19). Man sagt auch, die in Ephesus in den Rang einer Gottesgebärerin erhobene Maria habe die dort verehrte Göttin Artemis abgelöst. Gewiss aber ist das Bild der stillenden Isis fast unmerklich von der stillenden Maria weitergeführt worden.

Isis und Hathor als Personifikationen der Gottesmutterschaft vereinen in sich alle Aspekte, die man in der Tradition Ägyptens über die Würde der Gottesmutter zu benennen wusste. Die Vielzahl der einschlägigen Darstellungen in der griechisch-römischen Zeit manifestiert die Dichte des Volksglaubens und das Bestreben der Verehrer der Muttergottheit, in ihrem Schutz geborgen zu sein. Die Grundlagen zu einer »Marienfrömmigkeit« sind mit diesen Kulten der Gottesmutter in Ägypten gelegt worden.

Ob neue Religionen sich durchsetzen und vor allem im Volk Resonanz finden, hängt wesentlich davon ab, ob sie Funktionen der alten Religion ersetzen können. In die Marienbildnisse der Kirche sind Mythen und Träume, Sehnsüchte und Bedürfnisse eingeflossen, die Menschen als psychische Grundausstattung in sich trugen. Was immer der Marienkult an Vorstellungen birgt, die Leben und Tod umgreifen, eine Mutter, die ihren schützenden Mantel über Städte und Länder breitet, ist von der neutestamentlichen Mutter Jesu nicht ableitbar. Hier meldet sich das Verlangen nach erlöstem und behütetem Menschsein und verweist auf strukturelle Ähnlichkeiten zwischen Maria und den Muttergottheiten der antiken Welt.

Die Dogmen von der unbefleckten Empfängnis und der Himmelfahrt Mariä

Der kirchenamtliche Glaube konnte zu keiner Zeit gegenüber volkstümlichen Anschauungen abgegrenzt werden. Als frühes Beispiel mag das Fest der »Entschlafung Marias« dienen, das die katholische Kirche als »Mariä Himmelfahrt« feiert. Am Anfang steht ein fiktives Sterbeprotokoll unbekannter Herkunft, das im 5. Jahrhundert über Tod und Himmelfahrt der göttlichen Jungfrau berichtet. Es erzählt, drei Tage vor ihrem Tod habe ein Engel Maria das Ereignis angekündigt, woraufhin sie ihre Verwandten und Bekannten zu sich rief. Gekommen seien aber auch alle Apostel, ohne benachrichtigt gewesen zu sein. Wolken hätten sie durch die Lüfte schweben lassen und vor Marias Haustür abgesetzt. Sie hätten bei ihr verharrt, betend und Psalmen singend. Dann sei Christus zur angekündigten Stunde erschienen, von Engeln begleitet, um Marias Seele in seine Hände zu nehmen und in den Himmel zu bringen.

Der spätantike Anonymus, der aus dem Hinübergang Marias diese anschauliche Geschichte machte, erfüllte ein offenkundiges Bedürfnis. Seitdem wurde am 15. August in Jerusalem das Fest der »Entschlafung Marias« begangen. Die anfangs immer noch damit verbundene zweifelnde Zurückhaltung wurde im späten Mittelalter durch eine visionär beglaubigte Gewissheit verdrängt. Als sich Birgitta von Schweden (†1373) in ihren beiden letzten Lebensjahren in Jerusalem aufhielt und das Grab Marias besuchte, sei ihr, wie sie in einer ihrer Visionen berichtet, die göttliche Jungfrau in strahlendem Lichterglanz erschienen und habe gesagt: Fünfzehn Tage lang habe sie in diesem Grab gelegen und sei danach mit grenzenlosem Jubel in den Himmel aufgenommen worden.

Diese Vision auf schwankender Grundlage wurde zum Unterpfand historischer Richtigkeit, als Papst Pius XII. am 1. November 1950 die »leibliche Aufnahme Mariens in den Himmel« als Dogma verkündete. Das hätte Theologen zu Kritik wenn nicht Spott treiben müssen, stattdessen erklärte der damals dominante Dogmatiker Michael Schmaus, wenn die Kirche so spreche, lege dies der in der Kirche wirkende Heilige Geist als der Inspirator der Schrift aus, sodass die Auslegung durch die Kirche Selbstauslegung des Heiligen Geistes sei.

Das rund hundert Jahre früher von Papst Pius IX. 1854 verkündete Dogma, »dass die allerseligste Jungfrau Maria im ersten Augenblick ihrer Empfängnis ... von jedem Makel der Erbsünde bewahrt blieb«, sollte das Problem bereinigen, eine von der Erbsünde belastete (ungetaufte) Frau könne nicht »Gottes Mutter« sein. Um diesem Defekt auszuweichen, habe Gott schon vor aller Zeit eine besondere Mutter ausgewählt: Maria. Um den Sohn Gottes zu gebären, stattete er sie mit mehr Gnadengaben aus als alle Engel und Heiligen. Seit Anbeginn blieb sie ohne den Makel der Erbsünde.

Im Hintergrund dieses Denkens steht Augustinus. Infolge der Sünde Adams und Evas wird der Mensch seit seiner Vertreibung aus dem Paradies mit der Erbsünde geboren, ausgelöst durch eine List des Teufels. Alle Übel der Welt werden daraus erklärt, selbst Naturkatastrophen, um die anfänglich gute Schöpfung Gottes in ihrer Verderbtheit zu verstehen. In seiner Bulle *Ineffabilis Deus* (»Der unaussprechliche Gott«) hatte Pius IX. abschließend gedroht: »Wenn jemand, was Gott verhüten wolle, anders im Herzen zu denken wagt, als von Uns entschieden ist, der soll wissen und wohl bedenken, dass er sich selbst das Urteil gesprochen hat, dass er im Glauben Schiffbruch erlitten hat und von der Einheit der Kirche abgefallen ist.« Im Jahr 2015 antwortete auf dieses »Erbsündenkonstrukt« der Freiburger Fundamentaltheologe Magnus Striet: »Ich kann mir nicht vorstellen, dass diese Erklärung heute noch von einem auch nur halbwegs ernsthaft denkenden Menschen akzeptiert wird.« Doch verfallen diese einigermaßen denkenden Menschen gemäß Schlussformel des päpstlichen Dokuments »den vom kirchlichen Recht bestimmten Strafen, wenn sie das, was sie im Herzen sinnen, mündlich oder schriftlich oder auf was immer für eine Weise nach außen hin zur Kenntnis zu geben wagen«.

Oder ist es denkbar, dass die Kirche gar selbst im Glauben Schiffbruch erlitten hat?

Das Zeitalter der Marienerscheinungen

Die Mariendogmen von 1854 und 1950 stehen in einer langen Tradition seit Ephesus, wenngleich in unterschiedlichen Wandlungen. Aus der Spätantike und dem frühen Mittelalter zeigen byzantinische und romanische Darstellungen Maria als Königin, kostbar bekleidet, im Gestus reserviert, sogar abweisend. Alles Subjektive und Emotionale fehlt. Autoritärer und repräsentativer Geist zelebrieren eine Hoheit, die nicht dem Volke entstammt, sondern diesem in Überhöhung der cäsaropapistischen Hofhaltung entgegentritt. Erst mit der städtisch-bürgerlichen Laienkultur der Gotik entstehen Madonnenbilder, die zum Gemüthaftesten gehören, was die Kunstgeschichte kennt. Szenen des Marienlebens gestatten dem Betrachter vielfältige Identifikationen. Schutzmantelbilder und -lieder zeigen der Christenheit die gemeinsame Mutter. Überreich werden im späteren Mittelalter die Marienklagen. Sie beweinen den blutigen Tod ihres Sohnes am Kreuze. Gleichzeitig vermehren sich die Bildwerke, die Jesu Leiden und Sterben schildern. Maria leidet mit in dieser Passion. Sie steht unter dem Kreuze des sterbenden Sohnes, in ihren Schoß wird sein Leichnam gelegt; zusammen mit Freunden trägt sie ihn zu Grabe. In all dem wird nicht allein der Kreuzweg der heiligen Personen memoriert, sondern in ihrer Passion findet zugleich das unfassbar große Leid jener Jahrhunderte seinen Ausdruck, die – zumal unter der Geißel verheerender Pestseuchen – den Tod millionenfach kannten.

In Zeiten, da Eltern vier von fünf Kindern wieder ins Grab legen mussten, die Pest ein Drittel der Bevölkerung Europas dahinraffte, Leidensthemen und Totentänze das Kunstschaffen bestimmten, waren die »Schmerzhafte Mutter« – und mit ihr der gequälte, leidende und sterbende Sohn – jene Identifikationsfiguren, in deren Schicksal das eigene bittere Leben Möglichkeiten demütiger Annahme fand.

Während in der Frühzeit und zumal im Mittelalter eine Mariendarstellung nur als Mutter mit ihrem Kind begegnet, beginnt im 17. Jahrhundert die Verehrung der heiligen Jungfrau. Die Marienerscheinungen des 19. Jahrhunderts sind ganz von dieser Gestalt der Jungfrau ohne Kind bestimmt, etwa auf der Mondsichel oder Weltkugel. Dass die heilige Jungfrau Menschen »erscheint« und Botschaften für sie hat – mag deren Inhalt auch dünn sein –, datiert erst seit 1830. Zwar gab es schon im Mittelalter Legenden über Marienerscheinungen, doch wurden sie ersonnen, um einen bestehenden Verehrungsbrauch zu legitimieren; sie lassen sich mit Marienerscheinungen der Moderne nicht vergleichen. Eine Ausnahme vor dem Boom der »klassischen« Marienerscheinungen ist Nuestra Señora de Guadalupe in Mexiko. Hier erschien eine dunkelhäutige Maria viermal einem Indio, als Juan Diego getauft, zwischen dem 9. und 12. Dezember 1531 in der Gestalt einer Einheimischen. Sie äußerte den gleichen Wunsch wie auch bei späteren Erscheinungen: man solle ihr ebendort eine Kapelle errichten. Kritiker weisen darauf hin, der Hügel, auf dem die

Wallfahrtsbasilika von Guadalupe steht, sei vordem der aztekischen Muttergöttin Tonantzin geweiht gewesen. Andere meinen, Juan Diego habe gar nicht die Jungfrau Maria, sondern die aztekische Erdgöttin Coatlicue gemeint, die Mutter des Sonnengottes Huitzilopochtli. Die Spanier, unfähig mit dem Namen Coatlicue etwas anzufangen, hätten daraus Guadalupe gemacht.

Marienerscheinungen und kein Ende

Die Epoche der Marienerscheinungen begann in der Nacht vom 18. auf den 19. Juli 1830 im Kloster der Filles de la Charité in der Rue du Bac in Paris. Die damals 23-jährige Novizin Catherine Labouré (1806–1875), eine Bauerntochter, fühlte sich von einer Kinderstimme geweckt und aufgefordert, in die Klosterkapelle zu gehen. Dort sah sie Maria innerhalb eines ovalen Rahmens auf der Erdkugel stehend. Die Erscheinung sei von den Worten umgeben gewesen: *Marie, conçue sans péché ...*, »Maria, ohne Sünde empfangen, bitte für uns, die wir unsere Zuflucht zu dir nehmen.« Maria habe ihr aufgetragen, Medaillen mit diesen Bildern zu prägen, und gesagt: »Alle, die sie tragen, werden große Gnaden empfangen.« Da in jener Zeit die Doktrin von der »Unbefleckten Empfängnis Mariä« heftig diskutiert wurde, hatte die Kirchenobrigkeit eine himmlische Bestätigung dafür, dass die Lehre von der *immaculata conceptio* richtig und himmlisch gewollt sei.

Sechzehn Jahre später, am 19. September 1846, sollte sich die Jungfrau Maria erneut manifestieren, diesmal weinend auf einer Wiese in den Bergen über Grenoble. Hier waren es zwei Hirtenkinder, Maximin Giraud (11) und Mélanie Calvat (14), welche erfuhren, dass die Menschen in Sünde lebten, die Kleriker ein schlechtes Beispiel gäben, die Kirchenoberen – Papst Pius IX. ausdrücklich ausgenommen – nur an weltlichen Reichtum dächten. Die weinende Gottesmutter gab den Kindern eine Botschaft mit drohenden Untertönen. Sie sprach von Gotteslästerung, Sonntagsentheiligung, Missachtung der Kirchengebote und des Gebetes. Die Kinder erhielten die Anweisung, Strafandrohungen für die sündige Menschheit kundzutun. Jedes der Kinder soll dann noch je ein »Geheimnis« empfangen haben (eine Linie, die in Fatima kulminiert). Diese Texte wurden von den Kindern schriftlich niedergelegt und in zwei versiegelten Briefen Papst Pius IX. am 18. Juli 1851 übergeben. Doch als Mélanie Calvat ihren Text 1871 veröffentlichen ließ, konnte Rom den als »Große Botschaft von La Salette« bezeichneten, ins Tagespolitische tendierenden Aussagen keine Glaubwürdigkeit zuerkennen und setzte sie damals auf den Index. Auch ein weiteres Buch von Mélanie wurde indiziert. Lange zuvor hatte der Theologe Ernest Renan der Kirche vorgeworfen, La Salette nur anerkannt zu haben, weil sie sich davon einen Gewinn für die Volksfrömmigkeit versprochen hätte.

Die berühmteste Marienerscheinung des 19. Jahrhunderts widerfuhr erneut einem Hirtenmädchen, der vierzehnjährigen Bernadette Soubirous (1844–1879). Am 11. Februar 1858 gegen elf Uhr gingen Bernadette, ihre Schwester Antoinette und ihre Freundin Jeanne Abadie in Lourdes jenseits des Flusses Gave de Pau Holz sammeln. Dort erschien Bernadette oberhalb der Grotte Massabielle in einer kleinen Nische eine weiß gekleidete Frau. Es folgen bis zum 16. Juli noch siebzehn weitere Erscheinungen. Bei ihrer sechsten Erscheinung beginnt die Frau, bitterlich zu weinen. Auch beim achten Mal weint sie und fordert erneut mit »Pénitence, pénitence, pénitence« zur Buße auf. Bernadette konnte zu diesem Zeitpunkt nicht lesen und schreiben; sie kannte nicht einmal den Katechismus. Hätte die Erscheinung eine Unwissendere gefunden, glaubte sie, so wäre sie dieser erschienen. Vielleicht erklärt ihre Unwissenheit auch, dass die Botschaft von Lourdes eher simpel wirkt. Kirchliche Autoritäten haben Bernadette gedrängt, mehr von dem zu erzählen, was die Jungfrau ihr sagte. Sie ist dieser Aufforderung nie nachgekommen.

Neben Lourdes ist Fatima in Portugal der bekannteste Marienwallfahrtsort. Hier erschien die Jungfrau noch während des Ersten Weltkriegs am 13. Mai 1917 drei Kindern: Lucia dos Santos (10), ihrem Vetter Francisco Marto (9) und dessen Schwester Jacinta (7). Die Kinder sahen über einer kleinen Eiche eine leuchtende Gestalt schweben, die sie später als »schöne Dame« beschrieben.

Seitdem mehren sich die Marienerscheinungen bis in die Gegenwart. In seinem Traktat »Visionen und Prophezeiungen«[64] berichtet Karl Rahner von dreißig Reihen von Marienerscheinungen mit insgesamt etwa 300 Einzelerscheinungen vor kindlichen Seherinnen und Sehern in Westeuropa, die von der Kirche zwischen 1930 und 1950 untersucht wurden, nicht zu reden von den Zahlen des 19. Jahrhunderts und den Jahrzehnten nach 1950. Von diesen Marienerscheinungen (nach neueren Angaben rund 900) hat die katholische Kirche nur ein Dutzend offiziell anerkannt, und

---

64 Karl Rahner, Visionen und Prophezeiungen (Quaestiones Disputatae. Bd. 4), Freiburg, 1958.

zwar Guadalupe (Mexiko, 1531), Paris (1830), La Salette (1846), Lourdes (1858), Philippsdorf (Böhmen, 1866), Pontmain (Frankreich, 1871), Pompeji (Italien, 1872), Knock (Irland, 1879), Fatima (1917), Beauraing (Belgien, 1932), Banneux (Belgien, 1933), Amsterdam (1945–1959), sowie Syrakus (Italien, 1953), wo es sich jedoch nicht um eine Erscheinung, sondern um ein weinendes Marienbild handelt.

Eine Typologie für einen Querschnitt der Marienerscheinungen enthält Elemente, die seit jeher bezeichnend für Sagen sind:

Die Erscheinungen suchen eine besondere Nähe zu stillen Naturnischen, Grotten oder Höhlen. Die Grotte ist an sich schon ein *lieu de passage*, ein »Knotenpunkt zwischen innen und außen, die Offenbarung von etwas Verborgenem …, ein seit jeher bevorzugter Begegnungsort zwischen Menschen, Tieren und gemeinhin unsichtbaren Wesenheiten« (Patrick Dondelinger).

Es besteht eine bevorzugte Beziehung zu Bäumen und Pflanzen sowie zum Wasser.

Am häufigsten haben analphabetische Hirtenkinder Marienvisionen, eher Mädchen als Jungen, Männer bleiben überwiegend ausgeschlossen.

Viele der Seherinnen und Seher sind von schwacher Gesundheit oder weisen irgendwelche Schwächen oder Gebrechen auf.

Maria erscheint als himmlische Frau. Sie als Göttin anzusprechen, verwehrt nur das Dogma, jedoch vertritt sie das Göttliche in weiblicher Gestalt. Der mittelalterliche Marientyp, der ohne das Kind in ihren Armen nicht denkbar ist, fehlt vollständig.

Jede Erscheinung verkörpert bei aller Übereinstimmung im Typ der »himmlischen Jungfrau« Individualität, die sich vor allem in der Kleidung ausdrückt. Die bildliche Darstellung der Visionen unterliegt in irritierender Weise dem Kitsch ihrer Zeit.

Die Erscheinungen von Paris 1830, Lourdes 1858 und Fatima 1917 sind mit der kirchlichen Doktrin von der »Unbefleckten Empfängnis« verknüpft. Sie zeigen sich vom bewussten oder unbewussten Vorwissen ihrer Empfänger und/oder ihrer zeitgenössischen deutenden Verehrer abhängig.

Die Botschaft hat theologisch kaum Inhalt, sie erinnert an damalige Volksmissionen und Predigten und betont (Rosenkranz)gebet und Buße.

(Heilungs-)Wunder bekräftigen die Glaubwürdigkeit der Erscheinung.

Die Entwicklung der ersten kindlichen Erfahrungen der Bernadette Soubirous in Lourdes kann die Entstehung einer Marienerscheinung veranschaulichen. Nach ihrer 6. Vision am 21. Februar 1858 wurde Bernadette von dem Polizeikommissar Jacomet verhört:

> Siehst du dort [in Massabielle] etwas Schönes?
> Ja, mein Herr …
> Und, Bernadette, so siehst du also die Heilige Jungfrau?
> Ich behaupte nicht, die Heilige Jungfrau gesehen zu haben.
> Ach so! Dann hast du also gar nichts gesehen!
> Doch, etwas habe ich gesehen!
> Nun, was hast du denn gesehen.
> Etwas Weißes.
> Etwas oder jemanden?
> Dieses etwas (»*aquerò*«) hat die Gestalt eines kleinen Fräuleins (»*damisèle*«).
> Du sagst »*etwas*« … und dieses hat dir nicht gesagt: »Ich bin die Heilige Jungfrau«?
> Dieses etwas (»*aquerò*«) hat mir das nicht gesagt.[65]

Bernadette sprach nur *patois*, Lourder »Platt«, kein Französisch; *aquerò* ist frz. *celá, quelque chose*, »das da«, »etwas«. Patrick Dondelinger, der die wohl gründlichste Analyse der Visionen der Bernadette Soubirous im Geflecht psychischer, sozialer und historischer Bedingungen betrieben hat, meint, dass solche Erscheinungen zurück bis in die heidnische Vorzeit verfolgt werden können:

> Dass wundersame Erscheinungen von weißen Liebfräulein, vorzugsweise in abgeschiedener Wildnis, bei Wasser, Felsböden und Grünsträuchern, ein fester Bestandteil der vorchristlichen europäischen Folklore im Allgemeinen und der der Pyrenäen im Besonderen sind, wurde nicht erst durch heutige Anthropologen enthüllt, sondern war auch Bernadettes Zeitgenossen voll bewusst. Sehr trefflich bringt dies Schuldirektor Clarens [in seiner noch während der Erscheinungen verfassten Denkschrift an den Präfekten Massy] zum Ausdruck: »Unsere Ahnen hätten nicht gefehlt auszurufen, dass die Fee Melusina aus Britannien, oder Banshee aus Irland, oder Ortoli aus Korsika, oder Urgela oder die weiße Dame usw., diese Gegend verlassen hätte, um eine bevorzugte Höhle am Fuße unserer Berge zu bewohnen.«[66]
> Da es in den Legenden der Pyrenäenwelt nur so von Elfen, Feen und anderen weißen Frauen wimmelt … und da zudem Bernadette sich bis zur 16. Erscheinung standhaft wehrte, ihr geschautes Etwas mit der Heiligen Jungfrau Maria zu identifizieren, hätte es auf den ersten Blick nahegelegen, in dem kleinen weißen Fräulein, welches Bernadette gesehen zu haben vorgab, ein Wesen der pyrenäischen Geisterwelt zu sehen. Denn: »Indem sie die Erscheinung zuerst uo pétito damizéla [›ein kleines Fräulein‹ in der Mundart der Gegend] nannte, wählte Bernadette den gebräuchlichen Ausdruck zur Beschreibung der Feen, der kleinen Frauen des Waldes« (Ruth Harris).

---

65 Patrick Dondelinger, Die Visionen der Bernadette Soubirous und der Beginn der Wunderheilungen in Lourdes, Regensburg 2003, 42 f.
66 Ebd., 67.

Was sah Bernadette nun genau? Auf diese Frage pflegte die Seherin in der Zeit ihrer Visionen immer die gleiche Antwort zu geben: *aquerò*: »das da«, eine Bezeichnung, die in ihrer dinghaften Unpersönlichkeit auch heute noch viele Menschen schockiert. Doch in der Tat: Zuerst sah Bernadette ein Licht, und in diesem Licht etwas Weißes, welches nach und nach, in den ersten Berichten der Seherin auf die ständigen Fragen ihrer Zeitgenossen hin, das Antlitz eines kleinen Mädels annimmt, mit den bekannten Attributen: Rosenkranz, blauer Gürtel, Rosen auf den Füßen usw. Bernadette hat jedoch zeitlebens immer große Schwierigkeiten, ihre Erscheinung präzise zu beschreiben. Dennoch ist die Seherin, außer in Detailvariationen, im Großen und Ganzen immer bei der gleichen Version ihrer Vision geblieben, ohne sich jemals in ausschweifende Ausschmückungen zu ergehen – ganz im Gegenteil.

Bemerkenswerterweise wird dieses geschaute Etwas *(»aquerò«)* von Bernadette während der Zeit ihrer Visionen jedoch niemals expressis verbis als Muttergottes identifiziert. Im Gegenteil: Auch nach ihren Visionen behauptet sich Bernadette noch auf diese Position, so etwa am 7. September 1863 dem Jesuiten P. de Langlade gegenüber: »Sie haben die Heilige Jungfrau gesehen?«, fragt er sie. – »Ich sage nicht, ich hätte die Heilige Jungfrau gesehen, ich sah die Erscheinung.«[67]

Laut Bernadettes Aussagen hat sie zunächst in dem vorausgehenden Licht etwas Weißes gesehen, das aber nicht lange antlitzlos blieb, sondern bald ein liebliches Gesicht bekam. Patrick Dondelinger erkennt zwar in den Erscheinungen vom kleinen weißen Liebfräulein ein typisches Motiv volkstümlicher Vorstellungen in den Pyrenäen, meint aber, dass dieses schöne kleine Fräulein offenbar als *alter ego* der Bernadette fungiert. Genauer gesagt: als idealisiertes, den Wünschen der Seherin gemäßes *alter ego*, wie die Projektion eines idealisierten Ichs. Wenn Bernadette sagte, das geschaute Fräulein gleiche der »petite de M. Pailhasson«, einer etwa zehnjährigen Tochter aus gutem Hause, die am Sonntag öfters ganz in Weiß gekleidet zur Kirche kam, und dieses geringe Alter die damaligen Beobachter stark irritierte, so mag dies (neben weiteren Momenten) ebenfalls ein Hinweis auf die Erscheinung als Bernadettes *alter ego* sein.

---

67 Patrick Dondelinger, a. a. O., 137: »Vous avez vu la Sainte Vierge? lui dit. – Je ne dis pas que j'ai vu la Sainte Vierge, j'ai vu l'Apparition«, in: René Lautentin/Bernard Billet (Hg.), Lourdes. Document authetiques. Paris, P. Lethielleux, 1957–1966, Bd. 7, 274. Zit. n. Dondelinger, a. a. O., 97.

Der Archetyp ist offen für jede denkbare Interpretation

An den hier geschilderten Erscheinungen von Lourdes lässt sich die Genese einer Sage ablesen: Dabei spielen alte Sagentraditionen der Region mit (die kleinen Feen des Waldes), die Eindrücklichkeiten des Ortes (Grotte, Buschwerk und Wasser), die Sensibilität eines kränklichen analphabetischen Kindes, das den Geschwistern und Altersgenossinnen unterlegen war und von ihnen gedemütigt wurde, die christlichen Deutungsprojektionen aus der Glaubenswelt der Zeitgenossen, die Festschreibung dieser Vorstellungswelt durch den wachsenden Zustrom von Menschen. Dabei ist die »prägendste Charakteristik von Bernadettes Vision ihre Unbestimmbarkeit«, indem sie immer wieder betont, dass dieses weiße Etwas (»aquerò«) in Mädchengestalt nicht wahrheitsgetreu wiedergegeben werden kann. Damit hat sie die volkstümliche, aber auch theologische Neugierde frustriert, die unablässig nach dem Namen der Schauung bohrte. Später hat Bernadette die Erscheinung immer wieder die »Dame« genannt, und es ist psychologisch naheliegend, dass sie in dieser kleinen Gestalt das eigene Selbst in einer Schönheit und Würde sah, die ihr im Alltag fehlte. Was sie in der Felsgrotte von Massabielle sah, war das innere Gegenbild zu ihrer sozialen Geltung, wobei die Identifikation dieser archetypischen Gestalt mit der »Jungfrau Maria« unter den Bedingungen der gegebenen Vorstellungswelt fast zwangsläufig war. Unter anderen religiösen Voraussetzungen hätten Ägypter, Griechen und Römer diese Wahrnehmung mit Isis, Hera oder Artemis identifiziert, denn psychologisch ist der Archetyp offen für jede denkbare Interpretation im Rahmen einer herrschenden Vorstellungswelt.

In ihrer Summe lassen die Botschaften der Marienerscheinungen eine erstaunliche Dürftigkeit des Inhalts erkennen, der mehr dem Niveau damaliger Predigten und der Naivität der sogenannten Seherkinder zuzuschreiben ist, als dass wir eine Stimme vernähmen, die etwas zu sagen hat. Das *erste Geheimnis* von Fatima schildert Höllenvisionen mit Schmerzgeheul, Verzweiflungsschreien und Teufeln in Gestalt scheußlicher Tiere. Die Frage, warum sich die allerheiligste Jungfrau gerade Kindern mit grauenvollen Abscheulichkeiten »offenbart« und Kriege androht, um »die göttliche Gerechtigkeit zu besänftigen«, hat bis heute weder Empörung noch Nachdenken in kirchlichen Kreisen ausgelöst. Das *zweite Geheimnis* droht an, dass Gott die Welt für ihre Missetaten durch Krieg, Hungersnot, Verfolgungen der Kirche und des Heiligen Vaters bestrafen wird. »Um das zu verhüten, werde ich kommen, um die Weihe Russlands an mein unbeflecktes Herz und die Sühnekommunion an den ersten Samstagen des Monats zu verlangen.« Das ist der kirchliche Frömmigkeitsstil jener Zeit. Im erst spät aufgezeichneten und 1960 mitgeteilten *dritten Geheimnis* »ruft ein Engel mit lauter Stimme: Buße, Buße, Buße! Und wir sahen ... einen in Weiß gekleideten Bischof und verschiedene andere Bischöfe, Priester, Ordensmänner und Ordensfrauen einen steilen Berg hinaufsteigen ... Bevor er dort ankam, ging der Heilige Vater durch eine große Stadt, die halb zerstört war, und halb zitternd mit wankendem Schritt, von Schmerz und Sorge gedrückt, betete er für die Seelen der Leichen, denen er auf seinem Weg begegnete. Am Berg angekommen, kniete er zu Füßen des großen Kreuzes nieder. Da wurde er von einer Gruppe von Soldaten getötet, die mit Feuerwaffen und Pfeilen auf ihn schossen. Genauso starben nach und nach die Bischöfe, Priester, Ordensleute ...«

Solche »Offenbarungen« wären hier zu übergehen, wenn nicht Papst Johannes Paul II. und Joseph Ratzinger diese Vision auf das Papstattentat vom 13. Mai 1981 bezogen hätten, obwohl die geschilderte Szene mit dem Ablauf des Attentats nichts zu tun hat und der »Heilige Vater« auch nicht getötet wurde. Da aber die päpstlichen Pilgerfahrten nach Lourdes und Fatima eine Anerkennung solcher Marienerscheinungen einschließen, ist zu fragen, auf welchem Reflexionsniveau sich dieses Glaubensverständnis bewegt. Zugleich aber auch, ob die Bedeutung, die Päpste, Kardinäle, Erzbischöfe, Bischöfe, Klerus und das millionenfache Pilgervolk den Marienerscheinungen beimessen, nicht uneingestandene Glaubensunsicherheit verraten? Wenn die allerseligste Jungfrau tatsächlich aus dem himmlischen Jenseits erscheint, wäre das nicht ein Beweis für die Wahrheit des katholischen Glaubens, der alle Glaubenszweifel löscht, welche die heutige Welt erzeugt?

Andererseits lässt die konfessionelle Einseitigkeit der Marienerscheinungen aber auch fragen, ob hier nicht ein Produkt katholischer Glaubensbereitschaft vorliegt, das vor allem minderbegabte Kinder und Frauen kennzeichnet. Wenn es wirklich »die allerheiligste Jungfrau und Gottesmutter Maria« sein sollte, die sich in diesen Wahrnehmungen kundtut, muss die Simplizität ihrer Botschaften Misstrauen stiften und bei gesundbegabten Menschen jedes Verlangen löschen, einmal in das von ihren Auftritten repräsentierte Jenseits zu kommen. Es stört auch, dass die Päpste, die Fatima und Lourdes besuchten, niemals Fragen und Zweifel angesprochen haben, die sich mit diesen »Erscheinungsorten« verbinden. Ist es diese Form fragloser Gläubigkeit, welche die Kirche sich wünscht? Und die Theologenschaft, promoviert, habilitiert, auf Lehrstühlen in aller Welt, unterwirft sich der gleichen Haltung, als sei es ungeziemend, kritische Fragen zu haben und diese auch zu stellen. Was ist eigentlich Theologie?

9. Die Lehre von den »letzten Dingen« – implodiert

»Der menschliche Geist hat nicht mehrere Weisen, vernünftig zu sein und vernünftig zu denken.«

Maurice Blondel

Obwohl es lange dauern kann, bis ein beeindruckendes Glaubensbild überwunden ist, hat sich im Blick auf »Himmel« und »Hölle« bereits seit Jahrhunderten ein Wandel angebahnt, der inzwischen zum Zusammenbruch der Glaubenslehre von den »letzten Dingen« geführt hat. Wenn auch die Rede von Himmel und Hölle, Heil und Verdammnis, Armen Seelen und Jüngstem Gericht, Zeit und Ewigkeit christliches Standardvokabular ist, haben die damit verbundenen Konzepte doch ihre Glaubwürdigkeit verloren. Ein literarisches Beispiel dafür sind die Mahnungen des Jesuitenpaters, die der junge Stephen Dedalus, alias James Joyce mit Entsetzen vernimmt:

> In alle Ewigkeit! ... Nicht für ein Jahr oder für ein Zeitalter, sondern auf immer. Versucht einmal, euch die scheußliche Bedeutung dieser Worte vorzustellen. Ihr habt oftmals den Sand am Meeresstrand gesehen. Wie fein sind seine winzigen Körnchen! Und wie viele dieser winzigen kleinen Körnchen ergeben erst die kleine Handvoll, die ein Kind sich beim Spiel greift. Nun stellt euch einen Berg aus jenem Sand vor, eine Million Meilen hoch, sich von der Erde bis zu den fernsten Himmeln erstreckend, und eine Million breit, in den entlegensten Raum ausgreifend, und eine Million Meilen dick: und stellt euch eine solche enorme Masse von unzähligen Teilchen Sand vor, so oft multipliziert, als da Blätter im Walde sind, Wassertropfen im mächtigen Ozean, Federn an Vögeln, Schuppen an Fischen, Haare an Tieren, Atome in der riesigen Weite der Lüfte: und stellt euch vor, dass am Ende von jeweils einer Million Jahren ein kleiner Vogel zu jenem Berg käme und in seinem Schnabel ein winziges Körnchen von jenem Sande davontrüge. Wie viele Millionen und Abermillionen von Jahrhunderten würden vergehen, ehe jener Vogel auch nur einen Scheffel von jenem Berg abgetragen hätte, wie viele Äonen und Äonen von Zeitaltern, bis er alles davongetragen hätte. Und doch ließe sich nicht behaupten, dass am Ende dieser gewaltigen Zeitspanne auch nur ein Augenblick der Ewigkeit verstrichen wäre. Am Ende all dieser Billionen und Trillionen Jahre hätte die Ewigkeit kaum erst begonnen.[68]

---

68 James Joyce, a. a. O., 160 f.

Natürlich verband sich mit solchen Betrachtungen die ausführliche Schilderung von Himmel und Hölle: »Grenzenlose Ausdehnung der Peinigung, unglaubliche Intensität des Leidens, unaufhörliche Mannigfaltigkeit der Peinigung – dies ist's, was die göttliche Majestät einfordert, so ungemein empört über die Sünder; dies ist's, was die Heiligkeit des Himmels verlangt, verhöhnt und beiseite geschoben um der lustvollen und niedrigen Genüsse des verderbten Fleisches willen; dies ist's, worauf das Blut des unschuldigen Lamms Gottes pocht, vergossen um der Erlösung der Sünder willen, mit Füßen getreten von den Niederträchtigsten der Niederträchtigen.«

Die Seelenmassage, die hier der jesuitische Exerzitienmeister seinen jungen Zöglingen verpasst, war zu dieser Zeit keine irische Sonderheit, sondern christliches Allgemeingut. Vorläufer dieser Jenseitsvorstellungen finden sich bereits in Ägypten und Griechenland, wenn auch nicht unter der perversen Annahme, »dass Gott für eine einzelne schwere Sünde eine immerwährende und unendliche Strafe in den Feuern der Hölle verhängt«. In Ägypten diente, nach Jan Assmann, der Steinbau »ausschließlich der Konstruktion sakraler Räume und der Abbildung von Ewigkeit. Alle Gebrauchsfunktionen wie Wohnen, Verwalten, Magazinieren usw. werden in Lehmziegelbauweise realisiert ... Die Sehnsucht, die sich in diesen gewaltigen Kulturanstrengungen ausdrückt, zielt auf Erlösung aus der Vergänglichkeit der Lehmwelt und auf eine durch den Stein vermittelte Teilhabe an der kosmischen Ewigkeit.«

Im vorexilischen Israel lassen die archäologischen Befunde eine Anlehnung an ägyptische Totenversorgung erkennen (z.B. im Gräberbereich von Ketef Hinnom – südwestlich der Altstadt von Jerusalem – mit ägyptogenen Beigaben). Die Behauptung, Israel und die Bibel würden kein Leben nach dem Tod kennen, ist in dieser Generalisierung nicht richtig. Die älteste, noch gemeinsemitische Anschauung kennt die Scheol, ein großes unterirdisches Totenhaus. Die Quellen setzen einen rituellen Kontakt mit den Toten voraus, sagen aber nichts über ihren Zustand. Es bestand jedoch ein Ahnenkult. Die Formel vom »Heimgehen zu seinen Vätern« (Gen 15,15) kann eine Wiederbegegnung mit den eigenen Ahnen vor Augen haben (Gen 25,8). Totenbefragung ist belegt (1 Sam 28; vgl. 2 Sam 12,16). Später entstanden apokalyptische Hoffnungen auf eine Rückkehr ins irdische Leben. Unter griechischem Einfluss machte sich ein Seelenglaube bemerkbar. Skeptisch bleibt Kohelet solchen Spekulationen gegenüber; für ihn gibt es kein Leben nach dem Tod, denn: »Ein lebender Hund ist besser als ein toter Löwe. Und: Die Lebenden erkennen, dass sie sterben werden; die Toten aber erkennen überhaupt nichts mehr. Sie erhalten auch keine Belohnung mehr; denn die Erinnerung an sie ist in Vergessenheit versunken. Liebe, Hass und Eifersucht gegen sie, all dies ist längst erloschen. Auf ewig haben sie keinen Anteil mehr an allem, was unter der Sonne getan wurde« (Koh 9,4 ff.).

Christliche Jenseitsspekulationen

Das frühe Christentum hatte zunächst keine einheitliche Anschauung vom Leben nach dem Tod. Die Begriffe (leibliche) »Auferstehung« und (körperlose) »Seele« finden sich nebeneinander. In den Evangelien handelt Lukas am deutlichsten vom postmortalen Schicksal. Die Auferstehung Jesu schildert er als Rückkehr in die Existenz des irdischen Körpers. Als der Auferstandene sich seinen Jüngern zeigt und diese meinen, einen Geist zu sehen, sagt er zu ihnen: »Was seid ihr so bestürzt? Warum lasst ihr in eurem Herzen solche Zweifel aufkommen? Seht meine Hände und meine Füße an: Ich bin es selbst. Fasst mich doch an und begreift: Kein Geist hat Fleisch und Knochen, wie ihr es bei mir seht. Bei diesen Worten zeigte er ihnen seine Hände und Füße. Sie staunten, konnten es aber vor Freude immer noch nicht glauben. Da sagte er zu ihnen: Habt ihr etwas zu essen hier? Sie gaben ihm ein Stück gebratenen Fisch; er nahm es und aß es vor ihren Augen« (Lk 24,38–43).

Diese grobsinnliche Schilderung steht im Gegensatz zu dem »Rühr mich nicht an!« bei Joh 20,17 und auch im Gegensatz zu der sonstigen neutestamentlichen Schilderung des Auferstandenen. Nachdem Lukas solcherart die Rückkehr Jesu in das leibliche Leben beschrieben hat, notiert er wenige Verse weiter seine Himmelfahrt: »Dann führte er sie hinaus in die Nähe von Betanien. Dort erhob er seine Hände und segnete sie. Und während er sie segnete, verließ er sie und wurde zum Himmel emporgehoben; sie aber fielen vor ihm nieder. Dann kehrten sie in großer Freude nach Jerusalem zurück« (24,50–52).

Himmelfahrt wird hier verstanden als die Aufnahme Jesu in die göttliche Welt. In diesem Nacheinander verknüpft Lukas »zwei miteinander konkurrierende Vorstellungen – Auferstehung und Vergöttlichung« (Bernhard Lang). Anders ist es, wenn er vom postmortalen Schicksal gewöhnlicher Menschen spricht. Dann genügt ihm die Apotheose (»Verherrlichung«, »Vergöttlichung«) allein. So etwa wird der arme Lazarus nach seinem Tod gleich von Engeln in den »Schoß Abrahams« getragen, während der unbarmherzige Reiche stracks in den Hades kommt, wo er qualvolle Schmerzen erleidet. Das jeweilige postmortale Schicksal tritt also unmittelbar nach dem Tode ein. So auch, wenn Jesus am Kreuze zu dem mitgekreuzigten Räuber sagt: »Amen, ich sage dir: Heute noch wirst du mit mir im Paradiese sein« (Lk 23,43). Dem Paradies steht hier der Hades gegenüber, wie bei Lk 12,4–5 verdeutlicht: »Fürchtet euch nicht vor denen, die den Leib töten, euch aber sonst nichts tun können. Ich will euch zeigen, wen ihr fürchten sollt: Fürchtet euch vor dem, der nicht nur töten kann, sondern die Macht hat, euch auch noch in den Hades zu werfen. Ja, das sage ich euch: Ihn sollt ihr fürchten« (Lk 12,4–5).

Während das alte Israel nur die Scheol für alle Toten kannte, wird in späterer Zeit das postmortale Schicksal auf Hades und Himmel aufgeteilt. Im Neuen Testament begegnet jedoch keine einheitliche Lehre. Es lassen sich griechische und hebräische Vorstellungen unterscheiden, die verschiedenen geistigen Welten zugehören. Dies änderte sich, nachdem das Christentum einen angesehenen Platz neben den kulturbestimmenden traditionellen Religionen erobert hatte. Seitdem gehen über das Leben nach dem Tode die Anschauungen zwischen Christen und Nichtchristen kaum noch auseinander. Bernhard Lang bestimmt die Übereinstimmungen in sechs Punkten:

- Der Mensch besitzt eine unsterbliche, vom Körper zu unterscheidende Seele.
- Diese trennt sich im Tod vom Körper. Wird sie von höheren Mächten privilegiert, steigt sie in den Himmel auf – einen überirdischen, jenseits des Fixsternhimmels liegenden Ort.
- Die im Himmel lebenden Seelen sind glücklich, weshalb sie als Glückselige oder kurz als Selige bezeichnet werden.
- Das Glück besteht in der Wiedervereinigung mit den bereits verstorbenen Freunden und Vorfahren.
- Nach anderen Auffassungen kommt es zu einer dauernden Begegnung der Seele mit Gott.
- Die Bösen erwartet im Jenseits eine – möglicherweise ewige – Strafe.[69]

Diese Überzeugung entspricht jener Lehre, die immer noch in Dogmatiken und Katechismen vertreten wird, wenngleich sie im Neuen Testament wenig Rückhalt hat. Der hier ins Zentrum tretende Seelenbegriff gehört zu den Anleihen aus dem »Heidentum«. Insgesamt ist die Lehre

---

69 Bernhard Lang / Colleen McDannell, Der Himmel. Eine Kulturgeschichte des ewigen Lebens, Frankfurt am Main 1990.

vom Leben nach dem Tod eine Summe heidnisch-vorchristlichen und christlichen Denkens.

Schon Origenes (185–253) betont: »Nicht allein bei Christen und Juden, sondern auch bei vielen Griechen und Barbaren herrscht der Glaube, dass die menschliche Seele nach ihrer Trennung vom Körper fortbesteht und lebt« (Gegen Celsus 7,5). Doch nehmen die christlichen Autoren nicht alle mit dem Seelenbegriff verknüpften Vorstellungen der griechischen Philosophie auf, insbesondere lehnen sie den meist damit verbundenen Reinkarnationsglauben ab. Auch das mit dem Himmel verbundene elitäre Konzept der antiken Vorstellung wird überwunden: Während im heidnischen Denken der Himmel nur auserwählten Menschen zuteilwurde – im christlichen Pendant anfangs nur Märtyrern zugestanden –, erklärt die Kirche den Himmel nun all ihren Gläubigen für offen.

Im Blick auf die Hölle, eine eher ägyptische und griechische Erfindung, unterscheiden sich auf den ersten Blick heidnische und christliche Vorstellungen kaum voneinander. Bei näherem Zusehen finden sich aber doch wichtige Unterschiede zwischen beiden Traditionen. Origenes versteht die Hölle noch nicht als Ort ewiger Qual, sondern als Stätte der Reinigung, um danach geläutert zu Gott aufzusteigen. Diesen postmortalen Reinigungsprozess lehnte Augustinus ab und verschärfte die Verdammungslehre. Für ihn steht die Verdammung bereits als Strafe für die Erbsünde fest, die auf Adam zurückführt und darum jedem Menschen anhaftet, sodass selbst Kleinkinder der Hölle verfallen, wenn sie ungetauft sterben. Außerdem hält er die Zahl der Verdammten für größer als die der Seligen (→ S. 119 ff.). Im weiteren Kirchenleben wird Augustinus, nicht Origenes, zum Lehrmeister der Hölle. Erst im Mittelalter versucht man, einzelne Momente der augustinischen Höllenlehre zu mildern. Dazu dient das Fegefeuer als Reinigungsort (*purgatorium*), um minder befleckte Seelen auf den Himmel vorzubereiten. Diesem Denken entsprach auch der *Limbus puerorum*, ein Ort »ohne Gottesschau« im Halbdunkel zwischen Himmel und Hölle, der ungetauften Kindern und – wie der Paderborner Dogmatiker Bernhard Bartmann (1860–1938) noch lehrte – den »Millionen von Geistesschwachen« vorbehalten sei. Im Jahr 2007 hat Benedikt XVI. jedoch erklärt, diese »ältere theologische Meinung« solle seitens des kirchlichen Lehramts nicht mehr unterstützt werden. Was aber das Höllenschicksal der Menschheit insgesamt angeht, so bestätigte das Konzil von Florenz im Jahr 1442 Augustins Heilspessimismus:

[Die heilige römische Kirche, durch das Wort unseres Herrn und Erlösers gegründet,] glaubt fest, bekennt und verkündet, dass niemand außerhalb der katholischen Kirche – weder Heide noch Jude noch Ungläubiger oder ein von der Einheit Getrennter – des ewigen Lebens teilhaftig wird, vielmehr dem ewigen Feuer verfällt, das dem Teufel und seinen Engeln bereitet ist, wenn er sich nicht vor dem Tod ihr (der Kirche) anschließt. So viel bedeutet die Einheit des Leibes der Kirche, dass die kirchlichen Sakramente nur denen zum Heil gereichen, die in ihr bleiben, und dass nur ihnen Fasten, Almosen, andere fromme Werke und der Kriegsdienst des Christenlebens den ewigen Lohn erwirbt. Mag einer noch so viele Almosen geben, ja selbst sein Blut für den Namen Christi vergießen, so kann er doch nicht gerettet werden, wenn er nicht im Schoß und in der Einheit der katholischen Kirche bleibt.

Wenn auch ständig vom »ewigen Leben« gesprochen wird, fällt die Himmelsspekulation doch sehr blass aus: Nach Thomas von Aquin wird es kein tätiges Leben geben, auch gesellschaftlicher Austausch spielt im Himmel keine Rolle. Es gilt, »dass zur Glückseligkeit die Gesellschaft von Freunden nicht wesentlich dazugehört; denn der Mensch besitzt seine ganze Vollkommenheit in Gott« (Summa theologica I II 4,8). Die Reformation brachte gegenüber dieser Anschauung vom ewigen Leben keine abweichende Position. Sie knüpfte an die Gottesschau der Scholastik an, versuchte aber deren Himmelsbild allein aus der Bibel zu begründen. Calvin betonte: »Wir müssen in diesem Lehrstück auf Bescheidenheit halten, damit wir nicht unser Maß vergessen ...« (Institutio 3,25,10). Die nachreformatorische Zeit steuerte allerdings ein neues Motiv bei – zumal Luther ein Dasein ohne Abwechslung, ohne Essen und Trinken und möglicherweise ohne Unterhaltung doch wohl bedrückend empfunden hatte: Im 17. Jahrhundert kommen Musik und Gesang zum Himmel hinzu, was bis dahin das Geschäft der Engel war. Später erscheint das Halleluja-Singen, etwa bei Ludwig Thoma, nur noch als Anlass zu scherzender Ironie, während es zur Zeit der Barockmusik dem sonst eher faden Himmel durchaus Lebendigkeit verliehen hatte.

»Dieses Höchste Wesen gäbe es besser nicht.«
Das Jenseits im neuzeitlichen Denken

Im weiteren Verlauf der Neuzeit richten sich, vom Denken der Aufklärung angespornt, bisher nicht gehörte Einwände gegen das überlieferte Jenseitsbild.

Während sich die christlichen Prediger – bis weit ins 19. Jahrhundert hinein – in Höllenpredigten kaum zügeln können und damit das Volk in Furcht und Gehorsam halten, wird der gebildete Bürger bereits seit dem 17. Jahrhundert immer kritischer. Die Infragestellung kommt aus allen Richtungen. Der Jesuit Friedrich von Spee (1591–1635) durchbricht den Hexenwahn, spricht die Zauberer und Hexen vom Teufelskult frei und plädiert dafür, die Hölle auch für die Heiden, die Christus nie gekannt haben, zu schließen. – Der französische Baron de La Hontan schreibt 1703 einen Dialog »zwischen dem Autor und einem Wilden mit gesundem Menschenverstand«, in dem der Indianer sagt: »Du beschuldigst Gott der Tyrannei, wenn du glaubst, er habe auch nur einen Menschen geschaffen, um ihn auf ewig durch das Feuer im Inneren der Erde unglücklich zu machen.« – Zu dieser Zeit finden die Gegner der ewigen Verdammnis in Pierre Bayle (1647–1706), Philosoph und zentrale Figur der Aufklärung, einen Mitstreiter von beißender Ironie. In seinem berühmten *Dictionnaire historique et critique* von 1697 wendet er sich gegen die calvinistische Prädestinationslehre und erklärt diese für absurd: »Ein Gesetzgeber, der den Menschen untersagt, Verbrechen zu begehen, und sie dennoch dazu treibt und ewig dafür bestraft …: Das hat nichts mehr mit Religion zu tun … Hier führt der Weg zum Atheismus.« – Im 18. Jahrhundert folgen die Philosophen immer mehr Bayles Spuren. Montesquieu (1689–1755) fragt: »Man bestraft einen Menschen, damit er morgen nicht wieder etwas Böses tut und damit es die anderen abschreckt. Wenn aber die Seligen gar nicht sündigen können und die Verdammten gar nichts Gutes mehr tun können, wozu dann die Strafen und Belohnungen?« – Diderot (1713–1784) folgert schließlich, auch die aufrechteste Seele sei versucht »zu wünschen, dass es dieses Höchste Wesen besser nicht gäbe«. – Und eine einfache protestantische Frau, Madame Rolland: »Welch unbegreifliches Wesen hat man aus Gott gemacht? … Ein ungerechtes, zorniges, parteiisches, hinterhältiges Wesen, gleich einem völlig verworfenen Menschen. Eine mit der höchsten Macht vereinte, unendliche Weisheit muss notwendigerweise gut sein, sie straft nicht mit solch rachedurstiger Grausamkeit.«

Dennoch geht dies alles an Kirche und Theologie vorbei. Beide halten weiter an der Hölle fest – als Garant der gesellschaftlichen Ordnung. Der Pariser Domherr Bergier deklariert: »Die Welt wäre nicht bewohnbar, wenn die Bösen nach diesem Leben nichts mehr zu fürchten hätten.« Man erklärt die Hölle zum besten Bollwerk für Stabilität, Ordnung, öffentliche und private Moral, sodass es sie geben muss! Das dahinterstehende Gottesverständnis, wie es etwa unter Ludwig XV. vertreten wurde, verdeutlicht als Repräsentant der Gegenaufklärung »der höchst royalistische, höchst katholische und höchst blutrünstige Joseph de Maistre« (1753–1821) an der Figur des Scharfrichters als des Stellvertreters Gottes auf Erden:

> Man wirft ihm einen Giftmörder vor, einen Vatermörder, einen Gotteslästerer. Er ergreift ihn, bindet ihn auf ein liegendes Kreuz und hebt den Arm: Darauf entsteht eine grauenvolle Stille, in der man nur noch das Krachen der Knochen unter dem Druck der Eisenstange und die Schmerzensschreie des Opfers hört. Sodann bindet er ihn wieder los und trägt ihn zum Rad. Die gebrochenen Glieder werden durch die Speichen geflochten und der Kopf hängt nach unten. Die Haare sträuben sich und aus dem weit aufgerissenen Mund dringen nur noch ab und zu wenige, von einem Blutschwall begleitete Wörter, die den Tod herbeiwünschen. Er hat sein Werk vollendet, sein Herz schlägt wild, aber vor Freude, voller Stolz sagt er zu sich selbst: »Niemand rädert besser als ich.« …
>
> Alle Macht, alle Größe ist auf den Scharfrichter gegründet. Er ist der Schrecken und das Bindeglied der menschlichen Gesellschaft. Nehmt diesen unbegreiflichen Beruf aus der Welt, und die Ordnung weicht dem Chaos, die Throne wanken und die Gesellschaftsordnung bricht zusammen. Gott, der die Obrigkeit geschaffen hat, hat also auch die Strafe geschaffen.[70]

Solange es die Vorstellung von einem solchen Moloch-Gott gibt, gibt es auch eine ewige Hölle. Die traditionelle Glaubenslehre hielt an ihr fest, sodass niemand sie in Frage stellen konnte, ohne sich selbst aus der kirchlichen Glaubensgemeinschaft auszuschließen. Doch je mehr die Hölle unter einem aufgeklärten humanistischen Denken unglaubwürdig wurde, umso mehr wurde binnenkirchlich ein Klima bewahrt, das ihre Gültigkeit nicht bezweifelte. Das zeigt sich für das 19. Jahrhundert am deutlichsten an Jean-Marie Vianney, dem Pfarrer von Ars (1786–1859). Seine Seligsprechung 1905 und die Heiligsprechung von 1925 belegen jene Tugenden, welche die Kirche bei ihren Priestern zu dieser Zeit am höchsten schätzte: eine bis zur Askese getriebene Genügsamkeit, die Verdammung aller Werte der laizistischen Gesellschaft und die bis zum Horror getriebene Angst vor der Hölle. Der Pfarrer von Ars hatte es in seinem ganzen Leben mit Teufel und Hölle zu tun. Er wurde ab 1824 fünfunddreißig Jahre lang von äußerst geräuschvollen Erscheinungen gequält; er war Stammgast in einem höllischen Jenseits. Entsprechend steckten seine Predigten voller Ängste und Schrecken: »Wenn es auch noch so schwer ist, als Verheirateter zum Heil zu gelangen und wenn auch der größte Teil der Verheirateten, ohne es zu wissen, der Verdammnis anheimfallen wird, so können doch jene, die Gott rufen, das Heil erlangen.« Aber schon der geringste

---

70 Georges Minois, Die Hölle. Zur Geschichte einer Fiktion, München 1994, 370.

»unreine Gedanke genügt, um verdammt zu werden«. Erbarmen ist nur zu erwarten, wenn man sich bemüht, ein Leben lang unglücklich zu sein: »Selbst unsere guten Werke nützen uns gar nichts, denn für sie haben wir in diesem Leben durch zeitliche Güter eine Belohnung erhalten, während unsere Sünden immer weiterleben.«

Für die katholische Kirche wurde der Höhepunkt ihrer »Höllenpastoral« um 1920 erreicht: »Nie zuvor waren die offiziellen Vorschriften über den Glauben an die Hölle derart bis ins Detail ausgearbeitet« (Georges Minois), und zu keiner Zeit wurde eifriger gebeichtet. Doch so sehr man damit den alten Glauben sichern und gegen jede Kritik verteidigen wollte, um so krasser ging diese Höllenobsession an den Menschen des 20. Jahrhunderts vorbei, denn inzwischen verblasste der Glaube an die christliche Hölle zu einem Fossil der Geistesgeschichte, das für einen starren dogmatischen Rahmen weiterhin als unentbehrlich gelten mag, für die moderne Welt aber zu nichts mehr dient.

Aus Schwarz Weiß machen! Wie man Dogmen korrigiert

Nun ist die Hölle allerdings ein Ding, das seit Augustinus über eine Linie diverser Konzilien dazu gebraucht wurde, die Heilsnotwendigkeit der Kirche zu unterstreichen. Darum noch einmal das Konzil von Florenz 1442: Die Kirche »glaubt fest, bekennt und verkündet, dass niemand, der sich außerhalb der katholischen Kirche befindet, nicht nur keine Heiden, sondern auch keine Juden oder Häretiker und Schismatiker, des ewigen Lebens teilhaftig werden können, sondern dass sie ins ewige Feuer wandern werden«.

Über die Zeiten hin ist dem kirchlichen Denken diese rigoristische Position trotz allem schließlich problematisch geworden, aber da sich die Kirche in diesem Glauben selbst als irrtumsfrei erklärt hat, ist sie außerstande, ihrer selbst bewirkten Gefangensetzung zu entkommen und eine frühere Definition aufzuheben. Was in solchen Fällen geschieht, hat sich schon oft bewährt: Man behält den Wortlaut, aber verändert den Sinn:

> »Zu den Dingen, die die Kirche immer gepredigt hat und auch weiterhin lehren wird, gehört auch diese unfehlbare Erklärung, dass es außerhalb der Kirche kein Heil gibt.
> Dieser Lehrsatz ist jedoch in dem Sinn zu verstehen, den ihm die Kirche selbst gibt … In seinem unendlichen Erbarmen hat Gott gewollt, da es sich um Heilsmittel handelt, die die letzten Dinge des Menschen betreffen[,] … dass unter

gewissen Umständen ihre Heilswirkung auch erlangt werden kann, wenn diese Mittel nur Gegenstand eines »Wunsches« oder »Verlangens« sind ... Deshalb muss ein Mensch, wenn er sein allgemeines Heil erlangen will, nicht unbedingt ein erklärtes Mitglied der Kirche sein, er muss ihr jedoch zumindest durch Wunsch oder Verlangen zugehören.

Es ist jedoch nicht immer notwendig, dass dieser Wunsch explizit zum Ausdruck kommt wie bei den Katechumenen. Wenn ein Mensch in unabänderbarer Unwissenheit lebt, akzeptiert Gott auch den impliziten Wunsch, der so genannt ist, weil er ein Teil des positiven Strebens der Seele ist, ihren eigenen Willen nach dem Willen Gottes auszurichten.«[71]

So erlaubt nun diese beliebig dehnbare Interpretation Papst Pius' XII. von 1953, der starren alten Formel zu entkommen, Heilspessimismus gegen Heilsoptimismus auszutauschen und die Hölle im großen Stil zu entvölkern. Seitdem herrschen in der Kirche Rückzugsgefechte. Das Zweite Vatikanische Konzil eröffnete 1965 in seiner Konstitution *Lumen gentium* den Menschen aller Religionen den Weg zum Heil, wobei Juden und Muslime eigens genannt werden:

Aber auch den anderen, die in Schatten und Bildern den unbekannten Gott suchen, auch solchen ist Gott nicht ferne, da er allen Leben und Atem gibt und als Erlöser will, dass alle Menschen gerettet werden. Wer nämlich das Evangelium Christi und seine Kirche ohne Schuld nicht kennt, Gott aber aus ehrlichem Herzen sucht, seinen im Anruf des Gewissens erkannten Willen unter Einfluss der Gnade in der Tat zu erfüllen trachtet, kann das ewige Heil erlangen.

Selbst die Atheisten, denen bisher die Hölle sicher war, empfangen frohe Botschaft:

Die göttliche Vorsehung verweigert auch denen das zum Heil Notwendige nicht, die ohne Schuld noch nicht zur ausdrücklichen Anerkennung Gottes gekommen sind, jedoch, nicht ohne die göttliche Gnade, ein rechtes Leben zu führen sich bemühen (*Lumen gentium*, Art. 16).

Am widersprüchlichsten ist, dass für diesen Richtungswechsel dieselbe Basis in Anspruch genommen wird, die bis dahin zweitausend Jahre Drohungen rechtfertigte. Sollte solange neun Zehnteln der Menschheit die ewige Verdammnis sicher sein, so steht nun allen das ewige Heil in Aussicht. Das im Mai 1964 von Papst Paul VI. gegründete »Sekretariat für die Nichtchristen« kommt 1967 in einer kurzen Anspielung auf die Hölle zu

---

71 Zit. n. Yves Congar, Minois, 390 f.

sprechen, umschreibt sie aber als »zweiten Tod«, um gleich hinzuzufügen: »Sicherlich, kein Mensch kann beurteilen, ob je einem Menschen dieses Unglück widerfahren ist. Nur Gott allein weiß, wer diese Menschen sind, und ob es überhaupt solche gibt.« Damit kann der ganze bisherige Lehrbestand als in Frage gestellt gelten, zumal eine Verlautbarung der »Kongregation für die Doktrin des Glaubens an das ewige Leben im Jenseits« sagt, »dass die Gefahr von Darstellungen, die der Phantasie und persönlicher Willkür entsprungen sind, sehr groß ist, denn ihre Übertreibungen tragen zum großen Teil Schuld an den Schwierigkeiten, denen sich der christliche Glaube oft gegenübersieht … Weder die Heilige Schrift noch die Theologie liefern uns genügend Aufschluss für eine Darstellung des Jenseits.«

So breitet sich nun über die Hölle Schweigen aus, weil der Gesamtkomplex zu belastet ist und störende Assoziationen weckt. Allerdings erklärte der ultrakonservative und von Rom 1988 exkommunizierte Bischof Marcel Lefebvre: »Heute scheint man die Hölle leider vollkommen vergessen zu haben … Ist es möglich zu vergessen, dass Gott Gesetze und Strafen eingesetzt hat?« Und 1989 bedauerte Kardinal Ratzinger die eingetretene Situation: Im Blick auf die Fastenpredigten monierte er, dass der Priester bei der ersten Predigt den Leuten erkläre, dass es keine Hölle gibt; bei der zweiten, dass es kein Fegefeuer gibt; bei der dritten versuche er den Leuten zu sagen, dass es auch keinen Himmel gibt und dass wir versuchen müssen, ihn schon auf Erden zu finden. Die meisten Prediger würden zwar denken, dass es sehr wohl einen Himmel im Jenseits gebe, von der Hölle spreche jedoch niemand mehr.

Wie erfolgt Wahrheitsfindung in Glaubensfragen?

Zum Ersten ist festzustellen, dass die Glaubenstradition von den »letzten Dingen« nur noch als Scherbenhaufen verbleibt. Diese Lehre ist gewissermaßen implodiert. Die Kirche selbst hat ihr mit dem augustinischen Heilspessimismus und dem darauf gesattelten höllischen Angstterror die humane Legitimation entzogen. Wer über eineinhalbtausend Jahre ein Gottesbild lehrt, das den Horror in sich trägt, und damit sich selbst widerlegt, muss sich nicht wundern, dass dieser Gott auf dem Weg zur Erklärung der Menschenrechte nicht mehr hinreichend zivilisiert erscheint. Es wäre zu untersuchen, inwieweit unter solch einem Gottesbild, von dessen Gnaden sich alle weltliche Herrschaft abgeleitet hat, die friedlose und inhumane Geschichte des christlichen Europas auch ihre Prägung fand. Einerseits ist es das römische Erbe, das die Papstkirche übernahm, und daneben eine Kirche als Heilsanstalt, die den Menschen von sich abhängig halten muss, wie Augustin erkannte (→ S. 119). Hier mag noch einmal an Reinhold Schneiders Wort erinnert werden: »Auf den Trümmern einer so gewaltigen Gestaltung, wie es das römische Imperium war, kann man nicht ungestraft bauen: wie man sich auch drehen und wenden mag: man wiederholt; und mit dem alten Stil beschwört man auch den alten Gehalt.«

Zum Zweiten zeigt sich, wie flexibel die Kirche mit der Wahrheit umzugehen vermag, wenn ihr dies vorteilhaft oder gar geboten erscheint. Sie hatte den Satz des Cyprian von Karthago *Extra ecclesiam salus non est* – »Außerhalb der Kirche gibt es kein Heil« in der Allgemeinen Kirchenversammlung zu Florenz am 4. Februar 1442 als Dogma festgeschrieben, wohl angesichts einer Herrschaft, deren Macht für alle Zeiten gesichert zu sein schien. Doch wie es bei definierten Glaubenssätzen öfter geschieht: Was zunächst wünschenswert und nützlich erscheint, kann unter veränderten Zeiten zum Hemmnis werden. Die katholische Universalität war vor der Reformation noch selbstverständlich, danach änderten sich die Verhältnisse grundlegend. Bald rivalisierten mehrere Kirchen miteinander, und die Konfessionskriege nötigten nach bitterem Leid schließlich zu einem Toleranzdenken, das vordem jenseits des Horizonts gelegen hatte. Man sollte denken, das Dogma von Florenz wäre in seiner Sprache eindeutig und exklusiv genug formuliert gewesen, um einem Nichtkatholiken die Hoffnung auf das ewige Heil endgültig zu nehmen. Aber gerade daraus entwickelte sich eine Peinlichkeit, die unbedingt beseitigt werden musste. Tatsächlich gelang dieses Kunststück, denn am Ende einer erstaunlichen Kehrtwende will die Kirche sogar nicht mehr beurteilen können, ob die Hölle überhaupt noch besiedelt ist.

Einiges ist noch nachzutragen: Dass das Gottesbild seine zornerfüllten, furchterregenden und brutalen Züge seit der Aufklärung zunächst in gebildeten Kreisen, später schrittweise auch in traditionellen Milieus eingebüßt hat, ist nicht theologischer Kritik zu verdanken, sondern einer zunehmenden humanistischen und demokratischen Entwicklung, die in kirchlichen Kreisen wenig Unterstützung erfuhr. In seiner Enzyklika *Mirari vos* (»Ihr wundert Euch«) von 1832 »über den Liberalismus und religiösen Indifferentismus« bekräftigte Papst Gregor XVI. seine Ablehnung jedweder Religions- und Gewissensfreiheit als »jener verkehrten Meinung, man könne mit jedem beliebigen Glaubensbekenntnis das ewige Seelenheil erwerben, wenn man den Lebenswandel an der Norm des Rechtes und sittlich Guten ausrichte ... Und aus dieser höchst abscheulichen Quelle des Indifferentismus fließt jene widersinnige und irrige Auffassung bzw. vielmehr der Wahn, einem jeden müsse die Freiheit des Gewissens zugesprochen und sichergestellt werden«. Er verdammt die Freiheitsbewegung als »Wahnwitz der Geistesfreiheit« und prangert die »schrankenlose Denk- und Redefreiheit« sowie die »Erneuerungssucht« an. Mit dieser Verdammung aller modernen Ideen erscheint diese Enzyklika als Vorstufe für die Enzyklika seines Nachfolgers Pius IX. *Quanta cura* mit dem *Syllabus* von 1864. Darin verurteilte Papst Pius IX. die Religionsfreiheit und die Trennung von Kirche und Staat. In einem Anhang von 80 Punkten, der unter dem Namen *Syllabus errorum* (»Verzeichnis der Irrtümer«) bekannt wurde, werden unter anderem als »Irrtümer« benannt, es stehe jedem Menschen frei, jene Religion anzunehmen, die er für wahr halte, die Menschen könnten bei Übung jeder Religion die ewige Seligkeit erlangen, oder man könne Gott als Protestant ebenso gefallen wie in der katholischen Kirche. Mit dieser Ablehnung liberaler Grundwerte trug die Enzyklika dazu bei, dass demokratische Gesellschaftsformen lange Zeit als »unchristlich« galten. Die kircheninterne Konsequenz aus den voraufgegangenen Verdrängungen der veränderten Gesellschaft fand wenige Jahre später im Unfehlbarkeitsdogma ihren Ausdruck.

Von Anfang an bestimmte die Debatte über die päpstliche Unfehlbarkeit das Erste Vatikanische Konzil und teilte die Konzilsväter in zwei Lager. Zu den Gegnern gehörte fast der ganze deutsch-österreichische Episkopat und ein Teil des französischen Episkopats. Um nicht gegen das Dokument stimmen zu müssen, verließen um die 60 Bischöfe Rom vor der endgültigen Abstimmung. In Deutschland war es vor allem die Stimme des gelehrten und angesehenen Kirchenhistorikers Ignaz von Döllinger (1799–1890), der dieser Lehrentwicklung Pius' IX. widersprach und daraufhin 1871 exkommuniziert wurde. Döllinger verfügte in der Beurteilung der bisherigen Kirchenlehre über umfassenden Kenntnisstand und Urteilskompetenz. Dennoch musste er schließlich eingestehen:

> Gestern noch rechtgläubig, war ich heute ein des Bannes würdiger Ketzer, nicht weil ich meine Lehre geändert hatte, sondern weil andere für gut gefunden hatten, die Aenderung vorzunehmen und Meinungen zu Glaubensartikeln zu machen.
>
> Ich soll, wie der jesuitische Lieblingsausdruck lautet, das Opfer meines Verstandes (*sacrificio dell' intelletto*) bringen. Aber wenn ich das thäte, in einer Frage, welche für das geschichtliche Auge völlig klar und unzweideutig daliegt, dann gäbe es eben überhaupt keine geschichtliche Wahrheit und Gewißheit mehr für mich; ich müßte dann annehmen, daß ich mich mein ganzes Leben lang in einer Welt des Wahnes und Schwindels befunden habe und total unfähig sei, in geschichtlichen Dingen Wahrheit von Fabel und Lüge zu unterscheiden. So wäre

mir geradezu der Boden unter den Füßen weggezogen, auch für meine religiösen Anschauungen; denn auch unsere Religion hat doch geschichtliche Thatsachen zu ihrer Grundlage ...

Ich weiß, und zwar nicht aus zweiter oder dritter Hand, sondern durch sorgfältiges, lebenslängliches Studium aller Quellen, daß die beiden Behauptungen von der stets in der Christenheit geglaubten und geübten absoluten Allgewalt und Unfehlbarkeit des Papstes unrichtig sind. Nur durch eine lange Kette von List und Gewalt, Bestechung, Trug und Fiction ist es gelungen, die alte Lehre, trotz ihrer tausendfachen Begründung, Schritt vor Schritt zurückzudrängen und der neuen, in mönchischem Interesse ersonnenen den endlichen Sieg zu verschaffen. Man hat freilich mehrere Jahrhunderte dazu gebraucht.[72]

Wenn Döllinger von »einer langen Kette von List und Gewalt, Bestechung, Trug und Fiction« spricht, mit der es gelungen sei, die alte Lehre »Schritt vor Schritt zurückzudrängen und der neuen ... den endlichen Sieg zu verschaffen«, hat er dafür als Historiker viele Belege gehabt, doch erst der Münsteraner Kirchenhistoriker Hubert Wolf konnte 2013 mit seinem Buch »Die Nonnen von Sant'Ambrogio« aufdecken, welche Grabenkämpfe und Machenschaften dem Unfehlbarkeitsdogma vorausgingen.[73] Hubert Wolf machte im Archiv der Glaubenskongregation, der Dogmenbehörde der katholischen Kirche, einen wahrscheinlich bewusst versteckten Aktenfund, der einen Skandal aufdeckt, der sich vor gut 150 Jahren in einem römischen Frauenkloster ereignete. Hier war Joseph Kleutgen (1811–1883), alias Giuseppe Peters, gebürtig aus Dortmund, als Seelsorger und Beichtvater tätig. Als theologischem Wissenschaftler und Berater des Papstes konnten ihm die Regeln der Kirche nicht streng genug sein. Er war in einer jesuitischen Seilschaft vernetzt, die eine strikte Zentralisierung und Uniformierung der Kirche anstrebte: eine absolute Papstmonarchie unter Ausmerzung aller kollegialen und episkopalen Richtungen innerhalb des Katholizismus. Im Umfeld des Mariendogmas von 1854 setzte er leichtgläubig auf Gefühl sowie außerordentliche religiöse Phänomene und Erscheinungen. Doch in seiner privaten Existenz operierte er als Verführer im Beichtstuhl, Mitwisser bei einem Mordkomplott und notorischer Verächter von Urteilen der obersten römischen Glaubensbehörde. Kleutgen war nicht irgendein Theologe, sondern der Spitzenintellektuelle

---

72 Ignaz von Döllinger, Briefe und Erklärungen über die vatikanischen Dekrete, unveränderter reprographischer Nachdruck der Ausgabe von 1890, Darmstadt, 1968.
73 Hubert Wolf, Die Nonnen von Sant'Ambrogio. Eine wahre Geschichte, München 2013.

von Papst Pius IX. und ihn stützenden Kardinälen. Aus Kleutgens Feder stammt in weiten Teilen das Dogma, das im Jahr 1870 den Papst für unfehlbar erklärt, wenn er *ex cathedra* eine Glaubens- oder Sittenfrage als endgültig entschieden verkündet.

Bis zum Pontifikat Pius' IX. gab es in dieser Form noch kein »Ordentliches Lehramt«. Erst Joseph Kleutgen hat im Laufe der 1850er-Jahre als Gutachter der Indexkongregation und dann in zwei päpstlichen Dokumenten von 1862 und 1863 ein Konzept entwickelt, um moderne Theologen, die nicht neuscholastisch dachten, leichter als unkirchlich diffamieren und auf den *Index der verbotenen Bücher* setzen zu können. »Unmittelbar nach Kleutgens Verurteilung als Häretiker wurde dieses Modell, das zunächst nur in der Indexkongregation interne Anwendung gefunden hatte, von Pius IX. zur offiziellen Lehre der Kirche erhoben, wo es bis heute von zentraler Bedeutung ist: das sogenannte ordentliche Lehramt ... Er stellte dazu neben das feierliche außerordentliche Lehramt das ordentliche, täglich ausgeübte und genauso verbindliche Lehramt von Papst und Kurie. Auslöser war die Rede Döllingers, der mit Entschiedenheit für die Freiheit der Theologie vor römischen Bevormundungen plädiert hatte: Nur dogmatische Irrtümer, also nur Verstöße ›gegen die klare, allgemeine Lehre der Kirche‹ dürften künftig noch in Rom angezeigt und untersucht werden. Die Theologie besitze auf allen übrigen Feldern, die den Großteil ihrer Arbeit ausmachten, völlige Freiheit – auch die Freiheit zum Irrtum.«[74] Noch während Kleutgen seine Kirchenstrafe wegen Häresie und *Crimen sollicitationis* absaß – das »Verbrechen der Verführung« zu einem sexuellen Übergriff im Rahmen der Beichte –, fand sein Konzept des Ordentlichen Lehramts Eingang in lehramtliche Dokumente Pius' IX. Hubert Wolf resümiert: »Ein wegen formaler Häresie von der obersten Glaubensbehörde der Kirche verurteilter Ketzer wirkte kurze Zeit nach seiner Verurteilung an der Formulierung von Glaubenssätzen und einem neuen Dogma von der Infallibilität des Papstes mit, das für die Katholiken bis heute verbindlich ist.«[75]

Seitdem versteifen sich ultramontane Kleriker mehr denn je auf dieses Lehramt, wenn sie sich gegen Reformen wehren, während Hans Küng in der Unfehlbarkeit des Lehramts den entscheidenden Grund für die Reformunfähigkeit der katholischen Kirche sieht. Er meint, ohne eine Revision des Unfehlbarkeitsdogmas werde eine wirkliche Erneuerung kaum

---

74 Ebd., 424 f.
75 Ebd., 434.

möglich sein. Das mag sich hier wie bei anderen dogmatischen Entscheidungen systemimmanent so darstellen, doch die eigentliche Zukunftsfrage des Christentums, über die das nächste Kapitel handelt, verbindet sich mit der Reflexion, welche Bedeutung dem historischen Jesus und seiner Reich-Gottes-Botschaft in der Kirchengeschichte bisher versagt blieb und ob die christlichen Kirchen aus ihren Bedingungen noch eine Umorientierung schaffen können, zumal, wie wir erfuhren, die Reich-Gottes-Botschaft Jesu »wenig originell« sei und in einer christlich geprägten Umwelt »überhaupt nichts Besonderes« darstelle (→ S. 40).

10. Was vorbei ist. Was sich ändert. Was bleibt

»Wir blicken zurück auf ein unermessliches Trümmerfeld religiöser Traditionen, metaphysischer Behauptungen, demonstrierter Systeme.«

Wilhelm Dilthey

»Überzeugungen sind gefährlichere Feinde der Wahrheit als Lügen.«

Friedrich Nietzsche

»Ich brauche einen neuen Brauch, den wir sofort einführen müssen; nämlich den Brauch, in jeder neuen Lage neu nachzudenken.«

Bertolt Brecht

»Dogmen sind Antworten auf verlorengegangene Fragen.«

Michael Richter

Menschen, die gleichzeitig leben, sind oft nicht Menschen der gleichen Zeit. Zwar weiß jeder, dass Bewusstsein und Sprache sich wandeln, aber nicht jeder erkennt seinen eigenen Ort in diesem Prozess. Während viele Schriftsteller des 19. Jahrhunderts immer noch gelesen werden, ohne ihre Frische eingebüßt zu haben, sind die theologischen und religiösen Schriftsteller dieser Zeit und die des beginnenden 20. Jahrhunderts ungenießbar geworden. Solange die Kirche alles, was nicht Kirche ist, zur »Welt« beziehungsweise zur »Welt von heute« ernennt, um sich selbst in einem fiktiven Gegenüber zu begreifen, von dem aus das »Jenseits« verwaltet wird, gibt es eine Kirchensprache als Gruppensprache, die sich nicht selbstkritisch einzuholen vermag. Darin regiert eigenes Vokabular. Begriffe erfahren Umwertungen, einzelne Wendungen werden zu Erkennungsmarken, oft »durch einen bestimmten rhetorischen Stil, eine eigentümliche, unverkennbare Sprachmelodie ergänzt ... Der des Jargons Kundige braucht nicht zu sagen, was er denkt, nicht einmal es recht zu denken: Das nimmt der Jargon ihm ab und entwertet den Gedanken« (Theodor Adorno). Zwar schafft die Kirchensprache für Insider Vertrautheit, ein Zugehörigkeitsgefühl, und ist darin doch zugleich ein geistiges Getto, in dem die lebendigen, oft auch irritierenden Prozesse des Lebens nicht stattfinden. In dieser Sprache wird nicht Wirklichkeit beschrieben. Sie ermöglicht nicht Erkenntnis, sondern fordert Anerkenntnis für überlieferte Sentenzen, verwässerte Gedanken. Darum ist Kommunikation in solcher Sprache schwerlich ein Ort geistiger Anforderung, intellektueller Auseinandersetzung, der Schulung kritischen Denkens und des geschichtlichen Verstehens, vielmehr der vagen Formel, der unkontrollierbaren Aussagen und der Langeweile – Reservat einer erstarrten Sprache, in der sich Leben und Welt nicht mehr begreifen lassen:

> Vom Himmel herabgestiegen; seinen Sohn für uns hingegeben; Sühneleiden Christi; Vergegenwärtigung des Kreuzesopfers; das immerwährende unblutige Opfer; Opferpriester und Opfergabe zugleich; im Stand der Gnade sein; Vermehrung der Gnade; den Heiligen Geist ins Herz gesenkt; Frucht für das ewige Leben; Todsünde und lässliche Sünde; Auferstehung des Fleisches; ewiges Leben; Christus unser Hoherpriester; nach dem Tode in den Himmel kommen …, ins Fegefeuer …, in die Hölle; in unaussprechlicher Freude frohlocken … und immer wieder: den Glauben lernen. »Ein Abfallhaufen toter Wörter.« (James Joyce)

Solche Sprachgebärden haben die Wirkung, Hörer in die Flucht zu schlagen. Ihr Schablonenstil ist Symptom einer Lähmung, die nicht mehr sehen und bedenken kann, was die Zeit bestimmt. Wenn nun Menschen in einer gruppenbezogenen Sprachwelt groß werden, deren Realitätsbezug dürftig ist, finden sie dort auch keine Impulse zu Beobachtungen und Erfahrungen der Gegenwart. Sinn und Blick für die Wirklichkeit, zu bewusster Problemwahrnehmung und Auseinandersetzung stiftet nur eine Sprache, welche das Wissen, die Fragen und die Kontroversen der eigenen Zeit wahrnimmt und einbezieht. Insofern erledigt bereits die sprachliche Erfahrung des Christentums dessen Gegenwartsbezug.

Was vorbei ist: Die zweigeteilte Welt

Die bisherige Glaubenswelt hat die irdische Existenz des Menschen abhängig von der himmlischen Welt über uns gedacht: regiert von einem Gott, der lenkt und schützt, straft und belohnt, und den ein himmlischer Hofstaat mit Engeln und Heiligen umgibt. Solange die evolutive und physikalische Gestalt der Welt noch nicht voll erkannt war, wurde diese himmlische Welt kaum bezweifelt. Viele Naturerscheinungen konnten sogar als Auswirkungen des göttlichen Weltregiments gedeutet werden. Man schützte sich gegen Blitz und Hagelschlag, Erdbeben und Überflutungen durch die Anrufung himmlischer Beschützer und sagte ihnen Dank durch Votivtafeln und Opfergaben. Erst die naturwissenschaftliche Erkundung der Welt deckte die Gesetzmäßigkeiten des Kosmos auf und schloss damit Korrekturen aus einer Übernatur aus. Der Kosmos wird nicht von einer übernatürlichen Instanz regiert, sondern untersteht eigenen autonomen Gesetzen. Auch himmlische Erscheinungen, Stigmata, Visionen und innere Stimmen, Traumgesichte, plötzliche Heilungen und was es an Wundern mehr geben mag, unterliegen natürlichen Gegebenheiten, selbst wenn sie im Weltbild unserer Wissenschaften (noch) keinen Ort haben. In der Vergangenheit boten sich für alles Außerordentliche und Unerklärliche Eingriffe aus dem Jenseits an, doch haben inzwischen rationale Erklärungen das meiste verstehbar gemacht, sodass der Spielraum des vermeintlich Übernatürlichen immer mehr schrumpfte und schließlich dem Wunderglauben nur noch wenig Raum überlässt. Eine Kirchenleitung, die sich dennoch auf eine übernatürliche Welt beruft, die sich lediglich aus der Tradition eines vergangenen Weltbildes nachweist, widersetzt sich der evident gewordenen Autonomie des Kosmos.

Mit dem Verlust der zweiteiligen Welt verliert die Kirchenführung natürlich ihre bisher immer geltend gemachte Legitimation. Sie versteht sich ja als eine von Gott gestiftete Glaubens- und Rechtsgemeinschaft, der Christus im *depositum fidei* (dem Glaubensgut) alles hinterlassen hat, was die kirchliche Herrschaft begründet, die sakramentalen Heilsmittel bereitstellt und eine Hierarchie schafft, die das Kirchenvolk in einen männlich klerikalen Führungsstand und einen gemischt-geschlechtlichen Gefolgschaftsstand gliedert …, alles angelegt in einer dem päpstlichen Lehramt durch besonderen Geistbeistand anvertrauten göttlichen Wahrheit, die der Kirche bis zum Ende der Tage erhalten werde.

Aber weil die Garantien für dieses kirchliche Selbstverständnis im Obergeschoss der göttlichen Weltregierung nicht mehr zu suchen sind, ist die beschriebene Konstruktion hinfällig. Wäre die katholische Kirche in den letzten fünfhundert Jahren für die naturwissenschaftlichen, philosophischen und historisch-kritischen Erkenntnisse der Neuzeit offener gewesen, hätte ihr Verhältnis zur Aufklärung, zur Demokratie und zu den Naturwissenschaften einen anderen Lauf nehmen können. Stattdessen stellte man neuen Einsichten in Natur und Geschichte eine »Offenbarung« entgegen, die zwar nirgendwo nachweisbar ist, der modernen Welt aber ihre Autonomie bestreitet. Das führt dazu, bei einem Widerspruch zwischen Wissenschaft und Dogma, die Wahrheit des Dogmas um jeden Preis zu verteidigen, ohne die Angst loszuwerden, dass irgendwann das dogmatische Gerüst der Kirche seine göttliche Legitimation für die Mehrheit der Menschen dennoch einbüßt.

Je mehr diese Angst in den letzten zweihundert Jahren zunahm, desto empfänglicher wurde die Kirchenleitung für »übernatürliche Kundgebungen«, seien es Wunder und Visionen und insbesondere Erscheinungen der Jungfrau Maria. Deren inflationäre Häufung seit dem 19. Jahrhundert ist bekannt (→ S. 135 ff.), wohl auch hinreichend angeregt durch die propagierten »Erscheinungen« in La Salette, Lourdes und Fatima, wenngleich die Kirchenleitung die ungezählten weiteren Erscheinungen in aller Welt zurückdrängt, um den approbierten Orten ihre Reputation nicht zu nehmen. Dass die allerseligste Jungfrau Maria überhaupt an einigen Orten der katholischen Welt erscheint, wird offensichtlich als Trost und Genugtuung empfunden, um die Realität einer übernatürlichen Welt beglaubigt zu sehen. Die päpstlichen Wallfahrten dorthin schaffen eine zusätzliche Beglaubigung. Aber auf welches theologische und intellektuelle Niveau begibt sich diese Kirche damit? Dass beispielsweise zu Ehren einer Madonnenstatue aus Gips, aus deren Augen angesichts des Leids einer todkranken Frau im August 1953 einige Tage lang Tränen flossen, Anlass genug war, die größte Wallfahrtskirche Siziliens zu bauen und durch Papst Johannes Paul II. mit einem pompösen Klerusaufgebot einzuweihen, degradiert das Niveau der Kirche. Die Tränen einer Gipsmadonna mögen dem Volksglauben auch in aller Zukunft die himmlische Übernatur belegen, dem Anspruch eines modernen Denkens werden sie nicht gerecht.

Nun kann man sagen, der Ausfall geglaubter Eingriffe aus einer anderen Welt sei ein Verlust. Das ist er nur für einen Glauben, der sich dem Denken der eigenen Zeit nicht konsequent stellt. Wenn die Kirche die Autonomie der Welt nicht wirklich akzeptiert, bestreitet sie auch dem Menschen als dem Ergebnis der kosmischen Evolution seine Autonomie. Selbst wenn man den von Papst Gregor XVI. betonten »Wahn, einem jeden müsse die Freiheit des Gewissens zugesprochen und sichergestellt werden« inzwischen für einen päpstlichen Wahn hält; wenn man seine »Verurteilung der Geistesfreiheit und einer schrankenlosen Denk- und Redefreiheit« für geschichtlich überholt ansieht; selbst die von Pius IX. verurteilte Religionsfreiheit durch das Zweite Vatikanische Konzil als abgetan wertet, so hat die römische Kirchenleitung doch ihren Kurs beibehalten, die menschliche Autonomie einzuschränken und den Frauen die vollen Rechte in der Kirche zu verweigern: »Damit also jeder Zweifel bezüglich der bedeutenden Angelegenheit, die die göttliche Verfassung der Kirche selbst betrifft, beseitigt wird, erkläre ich kraft meines Amtes, die Brüder zu stärken (vgl. Lk 22,32), dass die Kirche keinerlei Vollmacht hat,

Frauen die Priesterweihe zu spenden, und dass sich alle Gläubigen der Kirche endgültig an diese Entscheidung zu halten haben.«[76] Wie immer und überall wird auch hier die »göttliche Verfassung der Kirche« in Anspruch genommen, um jede rationale Argumentation auszuschließen. Bei solcher Handhabung autoritärer Denkweisen spielt natürlich immer die Angst mit, langfristig aufgebaute Machtstellungen aufgeben zu müssen. Und da der Vatikan ein Machtapparat ist, gelten entgegenstehende Ansprüche des Evangeliums nur soweit, als sie den Betrieb nicht irritieren. Das wird auch weiterhin so sein, wird aber neuerdings mit einer bisher nicht gehörten Souveränität von Frauen beantwortet:

> Aus dem gleichen Grund, aus dem wir das Priesteramt wollen, müssen wir es ablehnen. Zumindest dieses Priesteramt. Nicht Priester sein zu dürfen, ist schlimm für moderne Frauen, es sein zu dürfen, wäre aber noch schlimmer. Diese Art von Gleichberechtigung können wir nicht wollen. Im Rahmen dieses Gefechts haben in letzter Zeit Theologiestudentinnen immer lauter Zugang zum Priestertum gefordert. Sind sie sich darüber im Klaren, was sie sich da wünschen? Zugang zu einem Klerus …, der die Sexualität gleichzeitig verdammt und idealisiert? Für dessen Führung es nichts gibt zwischen Jungfrauen und Müttern, zumindest nichts Gutes? Ist eine Mitgliedschaft in diesem Klerus begehrenswert? Käme es nicht zunächst einmal darauf an, sich einzugestehen, dass das Amt in seiner jetzigen Definition eine Zumutung ist für jedes moderne Individuum, gleich welchen Geschlechts? Seine Restriktionen machen den Priesterberuf so unattraktiv, dass wir in Europa unsere Priester mittlerweile aus Übersee importieren müssen.[77]

Sobald die Frauen auch dem Selbstverständnis des »von Christus« eingesetzten Priestertums nachspüren, wie es sich »mit der besonderen Aufgabe der Darbringung des Opfers und der Nachlassung der Sünden« beauftragt sieht, könnten sie vielleicht endgültig auf diese Würde verzichten wollen, um deutlicher im jesuanischen Sinn tätig zu werden.

---

76 Johannes Paul II. in seinem Apostolischem Schreiben »Ordinatio Sacerdotalis« vom 22. Mai 1994.
77 Christina Rietz, Wir sind mehr als Deko. ZEIT-Online; Christ & Welt, 5. Juni 2016.

Was vorbei ist: Die Lehrkompetenz des Lehramtes

Dass ein Machtapparat sich selbst entmachtet, kommt in der Welt und darum auch in der Kirche nicht vor, dies umso weniger, als nach Can. 331 CIC der Bischof der Kirche von Rom »Stellvertreter Christi und Hirte der Gesamtkirche hier auf Erden ist; deshalb verfügt er kraft seines Amtes in der Kirche über höchste, volle, unmittelbare und universale ordentliche Gewalt, die er immer frei ausüben kann«. Sein Lehrmonopol ebenso wie seine Jurisdiktionsmacht kommt der heiligen Hierarchie »aus der Höhe« zu und wird nicht durch wissenschaftliche Qualifikation, sondern durch abgestufte Weihen verliehen. Nichtgeweihte bleiben außerhalb dieser Lehrkompetenz. Erst die Weihe schafft jene heteronome Ordnung, die Kleriker und Laien trennt und in unterschiedlicher Weise mit göttlich sanktionierten Befugnissen ausstattet. Die römischen Ämter und Verwaltungseinrichtungen, welche mit dieser göttlich autorisierten Aufgabe verbunden sind, bezeichnen sich selbst als »heilig«, um damit ihre himmlische Legitimität auszudrücken.

Nun hat die Geschichte römischer Lehrentscheide allerdings gezeigt – um nur die Linie ab 1854 aufzunehmen –, dass es allemal Wahrheitsansprüche sind, die über *göttliche Entschlüsse* verfügen und bereits durch ihre autoritäre Diktion Abwehr auslösen:

> Zur Ehre der Heiligen und ungeteilten Dreifaltigkeit, zur Zierde und Verherrlichung der jungfräulichen Gottesgebärerin, zur Erhöhung des katholischen Glaubens und zum Wachstum der christlichen Religion, in der Autorität unseres Herrn Jesus Christus, der seligen Apostel Petrus und Paulus und der Unseren erklären, verkünden und bestimmen Wir in Vollmacht unseres Herrn Jesus Christus, der seligen Apostel Petrus und Paulus und in Unserer eigenen: Die Lehre, dass die seligste Jungfrau Maria im ersten Augenblick ihrer Empfängnis durch einzigartiges Gnadengeschenk und Vorrecht des allmächtigen Gottes, im Hinblick auf die Verdienste Christi Jesu, des Erlösers des Menschengeschlechts, von jedem Fehl der Erbsünde rein bewahrt blieb, ist von Gott geoffenbart und deshalb von allen Gläubigen fest und standhaft zu glauben. Wenn sich deshalb jemand, was Gott verhüte, anmaßt, anders zu denken, als es von Uns bestimmt wurde, so soll er klar wissen, dass er durch eigenen Urteilsspruch verurteilt ist, dass er an seinem Glauben Schiffbruch litt und von der Einheit der Kirche abfiel, ferner, dass er sich ohne weiteres die rechtlich festgesetzten Strafen zuzieht, wenn er in Wort oder Schrift oder sonstwie seine Auffassung äußerlich kundzugeben wagt.[78]

---

[78] Josef Neuner/Heinrich Roos, a. a. O. 190 f.

Weil damit auch das ominöse und in sich unwürdige Erbsündendogma noch einmal in Anspruch genommen wurde, sei angemerkt: Die fiktive und nirgendwo fassbare »Ausnahme vom Fehl der Erbsünde« als göttliche Offenbarung zu lehren, belegt ein Flattern in wirklichkeitsleeren Räumen, (zumal diese Lehre sich einer unsauberen Nachhilfe Augustins' verdankt, wie auf S. 121 ff. ausgeführt). Und darauf folgte nun 1870 ebenfalls durch Papst Pius IX. die heftig umstrittene Definition der päpstlichen Unfehlbarkeit:

> Wenn der römische Papst in höchster Lehrgewalt (*ex cathedra*) spricht, das heißt: wenn er seines Amtes als Hirt und Lehrer aller Christen waltend in höchster apostolischer Amtsgewalt endgültig entscheidet, eine Lehre über Glauben oder Sitten sei von der ganzen Kirche festzuhalten, so besitzt er aufgrund des göttlichen Beistandes, der ihm im heiligen Petrus verheißen ist, jene Unfehlbarkeit, mit der der göttliche Erlöser seine Kirche bei endgültigen Entscheidungen in Glaubens- und Sittenlehren ausgerüstet haben wollte. Diese endgültigen Entscheidungen des römischen Papstes sind daher aus sich und nicht aufgrund der Zustimmung der Kirche unabänderlich. Wenn sich jemand – was Gott verhüte – herausnehmen sollte, dieser unserer endgültigen Entscheidung zu widersprechen, so sei er ausgeschlossen.[79]

Die Masse theologischer Publikationen, die in den Jahrzehnten unter Papst Pius IX. und Pius X. der Verurteilung anheimfiel, lässt sich hier nicht dokumentieren. Wer immer die Bibel einer historisch-kritischen Fragestellung unterzog, wurde mit Indizierungen, Schreibverboten, Degradierungen, Lehrstuhlentzügen und sonstigen Lehrzuchtmaßnahmen traktiert, durchweg mit dem Resultat, dass viele Theologen missachtet und gebrochen wurden, um vielleicht erst nach ihrem Tod durch den Fortgang der Wissenschaften indirekt rehabilitiert zu werden. Während all diese verurteilten Theologen durchweg im Rahmen ihrer Zeit kritisch denkende Männer waren, entwickelte das außerordentliche Lehramt unter Papst Pius XII. eine Wahrheitsfindung, die ins Jenseits hinausführt und die leibliche Aufnahme Mariens in den Himmel am 1. November 1950 enthüllte:

> Wir verkünden, erklären und definieren es als ein von Gott geoffenbartes Dogma, dass die unbefleckte, allzeit jungfräuliche Gottesmutter Maria nach Ablauf ihres irdischen Lebens mit Leib und Seele in die himmlische Herrlichkeit aufgenommen wurde.

---

79 Ebd., S. 234 f.

Vorweg hatte sich Pius XII. an alle Bischöfe der Welt gewandt mit der Bitte um ein Votum, ob diese leibliche Aufnahme Mariens als Dogma zu verkündigen sei. Nur 22 Gegenstimmen bei insgesamt 1181 befragten Bischöfen ermutigten ihn, die Lehre von der leiblichen Aufnahme Mariens dogmatisch zu verkündigen: ein erschütterndes Indiz für das theologische Niveau und die Anpassungsbereitschaft des Gesamtepiskopats.

Wenngleich erst seit der Gegenreformation die Hierarchie das Monopol der Lehrautorität für sich deutlicher beansprucht hat, so hat doch erst Pius IX. das sogenannte »ordentliche Lehramt« zur offiziellen Lehre der Kirche erhoben. Roger Lenaers meint, der späte Ursprung dieses Anspruchs müsse nicht verwundern:

> Die Bischöfe waren nämlich in den Jahrhunderten vor dem Konzil von Trient meistens mit ganz anderen Dingen beschäftigt als mit der Belehrung ihrer Schäflein. In der Regel waren sie jüngere Söhne aus einem adligen Geschlecht, die ihren Bischofssitz als Trostpreis geschenkt bekamen, weil die Erbfolge mit der dazu gehörenden Herrschaft dem älteren Bruder zugefallen war.
>
> Von Theologie wussten sie denn auch meistens viel weniger als von der Jagd und der Waffenführung, und sie beschäftigten sich mehr mit dem Einnehmen und Ausgeben (oder Verschwenden) des Ertrags ihrer ausgedehnten Domänen als mit dem Glauben und dessen Verkündigung. Ihren Bischofsring und Krummstab verdankten sie der Gunst des Landesherrn, und diese Gunst hatten sie als Lehnsmann mit Hand- und Spanndiensten zu zahlen, etwa mit der Lieferung von Soldaten und sogar mit der Teilnahme an Feldzügen, eine Beschäftigung, die ihnen ganz vorzüglich passte. Woher hätte ihre Lehrautorität wohl gestammt? Aus der Höhe? Und zwar durch ihre oft simonistische Weihe? Aber auch nach Trient verdanken die Bischöfe ihre Lehrautorität, die sie beanspruchen, nicht einer besonderen Erleuchtung aus dem Himmel, die sie bei der Bischofsweihe aus Unwissenden zu Wissenden gemacht hätte, sondern ihrer eigenen Intelligenz, ihrer theologischen Bildung und ihrer Glaubenseinsicht. Auch heute noch verwandelt sich ein Bischof, der vor seiner Anstellung ein theologisches Öllämpchen war, durch diese Anstellung nicht plötzlich in einen theologischen Leuchtturm. Und nach wie vor der Weihe denkt er richtig oder denkt er falsch. Nur in einer heteronomen Denkwelt, in der jene zweite Welt zu Hilfe gerufen werden kann, um das Unmögliche möglich zu machen, verdankt ein Bischof seine Lehrautorität seiner Weihe.[80]

Aus der jüngeren Zeit wäre zu fragen, mit welch theologischer Lehrkompetenz Kardinal Joseph Höffner Hans Küng entgegentreten konnte oder

---

80 Roger Lenaers, a. a. O., 76.

worin Kardinal Johannes Joachim Degenhardt Eugen Drewermann theologisch gewachsen war? Allenfalls im Beharren auf traditionellen Positionen, mit denen sie schlicht, um nicht zu sagen naiv, differenziertere Problemlagen »abglichen« – ähnlich wie dies der »Katechismus der Katholischen Kirche« von 1992 hält. Mit höchstem Autoritätsanspruch fährt dieser Weltkatechismus fort, alle störenden Resultate kritischer Bibelforschung auszuklammern, als lägen dergleichen gar nicht vor, und macht Ausführungen zu Jungfrauengeburt, den Geschwistern Jesu, leerem Grab, Himmelfahrt und Wiederkunft, ohne sich mit den dafür relevanten exegetischen Befunden auch nur ansatzweise auseinanderzusetzen. Dies ist eine Verdrängung belegter Wahrheit, der man sich nicht zu stellen wagt, weil man ihr gegenüber nicht standhält. Es ist zugleich eine institutionelle Unwahrhaftigkeit, die der Lehrkompetenz des kirchlichen Lehramtes das Vertrauen nimmt.

Was vorbei ist: Erscheinungen und Wunder der himmlischen Welt

Fragen wir nach der faktischen Möglichkeit von Wundern, so ist zu klären, ob der in den letzten Jahrhunderten gültig gewordene Wissenschaftsbegriff ausreicht, um der »Wirklichkeit« gerecht zu werden. Selbst im Rahmen der Naturwissenschaften bleibt im Alltagsbereich immer noch genug verborgen und vorschnell dem Aberglauben unterstellt. Nehmen wir als Beispiel die Wünschelrute, ein Phänomen, das mit herkömmlichen Mitteln nicht zu erklären ist. »In den Naturwissenschaften besteht heute ein weitgehender Konsens, dass die angenommenen physikalischen Wirkungszusammenhänge nicht existieren. Das Ausschlagen der Wünschelrute oder vergleichbarer Pendelinstrumente wird stattdessen neuropsychologisch als Ergebnis eines ideomotorischen Prozesses erklärt (Carpenter-Effekt), bei dem die Vorstellung von einer bestimmten Bewegung unbewusste Bewegungsimpulse in denjenigen Muskeln auslöst, die zur Ausführung der Bewegung erforderlich sind« (Wikipedia). Wenn das richtig ist, was bedeutet dies dann für den Menschen, für seine Sensibilität, seine ihm selbst verborgenen unbewussten Fähigkeiten? Wie erklären sich die auf diesem Weg erzielten Resultate? Wie können sich solche Fähigkeiten auf anderen Gebieten auswirken?

Das bisher zwischen Theologen und Parapsychologen geführte Gespräch hat gezeigt, dass es neben der offenkundigen Wirklichkeit eine dem heutigen Kenntnisstand noch verborgene Dimension gibt. Bei Visionen etwa wäre zu unterstellen, dass sie primär eine Disposition im Menschen selbst haben, sodass sich sagen lässt, ein Wunder geschehe nicht im Widerspruch zur Natur, sondern zu dem, was wir von der Natur wissen.

Wunderheilungen, so überraschend und gegen jede sonstige Erfahrung sie stattfinden, sind dann auch nicht als Durchbrechung der Naturgesetzlichkeit zu deuten, können vielmehr unser Wissen vom Menschen und seinen unbewussten Potenzialen erweitern. Dafür existiert ein breites Erfahrungsfeld. In seinem Buch »Die Vermessung des Glaubens« beschreibt Ulrich Schnabel, wie sich Mediziner, Neuropsychologen und Verhaltensforscher aus aller Welt mit der irritierenden Tatsache befassen, dass oft schon der bloße Glaube an eine hilfreiche Therapie oder ein Medikament ausreicht, um bei Patienten dramatische Besserungen hervorzurufen:

> Da wären neben der Erwartungshaltung des Patienten auch das Verhalten des Arztes oder Therapeuten und schließlich der gesamte Bedeutungsrahmen, in dem eine Behandlung sich abspielt. Wer voller Hoffnungen zum Doktor eilt und glaubt, dass ihm dort geholfen werde, fühlt sich oft schon durch diese Erwartung besser. Die Aussicht auf eine Linderung der Beschwerden unterbricht den Strom negativer Gedanken, die um das Leiden kreisen und es damit oft noch nähren. Und wenn der Arzt dem Patienten Vertrauen einflößt und ihm den Glauben an eine Heilung wiedergibt, führt das nicht nur zu einer Entspannung, sondern kann Selbstheilungskräfte in Gang setzen. Diese lassen sich zusätzlich aktivieren, wenn der Patient das Gefühl hat, in ein bedeutungsvolles Ritual eingebunden zu sein, das möglicherweise auch Angehörige oder Freunde einschließt und damit die soziale Dimension seines Lebens berührt.[81]

Alle diese Wirkungen zusammengenommen werden in der heutigen Placeboforschung untersucht. Inzwischen ist erwiesen: Ob und wie Pharmaka wirken, hängt in entscheidendem Maße von der Einstellung oder Wahrnehmung des Patienten ab. Fehlt der Glaube (im Sinne unbedingten Vertrauens), kann selbst die beste Medizin ihre Wirkung verlieren. Umgekehrt gilt aber auch: Ist die Erwartung groß genug, kann selbst ein Gift zum Heilmittel werden. »Für Placeboforscher ist daher der biblische Hinweis auf die Berge versetzende Kraft des Glaubens kein frommer Wunsch, sondern ein medizinischer Effekt, der eine rational erklärbare biologische Grundlage hat.«

---

81 Ulrich Schnabel, Die Vermessung der Wirklichkeit, München 2008, 50.

Die volkstümliche Religion mag vielen ein bergender Schoß sein, aber stimmt ihre Glaubenswelt mit dem Wissen der Zeit und ihrem historisch-kritischem Bewusstsein noch überein? Wer kritisch denkt, möchte sich tröstenden Illusionen nicht mehr unterwerfen, sondern aufrecht erkennen, wie die Welt wirklich beschaffen ist. Ist es eine Welt, die sich dem, was gewusst und reflektiert werden kann, ehrlich stellt? Auch Kopernikus, Darwin oder Freud haben der Menschheit verletzende Einsichten zugemutet, gegen die sich der Glaube lange gewehrt hat, aber sie haben zugleich dazu genötigt, erwachsen und selbstverantwortlich für das eigene Leben zu werden.

Auch die folgenden Phänomene sind im Rahmen der exakten Wissenschaften bislang unerklärlich:

- Die vielfältig belegte Erfahrung, dass der Mensch Vorgänge während eigener Ohnmacht – an der Unfallstelle, auf dem Operationstisch, im Krankenbett – so genau miterlebt, dass er hinterher darüber Auskunft geben kann.
- Menschen, die Texte oder gar Gedichte in ihnen völlig unbekannten Sprachen schreiben. So der indische Yogi Gopi Krishna (1903-1984), der in Kaschmir, Urdu, Punjabi und Englisch schreiben konnte, nach bestimmten Meditationserfahrungen aber auch in ihm ganz fremden Sprachen. Darüber reflektierte der mit Gopi Krishna bekannte Physiker und Philosoph Carl Friedrich von Weizsäcker: »Wie ist dieser poetische Vorgang möglich, und wozu ist er gut? Ich weiß es nicht. Verehrung dem Unbegriffenen.«[82]
- Der Bereich außersinnlicher Wahrnehmung wie Telepathie oder »Hellsehen«. Er ist nirgendwo vermessen, doch sicherlich nicht im »Übernatürlichen«, sondern im Vermögen des Menschen anzusiedeln. Seit 120 Jahren erforscht die Parapsychologie die hypothetischen Erscheinungsformen der Präkognition. Ein reproduzierbarer Nachweis der Existenz dieser Phänomene existiert nicht. Experimente der Universitäten Stanford und Princeton lassen aber schließen, dass die Zeit für den menschlichen Geist theoretisch »durchlässig« ist. Eine Theorie hierzu müsste über Faktizität und Möglichkeit »ähnlich hinausgehen, wie die Quantentheorie über die Grundbegriffe der klassischen Physik«.[83]
- Die Ethnomedizin, die Kenntnisse und Praktiken unterschiedlicher Kulturen zur Sprache bringt. Oft widersprechen sie allen Regeln der westlichen Schulmedizin, wenn es um Hexerei, Magie, Alchemie, Mantik … geht, und können dennoch

---

82 Gopi Krishna/Carl Friedrich von Weizsäcker, Biologische Basis der Glaubenserfahrung, Bern 1971, 7-45.
83 Carl Friedrich von Weizsäcker, Aufbau der Physik, München 1988, 602.

Resultate zeitigen, die den schulmedizinischen Rahmen übersteigen. Deutlich wird dabei, dass der kranke Mensch unendlich viel mehr ist als das, was die medizinische Wissenschaft über ihn lehrt: ein Wesen, das sich nicht aus sich selbst erklärt, weil es eine Natur besitzt, die Bewusstes und Unbewusstes, Bekanntes und noch viel mehr Unbekanntes umgreift.

– Das weite Feld der Alternativen oder Komplementären Medizin. Über deren Heilmethoden besteht ein vermutlich nie endender Streit. Homöopathie, Akupunktur, Traditionelle Chinesische Medizin, Reiki, Chiropraktik … sind einige der umkämpften Naturheilmethoden, deren Wirksamkeit ebenso bestritten als leidenschaftlich in Anspruch genommen wird.

– Schließlich Erfahrungen der Bewusstseinserweiterung durch Meditation. »Es ist die unmittelbare, d. h. intuitive Erfahrung des Selbst, die grundverschieden ist von dem Bewusstsein des Ich, wie wir es beständig haben.«[84]

Insgesamt bleibt die Frage, was »Wirklichkeit« ist. Wir wissen ja keineswegs, wie die objektive Welt beschaffen ist. Wenn Immanuel Kant sagt, die Erfahrung könne uns nichts über die Natur der Dinge an sich lehren, so stellt sich umso mehr die Frage, warum wir in vielerlei Hinsicht dann doch eine außerordentlich verlässliche und stabile Welt erleben, in der es dauerhafte Dinge gibt, deren Gesetzmäßigkeiten und Regeln Berechnungen gestatten und Vorhersagen ermöglichen, auf die wir uns stützen. Man kann die Wirklichkeit objektivieren, indem man sie in ein Kausalgeflecht auflöst. Die entsprechenden Erfolge sind imponierend und zu besichtigen. Doch bleibt die Frage, was dabei verloren geht. Angenommen, wir beschränken die Wirklichkeit auf das je Überprüf- und Messbare, erhalten wir dann eine verlässliche Weltsicht oder sitzen wir dadurch erst recht in der Falle?

Es bleibt ein Zweifel an der Übereinstimmung von Wissen und Wirklichkeit, wie ihn bereits Xenophanes (um 570–470 v. Chr.) formulierte: »Das Genaue freilich erblickt kein Mensch, und es wird auch nie jemand sein, der es weiß, … denn selbst, wenn es einem im höchsten Maße gelänge, ein Vollendetes auszusprechen, so hat er selbst trotzdem kein Wissen davon: Schein haftet an allem.«

Während gewöhnlich die Theologie Wert darauf legt, das Wunder als Erweis des Übernatürlichen zu nehmen, beschreibt der oben erwähnte Inder Gopi Krishna seine mystische Erfahrung »des reinen Bewusstseins« als einen evolutionären Schritt der Menschheit, das heißt ein der mensch-

---

84 Hugo M. Enomiya, Zen-Buddhismus, Köln 1966, 384.

lichen Natur zugehöriges Vermögen, zu dem der heutige Mensch freilich erst unterwegs ist. Er sagt, seine Transzendenzerfahrung sei

> ohne Grenze, ohne Körperlichkeit, ohne irgendeine Empfindung oder Gefühl, das von Sinneswahrnehmungen herrührte, ... ein unermesslich großer Bewusstseinskreis, in dem der Körper nur einen Punkt bildete, in Licht gebadet und in einem Zustand der Verzückung und Glückseligkeit, der unmöglich zu beschreiben ist ... (aber) nicht als Zeichen einer besonderen göttlichen Gnade, die ausschließlich mir geschenkt wurde oder die ich als Belohnung für einen Verdienst geerntet hätte, sondern als eine stets gegenwärtige Möglichkeit, die in allen menschlichen Wesen vorhanden ist. Diese ergibt sich aus einer Evolution, die noch in der Menschheit am Werke ist und die darauf zielt, eine Bedingung des Gehirns und Nervensystems zu erlangen, die die vorhandenen Grenzen des Denkens zu überschreiten und einen Bewusstseins-Zustand zu schaffen vermag, der jenem weit überlegen ist, der gegenwärtig die natürliche Erbschaft der Menschheit bedeutet. Mit anderen Worten: Ich glaube nicht, dass die Erfahrung trotz ihrer wunderbaren und erhabenen Natur die subjektive Erfassung einer höchsten, vollkommenen und ganzheitlichen Wirklichkeit ist, sondern dass sie ein Aufstieg von einer Stufe der Leiter zur Entwicklung zu einer anderen ist.
>
> Ich weiß nicht, ob ich es der Natur der Manifestation oder dem Umstand verdanke, dass ich dieses Vorzugs gewürdigt wurde, während ich das normale Leben eines Hausvaters führte, ohne vorherige Unterweisung, religiöse Neigung oder mönchische Disziplin der Gedanken, aber die Tatsache bleibt bestehen, dass vom ersten Anfang an eine eingeborene Überzeugung langsam in mir Gestalt annahm. Sie besagte, dass alles, was ich in dem transzendentalen Zustand erfuhr, nur die nächst höhere Bewusstseinsstufe ist, die der Menschheit im Lauf der Zeit als ihren normalen Besitz zu erwerben bestimmt ist. Von dieser aus ist noch eine höhere Form zu erstreben, die aber in der Gegenwart nicht einmal vorgestellt werden kann.[85]

Gopi Krishna räumt ein, dass er wirklich eine beachtliche Veränderung in sich erfahren hat, gewissermaßen die Entwicklung eines höheren Sinnes, nicht durch eigene Anstrengung, sondern durch etwas, was er »nur Gnade« nennen kann, wenngleich er es zugleich als Ergebnis einer täglich stärker wahrnehmbaren und dennoch unverständlichen Tätigkeit einer strahlenartigen Lebensenergie beschreibt, die in schlafender Form in jedem Menschen gegenwärtig ist:

> Ich bin so fest überzeugt von der Wirklichkeit dieses Übersinnes, wie ich von den anderen in uns schon gegenwärtigen Sinnen überzeugt bin. Tatsächlich nehme

---

85 Gopi Krishna, Kundalini. Erweckung der geistigen Kraft im Menschen, Bern/München/Wien ⁵1993, 192 f.

ich jedes Mal, wenn ich ihn gebrauche, eine Wirklichkeit wahr, von der alles, was ich sonst für wirklich halte, gegenstandslos und schattenhaft erscheint, eine Wirklichkeit, die dauerhafter ist als die materielle Welt, die von den anderen Sinnen widergespiegelt wird. Sie ist sogar dauerhafter als ich selbst, der vom Gedanken und vom Ich umgeben ist, dauerhafter auch als alles, das ich, die Dauerhaftigkeit eingeschlossen, wahrnehmen kann. Mit Ausnahme dieses außerordentlichen Zuges bin ich ein menschliches Wesen mit einem Körper, der vielleicht empfindlicher ist für Hitze und Kälte und für den Einfluss disharmonischer Faktoren auf gedanklichem wie physischem Gebiet als der normale.[86]

Krishna deutet seine ihm selbst ungeheuerlichen Erfahrungen ohne den Einbruch des Himmels, reflektiert sie kritisch und stellt sich einem bedeutenden Wissenschaftler seiner Zeit, Carl Friedrich von Weizsäcker, der ihn entsprechend nüchtern auch anschaut und mit dem zusammen er ein Buch über die »Biologische Basis der Glaubenserfahrung« geschrieben hat[87]. »Wunder« in der Welt sind nicht zu bestreiten. Man kann die Evolution ein einziges Wunder nennen, aber damit ist keine doppelstöckige Wirklichkeit zu verbinden. Der katholische Wunderglaube kommt dem Verlangen nach himmlischen Zeichen, nach Gebetserhörung, Trost und Sicherheit entgegen; er kann das volksfromme Begehren befriedigen und einer religiösen Praxis reiche Nahrung bieten – und zugleich an einem biblisch-jesuanischen Lebensverständnis völlig vorbeigehen.

Erinnert sei hier jedoch auch an die Ausführungen von Thomas Nagel, der in seinem Bedenken von Geist und Kosmos zu der Überzeugung kam, dass die materialistische Konzeption der Natur so gut wie sicher falsch ist (→ S. 28 ff.).

Was sich ändert: Die Bibel als geschichtliches Dokument

Wer die Bibel ohne angemessene Vorkenntnisse liest, findet sich bald in einem Zaubergarten wieder. Die Welt, wie sie dort entgegentritt, hat kaum etwas mit heutiger Welterklärung gemein: Die Erde ist ein vom Meer umgebenes Land. Sonne, Mond und Sterne ziehen darüber ihre Bahn. Auch wenn der Himmel hoch ist, ist er doch nicht weit. Die Geschichte der Menschen unterliegt zwar strengen Naturgesetzen, aber jederzeit kann

---

86   Ebd., 199.
87   Gopi Krishna/Carl Friedrich von Weizsäcker, a. a. O.

Gott in den Ablauf der Dinge eingreifen. Gott spricht immerfort und auf mannigfache Weise zu den Menschen; er beruft Männer zu besonderen Diensten; führt Israel durch das Rote Meer; gibt auf dem Berg Sinai dem Mose die Gesetzestafeln; lässt die Sonne stillstehen, bis die Truppen Josuas gesiegt haben; lässt die Mauern von Jericho einfallen beim Posaunenschall, ohne dass Israel auch nur einen Finger rührt … Unaufhörlich ereignen sich Eingriffe in die Weltgeschichte als Wundertaten Gottes, die weltlichen Geschichtsbüchern fremd sind.

Ebenso ungewöhnliche Dinge gibt es im Neuen Testament. Jesus verwandelt Wasser in Wein, erweckt Tote, geht über den See und steht nach schimpflicher Kreuzigung von den Toten auf. Er erscheint als ein überirdisches Wesen, das als »Sohn Gottes« vom Himmel herabgekommen ist und Menschengestalt annahm. Als Auferstandener aber thront er zur Rechten Gottes und wird auf den Wolken des Himmels wiederkommen, um sein Werk zu vollenden. Dann werden sich die Gräber öffnen, und das Weltgericht scheidet die Guten von den Bösen, die einen zur ewigen Herrlichkeit, die anderen zur Verdammnis. Und zwischendrin mangelt es nicht an zusätzlichen Seltsamkeiten: Jungfrauengeburt, Kreuzestod als Erlösung der Menschheit, Höllenabstieg, Himmelfahrt … Das Apostolische Glaubensbekenntnis reiht dergleichen dicht aneinander.

Wir würden dieser biblischen Tradition verwirrt gegenüber bleiben, wollten wir die geschilderten Ereignisse auf der Ebene historischer Fakten sehen. Sind wir uns jedoch des mythischen Bewusstseins, das darin waltet, und des zugehörigen Weltbildes bewusst, so muss dies alles keine Ratlosigkeit aufzwingen, denn dann können wir des Mythos als Mythos ansichtig werden. Der Weg zur Erringung dieser geistigen Freiheit gegenüber dem Mythos war für die Theologie mühsam. Nachdem er aber dort halbwegs bewältigt erscheint, ist sein Nachvollzug innerhalb der Gesellschaft erst noch zu leisten.[88]

Zunächst war es der Marburger Exeget Rudolf Bultmann, der die Problematik so zuspitzte: »Man kann nicht elektrisches Licht und Radioapparat benutzen, in Krankheitsfällen moderne medizinische und klinische Mittel in Anspruch nehmen und gleichzeitig an die Geister- und Wunderwelt des Neuen Testaments glauben.« Es stimmt jedoch nicht, dass mythische Vorstellungen »für den modernen Menschen nicht annehmbar« seien. Das ist nur der Fall, wenn ein Mythos nicht als Mythos zur Sprache kommt, sondern auf die empirische Ebene verschoben wird, wie

---

88 Hubertus Halbfas, Religiöse Sprachlehre. Theorie und Praxis, Ostfildern 2012.

es Fundamentalisten tun, die Metaphern, Symbole und Mythen nicht als Metaphern, Symbole und Mythen lesen können.

Wollte man mythische Traditionen löschen, so wäre auf die Sinnlichkeit der Sprache zu verzichten, auf ihre Bilder und ihre erzählende Kraft. Die Deutung der Welt, wie sie in der Literatur geschieht, lässt sich nicht ohne Mythen und Gleichnisse denken. Auch Dantes Göttliche Komödie, Shakespeares Dramen und Goethes Faust lassen sich nicht in diskursive Sprache »umschreiben«. Selbst Sigmund Freud konnte seine tiefenpsychologischen Thesen nur im Rückgriff auf den griechischen Mythos formulieren. Eine Übersetzung des Mythos in abstrakte Gedanken würde die Bedeutung des Mythos zunichte machen.

Wenn nun auch die Geschichte von Mose auf dem Berge Sinai, wo er die Gesetzestafeln aus der göttlichen »Wolke« empfing, mythischer Natur ist und keine historische Begebenheit abbildet, so kann ihre symbolische Qualität doch durch keine begriffliche Sprache ersetzt werden. Und so sehr das wissenschaftliche Denken die Welt entzaubert hat, es bleiben weiterhin begleitende und ergreifende Bilder: wie die drei Engel Abraham besuchen, wie Jakob in der Nacht mit dem Engel Gottes kämpft, Israel durch das Rote Meer zieht, Mose zwar nicht Gott selbst, wohl aber seinen Mantelsaum sehen darf, Elija in einer Stimme verschwebenden Schweigens Gottes inne wird, Bileams Eselin besser sieht als ihr Reiter, Jesus über Wasser wandelt, als Auferstandener abwehrend sagt: *noli me tangere*, der Pfingststurm die Menschen erfasst … und so fort.

Die Wahrheit dieser Erzählungen liegt nicht im Wie des Geschehens, sondern in der Gültigkeit ihrer Bilder. Es ist etwas anderes, einem Mythos in mythischem Bewusstsein zu begegnen oder demselben Mythos im Wissen um seinen mythischen Charakter reflexiv gegenüberzustehen. Die mythische Sprache ist »die Sprache jener Wirklichkeit, mit der wir existenziell leben, während unser Dasein sich ständig an die empirische Realität verlieren will, als ob diese schon die Wirklichkeit selber sei« (Karl Jaspers).

Es ist aber das gar nicht zu überschätzende Verdienst der bibelkritischen Forschung, die Bibel einer rationalen Fragestellung erschlossen zu haben. Nur so kann sie auch theologisch bedacht werden. Die historisch-kritische Exegese hat die Bibel jenen hermeneutischen Regeln unterworfen, die für alle Literatur gelten; sie hat die Bibel in den Kontext der Literaturgeschichte zurückgeführt. Das ist auch Bedingung dafür, mit ihr in Schulen und Hochschulen umgehen zu können. Wenn Frage und Zweifel nicht zugelassen und methodisch handhabbar sind, bleibt der biblische Text einer vertretbaren Erschließung entzogen. Das Selbstverständnis biblischer Exegeten resultiert nicht aus dogmatischen Vorgaben, sondern aus dem Ethos wissenschaftlicher Arbeit.

Alles bisher Gesagte macht klar: Die Bibel fiel nicht vom Himmel. Sie unterlag geschichtlichen Bedingungen und Interessen. Ihre Texte sind mehrfach überarbeitet, in neue Zusammenhänge gefügt und jedes Mal neu gedeutet worden. Wort für Wort, Satz für Satz sind sie Menschenwort, und darum auch grundsätzlich der Beschränktheit und dem Irrtum ausgeliefert. In dieser Geschichtlichkeit unterscheidet sich die Bibel kategorial vom islamischen Verständnis des Korans.

Wenn man die Bibel dennoch mit der traditionellen Rede vom »Wort Gottes« verbinden will, so kann nicht damit gemeint sein, das Wort Gottes liege geschrieben vor, gar noch derart zwingend, als setze sich jeder, der die Bibel liest, dem objektiv gegebenen Wort Gottes aus. Die Bibel enthält auch nicht einfach Gottes Wort: Es sind nicht bestimmte Sätze reines Gotteswort, während die übrigen Menschenwort sind. Die Bibel wird nur dadurch zu »Gottes Wort«, dass ein Mensch sich vertrauend auf ihr Zeugnis einlässt. Es handelt sich dabei also nicht um einen objektiven Tatbestand, sondern um die subjektive, persönliche Entscheidung, das eigene Leben einem bestimmten Wort als unbedingt angehend zu unterstellen.

Der frühere Münchner Neutestamentler Otto Kuss (1905–1991), der sich mehr als andere seiner Zunft selbstkritisch Rechenschaft über das exegetische Handwerk gab, sieht die Problematik gestochen scharf:

> Genau genommen gibt es zunächst einmal »die Schrift« überhaupt nicht, wenn man damit etwa die Vorstellung von einer gedanklichen Einheit verbinden wollte. Das Konglomerat »die Bibel« besteht vielmehr aus einer großen Anzahl recht verschiedenartiger Konzeptionen mit teilweise sehr divergierenden, zuweilen auch sachlich unvereinbaren Inhalten, die sich nicht ohne weiteres zu einem verständlichen, in sich einheitlichen »System« zusammenordnen lassen.
>
> Und es gibt – zweitens – dann natürlich auch »die Klarheit der Schrift« nicht. Wer hier Erkenntnis sucht, stößt niemals auf »die Schrift«, auch wenn man Millionen und Millionen von »Bibeln« verbreitet, er stößt, sobald es ernst wird, immer nur auf »Interpretationen«, und zwar zum Teil äußerst divergente, häufig »kirchentrennende« Interpretationen: die Geschichte der Entstehung, Entwicklung und Verbreitung der »kirchlichen« oder »quasi-kirchlichen« Gruppierungen, ihrer »Dogmen«, ihrer jeweiligen »Häretifizierungen« – die Etiketten »orthodox« und »häretisch« sind, wie gesagt, beliebig austauschbar – macht das vollkommen deutlich …
>
> Niemals jedenfalls hat eine Gruppe, die sich auf »die Bibel« stützt, das Ganze, immer wählt sie aus und setzt entsprechende Bevorzugungen und Abwertungen. Zu den grundlegenden Voraussetzungen solcher Methoden gehört die ebenso

seltsame und unmögliche wie verständliche Hypothese, dass »die Schrift« sich nicht widersprechen könne, da überall der sich offenbarende Gott ihr Urheber sei; mit diesem dogmatischen Postulat werden die Ergebnisse theologischer »Forschung« für den jeweiligen Glaubensbereich programmiert und vorausgenommen. In Wirklichkeit ist alles ganz anders.[89]

Was sich ändert: Die Bibel als Kritik des Dogmas

Heutige Bibelwissenschaftler wollen sich die Ergebnisse ihrer Auslegung nicht mehr vorschreiben lassen. Sie verstehen sich nicht länger als Apologeten, die feststehende Glaubenssätze zu verteidigen hätten. Von Tradition unbelastet und von Beaufsichtigung frei versuchen sie, ihre Texte neu zu lesen, die Schätze der Bibel zu heben, statt mit einer dogmatischen Wünschelrute durchs biblische Terrain zu gehen. So wird die Exegese zu einem ebenso eigenständigen theologischen Fach wie etwa die Kirchengeschichte. Statt theologische Hilfswissenschaft zu sein oder »Magd der Dogmatik«, ist sie inzwischen eher schon deren Herrin.

Was der Ausleger an Glaubens- und Katechismuswissen, an gesellschaftlich-zeitgebundenem und persönlichem Interesse mitbringt, darf den exegetischen Befund und Auslegungsprozess nicht bestimmen. Wissenschaftliche Bibellektüre ist eigenständig und unabhängig; sie untersteht nicht kirchlichen Interessen. Es ist zwecklos, an der Historizität des biblischen Exodus festhalten zu wollen, wenn Exegeten belegen, dass sich das biblische Narrativ[90] auf kein einziges Datum fixieren lässt, sondern eine anhaltende Erfahrung nationalen Widerstands gegen jeweils herrschende Mächte einschließt. Und es ist sinnlos, sich an den Biographien Davids und Salomons abzuarbeiten, wenn Archäologen mit solcher Exegese *tabula rasa* machen und belegen, dass wir von diesen beiden »Königen« so gut wie nichts wissen, weil Jerusalem im 10. Jahrhundert v. Chr. ein bedeutungsloses Bergdorf war, *ohne* Tempel und Palast, und die Entstehung und Kompilation des Deuteronomistischen Geschichtswerkes ein

---

89 Otto Kuss, Dankbarer Abschied, Privatdruck, München 1981, 121 f.
90 Ein Narrativ ist eine sinnstiftende Erzählung, die Einfluss hat auf die Art, wie die Umwelt wahrgenommen wird. Es transportiert Werte und Emotionen, ist in der Regel auf einen Kulturkreis bezogen und unterliegt dem zeitlichen Wandel. In diesem Sinne sind Narrative keine beliebigen Geschichten, sondern etablierte Erzählungen, die mit einer Legitimität versehen sind (Wikipedia).

langer Prozess war, in dem diese Literatur erst im Juda des 2. Jahrhunderts v. Chr. seine endgültige Gestalt gewann – als ein hasmonäisches Konzept.

Es ist verständlich, dass solche Erkenntnisse den üblichen kirchlichen Zugriff auf die Bibel nicht nur in Frage stellen, sondern deren Bibelauslegung auch bis in die Grundlagen hinein erschüttern. Bereits 1893 hatte Papst Leo XIII. darum den wahren katholischen Glauben in höchster Gefahr gesehen, sodass er in seinem Bibelrundschreiben *Providentissimus Deus* (»In der Vorsehung Gottes«) warnte:

> In der Tat ist ihnen nichts mehr heilig – weder die Offenbarung noch die Inspiration, noch die Schrift, das alles ist nur Menschenwerk, menschliche Erfindung. In der Heiligen Schrift findet man nicht den wahrheitsgetreuen Bericht wirklicher Ereignisse, sondern unwirkliche Fabeln oder Lügengeschichten; nicht Voraussagen und Gottesworte, sondern bald Ankündigungen, die *nach* den Ereignissen verfertigt sind, bald durchaus natürliche Vorahnungen; weiter gibt es weder Wunder im eigentlichen Sinne noch göttliche Machterweise, sondern nur Staunenswertes, das die Kräfte der Natur nicht übersteigt oder Einbildungen und Mythen; schließlich weist man die Evangelien und die apostolischen Schriften anderen Verfassern zu. Solche ungeheuren Irrtümer stürzen, wie sie meinen, die unangreifbare Wahrheit um. Solche Irrtümer verkündigen sie als die unfehlbaren Sätze einer gewissen neuen »freien Wissenschaft«.

Aus seiner apologetischen Abwehr heraus konnte Leo XIII. wie seine Vorgänger und Nachfolger in der exegetischen Forschung nur Gefahr und Untergang erkennen. Darum klammerte er sich an die mosaische Verfasserschaft des Pentateuchs, lehnte die synoptische Zwei-Quellen-Theorie ab und erklärte Pastoralbriefe und Hebräerbrief für echt paulinisch. Doch hier wie sonstwo gilt: Es ist, wie es ist. Gegen belegte Fakten lässt sich kein widerstreitender Glaube behaupten.

Von der Glaubensnorm abweichende Erkenntnisse im Einflussbereich der römisch-katholischen Kirche zu äußern, war allerdings für einen kirchlichen Wissenschaftler beruflicher Selbstmord. Die an Hochschulen lehrenden Professoren wurden eidlich auf die päpstliche Lehre verpflichtet. Ihre Publikationen unterlagen lückenloser Kontrolle und bedurften der Druckerlaubnis. Zensurierte Theologen gab es in allen Ländern Europas, wobei die vielen, die ins Schweigen oder in vorauseilenden Gehorsam flüchteten, nicht zählbar sind.

Die Angst vor der historisch-kritischen Forschung hat die Kirchenleitung, trotz ihrer offiziellen Anerkennung, niemals losgelassen. Wenn Joseph Ratzinger/Benedikt XVI. meint, diese Methode lasse das Wort »im Vergangenen stehen«, sie könne es nicht »heutig machen«, so ist einzuwenden, dass historische Forschung und aktuelle Hermeneutik aufeinander angewiesen sind. Soll der Sinn der biblischen Schriften wirklich erhoben werden, lässt sich davon nicht absehen. Aber die Angst, sich darauf einzulassen, hat bei der Abfassung des römischen Weltkatechismus von 1992 und dessen Kurzfassung von 2005 Pate gestanden und beide Bücher um ihre Überzeugungskraft und Glaubwürdigkeit gebracht, weil jede Dogmatik, welche die Bibel nur punktweise bestätigend heranzieht, sich von ihr aber nicht korrigieren lässt, es an Wahrhaftigkeit fehlen lässt – und damit ihren Anspruch insgesamt aufs Spiel setzt.

Bibel und Dogma sind nicht deckungsgleich. Zweihundertfünfzig Jahre angestrengter Arbeit lassen vieles genauer erkennen, als es allen früheren Jahrhunderten möglich war. Wenn die dogmatische Tradition eine unveränderliche Gültigkeit des Glaubens beansprucht, so muss sie sich doch ihrer eigenen Geschichtlichkeit stellen. Geschichtlichkeit aber relativiert Wahrheit. Auch wenn Kirchen und Freikirchen – sei es aus Unsicherheit, sei es aus Fundamentalismus – Informationen über »störende« Ergebnisse der Bibelwissenschaften vor ihren Türen zu halten versuchen und die Prediger sich immer noch hilflos zeigen, exegetische Resultate einem reifen Glaubensverständnis zu vermitteln, so wächst im Volk doch die Erwartung, dass die Weise, wie die Bibel im Gottesdienst ausgelegt wird, eigene Fragen und Zweifel nicht übergeht. Der Religionsunterricht, auch die über Jahrzehnte zu den christlichen Hauptfesten erschienenen Titelgeschichten der Nachrichtenmagazine und die von einer gebildeten Leserschaft beachteten Bücher theologischer Autoren haben den Anspruch an theologisch informierende Predigten gestärkt. Die im kirchlichen Milieu herrschende Informationsverweigerung stößt auf Unwillen. Dass viele Religionslehrerinnen und -lehrer in den letzten Jahrzehnten ihren Pfarrern im biblischen Problembewusstsein enteilt sind, verschärft die Situation. Die Bereitschaft und Freiheit, sich mit neuen Kenntnissen auseinanderzusetzen und das Spannungsverhältnis von Bibel und Dogma aufzuarbeiten, muss innerhalb der Kirchengemeinden stattfinden; die Predigt ist davon nicht ausgenommen. Vielleicht übernehmen diese Aufgabe theologisch gebildete Laien, wenn die Klerikerkirche ihrem Ende entgegengeht und nicht mehr die Richtschnur der Wahrheit bestimmt.

Was sich ändert: Offenbarung als Kategorie der Geschichte

Eine Offenbarung als Mitteilung von Wahrheiten, die der Mensch aus eigenem Vermögen nicht gewinnen kann, wird immer noch gelehrt, obwohl seit der europäischen Aufklärung Fakta, deren Ort außerhalb der Geschichte sein soll, nicht mehr plausibel sind. Damit ist zugleich einer zweigeteilten Welt widersprochen. Wenn das Jenseits von Himmel und Hölle im heutigen Weltbild seine Gültigkeit verloren hat, kann es auch keine Offenbarung aus diesem Jenseits geben. Die Bibel ist mit allen ihren Texten ein Produkt der menschlichen Geschichte und muss in ihrer literarischen Genese mit den Methoden historischer Forschung untersucht werden. Dass auf diesem Wege die Geschichte Israels als auch die des Christentums der Religionsgeschichte dieser Welt zugehören und gegenüber anderen Religionen keinen kategorialen Sonderstatus beanspruchen können, mag ernüchternd sein, ist aber hinzunehmen. Der Fundamentaltheologe Jürgen Werbick artikuliert die davon ausgehende Ratlosigkeit:

> Müsste zugestanden werden, dass diese religionsgeschichtliche Betrachtung biblischer Überlieferungen auch theologisch legitim ist, wo bliebe dann noch die Möglichkeit – und worin läge die theologische Notwendigkeit begründet –, im Blick auf solche Wortmeldungen von Gottes Wort zu reden? Diese Notwendigkeit kann doch nicht nur darin ihren Grund haben, dass die biblischen Autoren bzw. Autorengruppen sich darauf berufen, Gottes Wort zu verkünden, um ihren Optionen größere Durchschlagskraft zu verleihen. Liegen ihrer Inanspruchnahme des Gottesworts und des göttlichen Willens, den sie gültig bekanntzumachen beanspruchten, authentische religiöse Erfahrungen zugrunde? Was zeichnet sie als authentische aus? Was berechtigt Glaubensgemeinschaften und ihre Theologien dazu, ihnen Offenbarungsqualität zuzubilligen? Und was will man damit zum Ausdruck bringen?[91]

Im Rückgriff auf exegetische Erkenntnisse lässt sich diese Problematik quer durch die Bibel verfolgen: Wenn man zum Beispiel weiß, dass »Adam« und »Eva« Prototypen bezeichnen und die Erzählung, in der sie figurieren, mythisch, nicht historisch zu verstehen ist; auch dass »Abraham« kein historischer Adressat göttlicher Verheißung war, zumal der ihm zugeordnete Gott erst nach Entstehung des Monotheismus in Israel viele Jahrhunderte später der Eine und Einzige wurde; dass Mose »alles mögliche gewesen sein kann, aber ganz gewiss kein Religionsstifter« (Fritz

---

91 Jürgen Werbick, Den Glauben verantworten. Eine Fundamentaltheologie, Freiburg/Basel/Wien ³2005, 261.

Stolz); dass die Tora erst sehr spät und nicht unumstritten auf den Einen Gott Israels hin ausgerichtet wurde ..., könnte man durchaus denken, »Offenbarung sei nichts anderes als eine Legitimationskategorie, deren Verwendung schärfste Skepsis hervorrufen sollte?« (Werbick). Andererseits aber bleibt es, trotz Verneinung einer zweigeteilten Welt, absolut legitim, hinter dem, was mit letztem Ernst und größter Verbindlichkeit geglaubt und gelebt wird, die »Stimme Gottes« zu hören. Den damit zu verbindenden Offenbarungsbegriff hat in seiner Weise Eugen Drewermann erklärt, ohne ihn »übernatürlich« zu deuten. Für Drewermann hat Gott »keine andere Sprache an uns als die Sprache der Seele in uns«. Diese Sprache verstehen, schließt ein, sich selbst zu verstehen.

> Die Vorstellung herrscht in der Theologie immer wieder, dass Gott in Christus die zu unserem »Heil« notwendigen »Wahrheiten« historisch vermittelt habe; dabei hat gerade die historisch-kritische Exegese gegen den entschiedenen Widerstand der Dogmatik eindeutig gezeigt, dass die Glaubensinhalte des Christentums nicht eigentlich Inhalt der Botschaft Jesu waren ... Die Verbindung zwischen Geschichte und Glauben ist, historisch betrachtet, völlig opak [dunkel, undurchsichtig] und bislang nicht mehr als ein theologisches Postulat, ein Glaubenssatz zur Begründung des Glaubens ... Es geht also nicht um die Offenbarung irgendwelcher Inhalte, sondern spezifisch um die Vermittlung von symbolischen Inhalten, die den Menschen zu sich selbst befreien ...
> Religiös gesehen, kommt es gerade darauf an, die überzeitlich gültige, bleibende Wahrheit herauszustellen, die sich nur in der Weise eines Mythos, eines Märchens, einer Sage, einer Legende etc. mitzuteilen vermag. Statt bedauernd die »tendenziösen« Verfälschungen der Historie in der Bibel festzustellen ... muss es theologisch gerade darum gehen, die Bedeutung der einzelnen Erzählinhalte und Bilder in sich selbst zu verstehen ... Nur auf diese Weise gelangt man zu einer Einsicht in die Gegenwartsbedeutung religiöser Texte ...; deren bleibende Wahrheit ist nicht historisch, sondern nur psychologisch zu verstehen ... Der Mythos stellt keine Verfälschung der Historie dar, sondern er bildet das einzige Verfahren, um die überzeitliche Bedeutung eines historischen Geschehens für alle kommenden Geschlechter mitzuteilen.[92]

Offenbarung als übernatürliches Geschehen ist Drewermann fremd. In seinem Rückbezug auf das Symbol als Sprache der Seele kann er sich auf Paul Tillich berufen, der deutlicher als irgendeiner vor ihm das Symbol als »die einzige Sprache, in der sich Religion direkt ausdrücken kann«

---

92 Eugen Drewermann, Tiefenpsychologie und Exegese. Bd. II., Olten 1985, 763; 767; 761; 767.

betonte. Auch Jürgen Werbick verschließt sich diesem Aspekt nicht, wendet aber ein, dass Offenbarung – christlich verstanden – an eine geschichtliche Ereignisfolge erinnere, sodass es nicht genüge, auf das »zutiefst zwiespältige« innere Wort zu hören; das korrigierende »von außen auf die Menschen zukommende Wort« dürfe nicht fehlen. Dieses von außen zukommende Wort mag im Evangelium angenommen werden, doch zeigt sich nicht, dass es auch von außen als »Handeln Gottes in der Geschichte« belegt werden kann. Eher wäre hier von Religion als Hermeneutik zu sprechen (→ S. 26). Dann aber verknüpft sich Offenbarung mit jenen *Interpretationen*, mit denen biblische Autoren bzw. Autorengruppen ihr Material mehrfach wendeten, von der Jahwe-allein-Bewegung über die joschijanischen und deuteronomistischen Reformen bis hin zu den neutestamentlichen Autoren, die der Jüdischen Bibel eine letzte, auf Jesus den Christus bezogene Deutung gaben, die aber das Judentum insgesamt nicht mehr mitvollzog. Diese Veränderung und mehrfache Neuinterpretation des überlieferten Materials lässt »Offenbarung« letztlich als eine subjektiv bezeugte Interpretation verstehen. Eine objektiv gegebene Offenbarung, die von »oben« in die Welt getragen wird und sich deshalb als autoritative Lehre behaupten lässt, kann es nicht geben; sie widerspricht allem Wissen von der Eigenart dieser Welt. Bleiben wir bei der Bibel, so begegnet in ihren unterschiedlichen Büchern durch die Jahrhunderte ein teilweise chaotisches Denken und Sprechen von Gott, ein immer wieder neu ansetzendes Auslegen der eigenen Vergangenheit, der Gegenwart und der erwarteten Zukunft, geprägt von einem Reifen und Verfehlen, wie es mit der Geschichte aller Zeiten verbunden und mit den Möglichkeiten menschlichen Verstehens überhaupt identisch ist.

Was bleibt: Das Evangelium Jesu vom Reich Gottes

Angesichts von so viel Abbruch und Umbau des christlichen Glaubens nun zu behaupten, wenigstens habe das Evangelium Jesu vom Reich Gottes Bestand, ist kühn, da doch gerade dieser Botschaft Jesu von Theologen wenig Bedeutung beigemessen wird (→ S. 39 f.). Dies ist ihre normative Achse: Paulus – Augustinus – Luther, auf die sich die evangelische Theologie stützt und welche die katholische Kirche ebenfalls mit Paulus und Augustinus als Fundament für ihre Erlösungstheologie beansprucht.

Paulus begann sein Evangelium mit der Todesverfallenheit der Menschheit: »Durch einen einzigen Menschen kam die Sünde in die Welt und durch die Sünde der Tod zu allen Menschen, weil alle sündigten« (Röm 5,12). Augustin machte daraus die Erbsünde: »Aus dem Apfelbiss, den der Jesus der Evangelien nie erwähnt hatte, den Sündenfall der ganzen Menschheit und den Beginn der Teufelsherrschaft auf Erden. Ohne diese Menschheitssünde habe es weder Krankheit noch Tod gegeben« (Kurt Flasch). »Seitdem gebührt allen, sieht man von der Barmherzigkeit Gottes ab, die ewige Verdammung«, erklärt Augustinus – und entdeckt zugleich den Vorteil dieser Sünden- und Unheilslehre, weil damit die Kirche »als einzige Macht der Welt« in der Lage sei, den Menschen »aus seiner sündigen Selbstverstrickung ›befreien‹ zu können«. Wir erinnern uns: Dieser Gedanke war ihm und seinem bischöflichen Kollegen Alypius ein Geschenk von achtzig numidischen Hengsten wert, um den kaiserlichen Hof zur Unterstützung seiner höchst eigenen theologischen Interessen zu gewinnen (→ S. 121 ff.). Offensichtlich ist auch dem Augustinermönch Luther die Erbsündenlehre für seine Theologie von der »Rechtfertigung des Menschen« passend gewesen, denn ohne Erbsündenlehre, sagt der Philosophiehistoriker und Augustinusforscher Kurt Flasch, »funktioniert weder die lutherische noch die römische Erlösungsbotschaft«.

Mit einer Erlösungstheologie konnte das Christentum die Welt erobern und beherrschen. Dafür bot schon Paulus seine Deutung des Kreuzestodes Jesu als Sühnopfer an (→ S. 67 ff.). Was die katholische Theologie sakramental der »unblutigen Erneuerung des Kreuzesopfers Christi in der heiligen Messe« zuschreibt, findet sein reformatorisches Gegenstück in der Rechtfertigung des Menschen allein aus Glauben (*sola fide*). Dieses unter den Begriff Evangelium zu packen, ist nur möglich, weil das Evangelium Jesu bereits in der griechischen Welt zur Randglosse wurde und bis heute im Apostolischen Glaubensbekenntnis fehlt – ohne dass irgendeine Kirche dieses Ausblenden des Reich-Gottes-Evangeliums Jesu aus dem Credo als Mangel ansieht. Aber während die kirchlichen Erlösungstheologien ein gedankliches Konstrukt sind, dem sich das heutige Weltverständnis entzogen hat, muss im Blick auf das Evangelium Jesu wiederholt werden: *Dieses Evangelium Jesu ist keine Lehre, sondern ein Lebensmodus, der nicht argumentativ bewiesen werden muss, weil er seine Überzeugungskraft aus sich selbst gewinnt.* Mit dem Evangelium Jesu verbindet sich auch nicht die Intention einer Kirchengründung. Darum können, wie schon einmal gesagt, der Hindu Mahātmā Mohandas Karamchand Gandhi und der Jude Janusz Korczak ebenso der Gefolgschaft Jesu zugerechnet werden wie der österreichische Kriegsdienstverweigerer Franz Jägerstätter, der den Segen und die Hilfe seines Bischofs nicht fand, während der im Jahr 2002 heiliggesprochene Josemaría Escrivá, der Gründer des Opus Dei, einer anderen Kategorie zuzuordnen wäre.

Die Reich-Gottes-Praxis Jesu steht in der Linie der sozialen Programmatik der Propheten Israels. Angesichts der Jesus-Deutung des Paulus, die das Leben und Programm Jesu übergeht und nur noch Kreuzestod und Auferstehung kennen will, um darauf eine spekulative Erlösungstheologie zu gründen, wurde die soziale Dimension der Botschaft Jesu für das Herrschaftschristentum peripher. Während die Reich-Gottes-Praxis Jesu von konkreten Menschen gelebt werden will, ist wie alle Institutionen auch die etablierte Herrschaftskirche darauf bedacht, den eigenen Erhalt und Einfluss zu sichern. Dennoch wirkte das Reich-Gottes-Evangelium Jesu weiter, nicht über die Institution, sondern über die vom Evangelium Jesu berührten Menschen. So konnte Kaiser Julian in einem Brief an den heidnischen Oberpriester von Galatien bezeugen: »Es ist doch wahrhaftig eine Schande, wenn von den Juden niemand zu betteln braucht und die gottlosen Galiläer [die Christen] zu ihren eigenen auch noch unsere Leute unterhalten.« Dieser jüdisch-prophetische Impetus hat weltgeschichtlich mehr Gewicht als alle im Nirgendwo stehenden Sünden-, Verwerfungs- und Erlösungstheologien.

Die zunächst gar nicht selbstverständliche Armenfürsorge in den Gemeinden, die Zuwendung zu den Verlassenen, die Pflege der Kranken, die Annahme jener, von denen die Reichen und Gesunden sich abwenden … hat eine neue Dimension in die Weltgeschichte gebracht. In ihrer Mehrheit sind es unbekannte Menschen, die durch die Jahrhunderte hindurch das Evangelium Jesu lebten, wenngleich aus dieser Geschichte Namen hervorragen, die zugleich den Einsatz der vielen Namenlosen beleuchten. In der Linie eines Hosea, Amos, Jesaja und Jesus verkaufte Ambrosius von Mailand Abendmahlsbecher, um mit dem Erlös Gefangene zu befreien; kündigte Martin von Tours die Gemeinschaft mit seinen Mitbischöfen auf, als sie einen Häretiker zur Todesstrafe verurteilten; lebten Peter Waldes und Franz von Assisi die Bergpredigt mit radikaler Armut und Nächstenliebe; übernahm Elisabeth von Thüringen als Königstochter Pflegearbeiten, die das Dienstpersonal anekelten; dienten Bernhardin von Siena oder Damian de Veuster unter Einsatz ihres eigenen Lebens Pestkranken und Aussätzigen; kümmerte sich Vinzenz von Paul um Galeerensträflinge und widmete sich zusammen mit Louise de Marillac und einer großen Gefolgschaft weiterer Frauen den Kranken und Hilflosen; erstritt der Arzt Friedrich Joseph Haass den Verbannten Russlands mehr Rechte, den Kranken und Krüppeln Zuwendung; überwand William Wilberforce als das soziale Gewissen im Britischen Parlament die Legitimation der Sklaverei; klagte

Friedrich Engels, in seiner Jugend noch um ein »positives Christentum« bemüht, gegen die christlich-bürgerliche Welt das himmelschreiende Elend der arbeitenden Bevölkerung unter der Frühindustrialisierung an und verfasste zusammen mit Karl Marx das Kommunistische Manifest; gab Friedrich von Bodelschwingh in den Bodelschwingh'schen Anstalten den Debilen und Schwachen ihre Würde zurück, die ihnen außerhalb weiterhin versagt blieb; kämpfte Martin Luther King für die Bürgerrechte der Schwarzen Amerikas und in aller Welt; wies Desmond Mpilo Tutu die Welt auf die unerträglichen Zustände der schwarzen Bevölkerung Südafrikas unter der Apartheidspolitik hin; lebte Oscar Arnulfo Romero – wie alle vorweg Genannten – nach der Maxime: »Die Kirche würde ihre Liebe zu Gott und ihre Treue zum Evangelium verraten, wenn sie aufhörte, die Stimme derer zu sein, die keine Stimme haben.«

Die hier Genannten handelten auf eigenes Risiko, wenn sie sich für Hilflose, Aussätzige, Vaganten, Bettler, Kranke und Irre einsetzten. Sie engagierten sich mit ihren individuellen Möglichkeiten, gründeten Pflegeeinrichtungen, später Ordensgemeinschaften wie die Johanniter, stifteten und unterhielten in den Städten Hospitäler, initiierten seit dem 17. Jahrhundert mit Vinzenz von Paul und seinen Barmherzigen Schwestern die neuzeitliche Sozialarbeit, zu der bis dahin weder die Institution Kirche noch der Staat in der Lage waren. Neben dieser Geschichte praktizierter Menschenrechte – die ihrer philosophischen Begründung notwendig voraufging – befasste sich das römische Herrschaftschristentum mit ganz anderen Themen, die dem Reich-Gottes-Programm Jesu fern sind. Die Päpste führten Kriege im Interesse ihres Kirchenstaats, die Bischöfe stammten aus dem Adel und waren mehr mit Besitz und Jagd beschäftigt, als den Bedürfnissen ihrer Diözesanen dienend, insgesamt aber verbiss sich die Kirche mit ihren institutionellen Interessen so sehr in sich selbst, dass sie das revolutionäre Erwachen der Gesellschaft und die sozialen Herausforderungen im 18. und 19. Jahrhundert gar nicht mehr als die Aufgaben der eigenen Agenda erkannte. Während Demokratie und Menschenrechtsbewusstsein von den führenden Köpfen der Aufklärung erstritten wurden, lehnte Papst Gregor XVI. jede Religions- und Gewissensfreiheit ab, verdammte die »schrankenlose Denk- und Redefreiheit«, und die Päpste Pius IX. und Pius X. folgten mit Enzykliken, die alle liberalen Grundwerte desavouierten und neue wissenschaftliche Erkenntnisse verdrängten.

Mit immer steileren Dogmen wie der »unbefleckten Empfängnis Mariens«, der päpstlichen Unfehlbarkeit oder der »leiblichen Aufnahme Mariens in den Himmel« wollte die katholische Kirche einer sich emanzipierenden Welt ein Glaubensbekenntnis entgegensetzen, das die Intellektuellen Europas in endgültige Distanz trieb.

Verschärfend stellt sich die Frage, was für ein Christentum es denn war, das sich über Jahrhunderte mit autokratischen Systemen vertrug und Menschenrechte und Menschenpflichten aus dieser Herrschaftstradition heraus ablehnte. Dieses Christentum hat mit dem Austausch der Botschaft Jesu gegen eine Verquickung von Kaiserkult und Gottesbild, Sündenbewusstsein und Erlösungsangebot alles getan, um ein verantwortungsbereites Weltbewusstsein klein zu halten, die Kirche als Klerikerkirche einzurichten und die sogenannten Laien ohne Rechte zu halten.

Solange aber die Kirche durch ihre eigene Struktur und Lebensform keine Gemeinden hervorbringt, die dem einzelnen Christ Stimme und Verantwortung gibt, seinen Erfahrungen und seiner Kompetenz Raum lässt, auch diese Kirche mitzugestalten, fehlen die Bedingungen für eine neue Lebensform. »Salz der Erde«, »Stadt auf dem Berge«, »Licht der Welt« kann nicht der einzelne Mensch für sich sein, sondern nur eine Gemeinschaft, in der dieses Verständnis strukturelle Voraussetzungen findet. »Man kann keine Sinnwelt festhalten, ohne entsprechende gesellschaftliche Basis« (Peter Berger). Man kann auch nicht Kirche sein, solange diese sich als pastorale Betreuungs- und Versorgungsinstanz versteht, die mit ihren Einrichtungen weiterhin subtile Herrschaftsinteressen verbindet und einer hierarchisch aufgebauten Bürokratie mehr entspricht als einer Verantwortungsgesellschaft.

Immerhin haben sich auf dem Boden christlicher Völker, mit und gegen die dort etablierten Kirchen, Hilfsorganisationen entwickelt, die sich weltweit der Einhaltung von Menschenrechten verpflichtet sehen. Dazu gehören das Rote Kreuz, Amnesty International, Greenpeace, der WWF in der Verbindung von Umweltschutz und Entwicklungshilfe und viele weitere Nichtregierungsorganisationen, die durch ihre Aktivitäten versuchen, Leid zu mindern, die Interessen der Armen in der Öffentlichkeit zu vertreten, die Umwelt zu schützen, grundlegende soziale Dienste zu leisten oder Aktionen für Entwicklungsvorhaben zu initiieren. So wie die karitativ tätigen Ordensgründungen des 19. Jahrhunderts heute durch staatliche Einrichtungen abgelöst worden sind, werden auch weiterhin ursprünglich christliche Programme durch die zivilgesellschaftliche Entwicklung abgelöst. Diesen sich verzweigenden Initiativen muss keineswegs eine innere Verbindung zur sozialen Programmatik der Propheten Israels und des historischen Jesus bewusst sein, es genügt zu sehen, dass sie eine humanisierende und friedensfördernde Arbeit leisten. Der jesuanische Impetus setzt sich darin fort.

Ein Christentum, das sich aus diesem Ansatz heraus versteht, ist aus sich heraus überzeugend. Dessen Wahrheit muss nicht geglaubt, nicht bewiesen und nicht verteidigt werden. Sich darauf einzulassen, verlangt kein Verstandesopfer, sondern Mitmenschlichkeit und Mitgefühl für alles Leben. Das Christentum, das sich in dieser Rückbesinnung auf das Reich-Gottes-Programm Jesu zu sich selbst bekehrt, ist eine Größe, die sich heute selbst noch nicht kennt. Ob diese Selbstfindung auch kirchlich angestrebt und realisiert wird, ist allerdings nicht sicher.

Es wird selbstlosen Mut verlangen, weil damit viel Zubehör, das sich in zweitausend Jahren angesammelt und als Herrschaftswürde entwickelt hat, aus Notwendigkeit und Einsicht wieder losgelassen und entsorgt werden muss.

Was ebenfalls bleibt: Eine evangelikale Christenheit

> »Denn die Frömmigkeit besteht nicht darin, dass man niemals gegen seine Brüder auftritt; es würde sehr leicht sein.«
>
> *Blaise Pascal, Pensées Nr. 930*

Es braucht reichlich Illusionen, auf ein zukünftiges Christentum zu hoffen, das sich durch historisch-kritische Ehrlichkeit und mit Mut zu einem wahrhaftigen Denken renoviert. Was bisher in diesem Buch bedacht wurde, wird nur einen sehr kleinen Teil heutiger Christen bewegen, von der großen Mehrheit jedoch nicht einmal wahrgenommen werden. Dennoch sind all diese Bemühungen nicht nutzlos, weil sie zusammen mit zahllosen anderen Einflüssen einen Zeitgeist bestimmen, der mehr indirekt als bewusst die Verhältnisse ändert.

Blicken wir also zunächst auf den Zustand der gegenwärtigen katholischen Kirche im europäischen und näherhin deutschen Raum, ohne uns in Detailanalysen zu verlieren.

Ende der Klerikerkirche?

Seit Jahrzehnten gehen die Nachwuchszahlen für Priester und Ordensleute zurück. 1990 verließen noch 295 Neupriester die Priesterseminare der deutschen Bistümer. Fünf Jahre später waren es 186, und seit 2008 bleibt ihre Zahl unter 100 pro Jahr; genauer: 2014 waren es 75, dann 58, danach 77. Ähnlich in Österreich und der Schweiz. 2013 zählte Österreich 29 Priesterweihen, 2015 nur 22. »Eine Institution schafft sich ab«, kommentierte Daniel Deckers diese Entwicklung. »Männer, die sich auf den Dienst als Seelsorger vorbereiten, sind unter den Theologiestudenten nur noch mit der Lupe zu finden. Seit Jahren kommt in allen Diözesen von Freiburg bis Hamburg auf Dutzende Pensionierungen von Geistlichen im Jahr eine Handvoll Neupriester – wenn überhaupt. Der Kollaps der vertrauten, um die Pfarrkirche zentrierten Volkskirche ist mittlerweile nicht mehr eine Frage von Jahrzehnten, sondern von Jahren. Nicht nur das: Inzwischen fehlt es überall an Geistlichen, die nur annähernd geeignet sind, die wenigen Führungspositionen in der Verwaltung oder Leitung eines Bistums auszufüllen, die Klerikern vorbehalten sind.«

Die Forschungsgruppe *Weltanschauungen in Deutschland* (fowid) stellt fest, der Priestermangel sei doppelt so hoch, als er in PR-Veröffentlichungen dargestellt werde, da kommentarlos alle im Ruhestand befindlichen Priester mitgezählt werden. »Als ob ein Wirtschaftsunternehmen, wie das Volkswagenwerk, alle ehemaligen und jetzt verrenteten und noch lebenden Mitarbeiter weiterhin als ›Mitarbeiter‹ darstellen würde.« Die Vergreisung des Klerus zeigt besonders gut der Rückgang der Priester in Frankreich von rund 38.300 im Jahr 1980 auf circa 15.000 im Jahr 2015; er hat sich somit weit mehr als halbiert. Dabei ist die Hälfte der noch tätigen Priester 75 Jahre alt oder älter.

Verschärfend kommt hinzu, dass der Theologennachwuchs nicht mehr aus der vollen Breite der gesellschaftlichen Fähigkeiten und Begabungen kommt. Darauf haben schon in den 1960er-Jahren bekannte Theologen aufmerksam gemacht. Seit Johannes Paul II. und Benedikt XVI. kommen für den Bischofsnachwuchs durch das Ausleseverfahren der Nuntiaturen auch nur diejenigen zum Zuge, die Systemkonformität versprechen. Der reguläre, dem Kirchensystem adäquate heutige Bischof ist meistens auf offener Ebene dem geistigen Disput nicht mehr gewachsen. Ob oder inwieweit die Personalpolitik unter Papst Franziskus hier gegensteuert, ist noch nicht abzusehen.

Von außen erscheint es unbegreiflich, dass die Verantwortlichen in der Kirche diese Vorgänge mehr verdrängen als beachten. Schon Johannes Paul II. und Benedikt XVI. bestimmte die Befürchtung, die Kirche könne eine klare Unterscheidung zwischen Priestertum und Laientum nicht durchhalten. Darum wurde alles unterbunden, was Laien als priesterlichen Ersatz wahrnehmen lässt. Auf keinen Fall sollen sie in Gemeindeleitung, Predigt oder Seelsorge auf Augenhöhe neben dem Priester tätig sein. Ein personeller Kollaps ist akzeptabler, als die Unverzichtbarkeit des geweihten Priesters durch Laienmitverantwortung in Frage zu stellen. Bevor die Klerikerkirche sich selbst aufgibt, gibt diese die Volkskirche auf.[93]

Glaubensverlust

Der Ausfall der geistlichen Berufe hat viele Ursachen, die sich wechselseitig stützen und verstärken. Ein wesentlicher Komplex ist die Erosion christlicher Glaubensinhalte und kirchlicher Traditionen. Darüber handeln alle voraufgegangenen Kapitel dieses Buches. Dabei scheint der wachsende Bildungsstand des Kirchenvolks deutlichen Einfluss auf die Relativierung religiöser Vorstellungen zu haben. Der kirchlichen Lehre gelingt es immer weniger, die Definitionshoheit über den eigenen Glauben zu bewahren. Da sie ihre Dogmatik nicht mehr autonom steuern kann, sondern die bisher lehramtlich behaupteten Ansichten immer umfassender dem historischen und wissenschaftlichen Urteil unterstellen muss, vermag sie ihre Lehre nur noch durch Isolation und Ausschaltung störender Kenntnisse in einem geschützten Milieu zu stützen. Zentrale Glaubenskomplexe wie Dreifaltigkeit, Erbsünde, Erlösung, Auferstehung, Wiederkunft Christi, die früher bereits im Kleinen Katechismus standen, sind inzwischen auch für Traditionschristen fremde Inhalte geworden, die sich mit dem eigenen Leben nicht mehr berühren.

Bis zu den 1950er-Jahren war das kirchliche Leben traditionsorientiert und milieuverhaftet; es forderte kein eigenständiges Denken. Heute ist die Gesellschaft wacher geworden, für spirituelle und religiöse Inhalte ansprechbar, sofern der Gesprächspartner Offenheit verspricht. In Sachen Religion wollen die Menschen nachvollziehbare Antworten. Die in dichter Folge vorgelegten Katechismen, vom sogenannten Grünen Katechismus (1956) über den Holländischen Katechismus (1966), den Katholischen Erwachsenen Katechismus, herausgegeben von der Deutschen Bischofskonferenz (1985/95), den Katechismus der Katholischen Kirche von 1992,

---

93 Eine Trierer Bistumssynode von 2016 hat eine Reduktion der 887 Pfarreien im Bistum auf 60 – in Worten: sechzig – beschlossen. Der Bischof hat anschließend diese Zahl noch einmal auf 35 Pfarreien reduziert, weil ihm diese Entscheidung die vorliegende Statistik wohl diktiert. Allein die »Pfarrei« Saarbrücken wird, je nach Eingemeindung, 80 bis 100.000 Katholiken umfassen. Aber auch die »Versorgung« dieser 35 Großpfarreien ist nicht gesichert. Eine Lösung kann es nur geben, wenn die geschichtlich bedingte Unterscheidung von Priestern und Laien überwunden wird.

auch »Weltkatechismus« genannt, bis zum »Youcat«, dem Jugend-Katechismus von 2011, vielfach ergänzt durch weitere Glaubensbücher, etwa des Deutschen Katechetenvereins und einzelner Bistümer und Autoren, haben schwerlich den Glauben aufgefrischt. Diese katechetische Literatur unterliegt der verpflichtenden Glaubensnorm und schaufelt von Buch zu Buch nur den allzu bekannten Sandhaufen immer wieder neu um.

Der Fundamentaltheologe (und Ratzinger-Schüler) Hansjürgen Verweyen hat den »Weltkatechismus« das »Symptom einer kranken Kirche« genannt und das Fazit gezogen, dass das Lehramt mit dieser nach päpstlicher Aussage »reifsten und vollendetsten Frucht der Konzilslehre« ihre heutigen Adressaten missachtet und verfehlt und sich »selbst in einen Widerspruch verwickelt, wie er in der Geschichte der Kirche kaum seinesgleichen findet«. Der Deutsche Katechetenverein, der sich primär dem schulischen Religionsunterricht und der kirchlichen Katechese verpflichtet fühlt, hat bis zum Überdruss das Schlagwort vom »Glauben lernen« propagiert, aber wagt nicht zu fragen, *welcher* Glaube denn noch zu vermitteln ist. Wer dem kirchenamtlichen Glauben wegen der eigenen Abhängigkeit (als Bischof, Pfarrer, Katechet/in) nicht mehr kritisch zu begegnen weiß, nimmt hin, dass dieser Glaube vertrocknet und keinen mehr interessiert.

Um hier eine Wende einzuleiten, muss eine andere Wahrhaftigkeit gelebt werden. Soweit heutige Theologen die Systemproblematik dogmatischer Rede für sich selbst durchschauen, sagen sie doch nicht laut, was sie persönlich denken und wonach sie selbst leben. Täten sie das, bekämen sie Schwierigkeiten. Sie wollen sich aber keine Läuse in den Pelz setzen und keinesfalls mit kirchlichen Kontrollinstanzen in Berührung kommen. Auch die Bischöfe sagen nur, was sie innerhalb des Systems sagen müssen und sagen dürfen. Darauf sind sie vereidigt worden.

Normverlust und Sanktionsverzicht

In ethischer Hinsicht hat die Kirche ebenfalls ihre frühere Definitionshoheit verloren. Dies gilt besonders für den sexuellen Bereich. Die meisten Zeitgenossen sind weder in der Lage noch bereit, ihrerseits als Sünde anzusehen, was die römische Kirche als Sünde deklariert. Selbstbefriedigung, die vielen voraufgegangenen Generationen Todsündenängste bereitete, ist kein moralisches Problem mehr; Eltern akzeptieren die sexuellen Erfahrungen der eigenen Kinder vor der Eheschließung. Sie selbst praktizieren Verhütungsmethoden aus wechselseitiger Verantwortung, unbekümmert um die Enzyklika *Casti connubii* Papst Pius' XI., welche die Ehegüterlehre nach Augustinus vertritt, und die Enzyklika *Humanae vitae*

Papst Pauls VI. über Empfängnisverhütung. Unberührt von der kirchlichen Position helfen auch praktizierende Katholiken ihren jungerwachsenen Kindern, eine gemeinsame Wohnung zu beziehen, einerlei ob und wann diese heiraten wollen. Die katholische Kirche, die früher nicht laut genug mit göttlichem Zorn und Strafen drohen konnte, schweigt inzwischen auf ihren Kanzeln dazu, weil sie weiß, dass sie auf diesem Gebiet jede Lehrautorität verloren hat. Diese wachsende Nichtgeltung kirchlicher Gebote bewirkt einen Normabbruch, dem eine Normauflösung folgt. Entsprechend hat auch die Beichte als von den Kirchenmitgliedern regulär vollzogene Praxis ihre Verbindlichkeit eingebüßt. Die letzten zwei Generationen gehen nicht mehr beichten, obwohl die Kirche lange Zeit gelehrt hat, dass das Bußsakrament heilsnotwendig sei und Voraussetzung dafür, würdig zur Kommunion gehen zu können. Dies ist umso bemerkenswerter, als die katholische Identität mehr als die evangelische Kirchenmitgliedschaft eine »Ritengemeinschaft« war, die sich neben der Teilnahme an volkskirchlichen Bräuchen im sonntäglichen Gottesdienstbesuch und der verpflichtenden jährlichen Beichte und Osterkommunion darstellte. Die einstmals normsetzende Kraft ist der Kirche abhandengekommen, und ihr Sanktionsverzicht belegt die gewachsene Ohnmacht, dem Wandlungsprozess noch Einhalt gebieten zu können. Nicht zu unterschätzen sind auch die weltweiten Missbrauchsskandale, die dem Klerus von der niedrigsten bis zur höchsten Ebene in seinem Anspruch, Hüter der Moral zu sein, nachhaltig Glaubwürdigkeit und Achtung entzogen haben.

Kirchenkultur und Jugendkultur

Soziologische Untersuchungen zu Kirche und Gesellschaft belegen, dass eine kirchenbezogene Religiosität immer weniger die Lebensführung der nachwachsenden Generation berührt. Kirchenkultur und Jugendkultur klaffen auseinander. Der Traditionsbruch hat sich vollzogen. Die meisten Frauen und Männer unter 40 bis 45 Jahren leben ohne Anschluss an die Glaubenstradition. Auch gibt es in den christlichen Kirchen im Großen und Ganzen niemanden mehr, der die theologische Kompetenz und Fähigkeit besitzt, um mit dieser Generation noch einmal ins Gespräch zu kommen, sodass die jungen Menschen aufhorchen. Die Theologen schreiben ihre wissenschaftlichen Arbeiten überwiegend für sich selbst.

Gegenüber höheren Altersstufen haben Jugendliche die geringste Nähe zur christlichen Glaubenswelt. Zwar wächst »Unkirchlichkeit« unter allen Kirchenmitgliedern, aber in der jungen Generation am schnellsten. Die kirchlichen Riten und Glaubensvorstellungen haben ihre emotional berührende Kraft verloren. Für die meisten, die aus der Kirche austreten, ist damit kein Übertritt in eine andere Konfession oder Religion verbunden; es ist ein Schritt ins religiöse Niemandsland. Allerdings zeigen Kirchentage und vor allen die Taizé-Jugendtreffen, die Gebete, meditative Gesänge und gemeinsames Schweigen prägt, dass es außerhalb der Gemeinden noch Bedarf und Ansprechbarkeit gibt.

Kulturchristentum und Kirchenchristentum

Die bisher beschriebenen Krisenbereiche der katholischen Kirche berühren alle Katholiken, einerlei in welchem Verhältnis sie zu ihrer Kirche stehen. Um dennoch diese katholische Welt etwas genauer differenzieren zu können, sind Kulturchristen und Kirchenchristen zu unterscheiden.

Den Begriff des Kulturchristentums hat Wilhelm Gössmann geprägt. »Ein Kulturchrist, so meine ich, übt keine bestimmte kirchliche Funktion aus, auch wohl keine ehrenamtlich übernommene. Er liebt auch keineswegs nur die christliche Kultur, die ja meist historisch vergangen erscheint, wenn auch nicht so vergangen, wie die Kultur der Antike, die vom Christentum mitvermittelt wurde. Ein Kulturchrist, wie ich ihn verstehe, steht vielmehr im heutigen kulturellen Geschehen ..., vertraut dem Selbstvermittlungsprozess, dem eigenen Denkvermögen, eignet sich an, was wichtig erscheint.«[94] Der österreichische Publizist Anton Grabner-Haider malt dieses Porträt der Kulturchristen weiter aus: »Sie schätzen Grundwerte des christlichen Glaubens, die Solidarität mit den Schwächeren, die aktive Nächstenhilfe, die Versöhnung der Gegner, die Bewahrung des Friedens. Und sie wissen, dass sie von den Einrichtungen und Werken der christlichen Kultur und Kunst geprägt sind, von den Bildern und Erzählungen des Glaubens, von den Bauwerken und Symbolen, von der religiösen Musik und Dichtkunst. Für sie hat das Christentum neben allen Defiziten eine große Kultur- und Lebenswelt geschaffen, verteilt auf alle Kontinente der Erde. Sie wissen um die Fehler und Unterdrückungen des totalitären Reichschristentums, aber deswegen möchten sie sich von dieser weltumspannenden christlichen Kultur und Zivilisation nicht einfach trennen.«[95] An den Glaubenslehren der Kirche und den Erörterungen ihrer Theologen haben Kulturchristen jedoch nur wenig oder gar kein Inte-

---

94 Wilhelm Gössmann, Kulturchristentum. Die Verquickung von Religion und Literatur in der deutschen Geistesgeschichte, Düsseldorf 1990, 7 f.
95 Anton Grabner-Haider/Bernhard Lang, Was bleibt vom christlichen Glauben? Glaubenskulturen im 21. Jahrhundert, Paderborn 2015, 58 f.

resse. Der dogmatische Faktor ist ihnen fremd geworden. Als Lehrinstanz hat die Kirche für sie keine Zuständigkeit mehr, weil sich über die Zeiten hin zu viel Inkompetenz bei nie aufgegebenem Offenbarungsanspruch damit verbindet. Kirchenchristen sind also keine Kulturchristen. Sie zahlen vielleicht weiterhin Kirchensteuer oder sind ausgetreten, sind Agnostiker oder Atheisten und bleiben dennoch christlichen Grundwerten verbunden, besuchen und besichtigen alte und moderne Kirchen, können aber das, was man in Gottesdiensten und dem Milieu der Kirchengemeinden »Verkündigung« nennt, durchweg nicht aushalten. Der französische Soziologe und Philosoph Bruno Latour hat diesem Christentum anschaulichen Ausdruck verliehen:

> Meine eigene Stimme höre ich, und nur sie, wenn ich sie einsam in der kleinen, im Jahr eintausend erbauten Kirche von Montcombroux vernehmen lasse, und leider fehlen mir die Worte, denn keines der Gebete, die dem Pilger auf von Feuchtigkeit zermürbten Pappkärtchen empfohlen werden, entspricht mehr dem Sprachspiel, auf das ich mich einlassen möchte. Gewiss, es wäre so leicht, vor irgendeiner Säule in Tränen auszubrechen, sich gehen zu lassen und ihn anzurufen: »Du, oh ›mein Gott‹, höre mein Gebet!« – aber was für eine Lüge, was für ein Betrug: verlöre ich doch die, die mir nicht ins Kirchenschiff gefolgt sind, die mich auslachen und glauben würden, dass ich glaube, dass ich ihn anrufe und bete. Und auch an sie muss ich mich weiterhin wenden. Ich muss der Versuchung widerstehen. Ich habe weit Besseres zu tun, als in den Schoß der Gemeinde zurückzukehren, denn nicht mehr ein Schaf hat sich verirrt, die ganze Herde samt Weide, Tal, Gebirge, samt dem ganzen Erdteil ist unterwegs verloren gegangen; ja, es ist am Hirten, zur Herde zurückzufinden, es ist am Schoß, an der Schäferei, am Bauernhof, am Dorf, sich wieder auf den Weg zu machen, um die verlorene Zeit einzuholen, das verheißene Land wiederzugewinnen, das sie brach hinter sich ließen. Ist es etwa meine Schuld, wenn ich gezwungen bin, mich im Gebet an »Nicht-Gott« zu wenden wie seinerzeit, als die tröstende Anwesenheit eines »Gottes« als gewiss galt? Wenn man von mir verlangt, in der Stille einer ländlichen Kirche dieselben Worte hervorzubringen wie vor tausend Jahren die Bauern des Bourbonnais, wenn sie in der Bittwoche kamen, um ihre Ernte schützen zu lassen. Die Welt hat »den Glauben verloren«, heißt es? Nein, der »Glaube« hat die Welt verloren.[96]

Angesichts solcher Klage ist es gleich wieder zweifelhaft, ob die Unterscheidung von Kulturchristen und Kirchenchristen immer gilt. Hier möchte ja ein intelligenter Mensch fromm sein, kann es aber nicht, weil

---

96 Bruno Latour, Jubilieren. Über religiöse Rede. Aus dem Französischen von Achim Russer, Berlin 2011, 20 f.

die Kirche mit ihren überlieferten Sprachspielen nicht mehr zu helfen vermag. Um das Sprachspiel des tröstenden Gottes zu artikulieren, »können die Gläubigen auf sechs Jahrtausende inspirierter Dichter, Prediger, Psalmisten zurückgreifen; um das Zweite zu artikulieren, das der Nichtbeherrschung des Wortes, habe ich nichts, kein Brevier, keinen Psalter, kein Gesangbuch, nicht das kleinste Bild, nichts als mich, der ich nichts bin – nicht einmal gläubig«:

> Alle Worte, die man mir anbietet, um mich beten zu lehren, setzen meine Zustimmung zu einer fremd gewordenen Sprache voraus. Nicht der Gegenstand des Gebets ist passé, die Gebetsform selbst ist hinfällig geworden. Und wenn ich mich endlich entschließen würde, die naiven Texte unter den grässlichen Gipsstatuen laut zu lesen, würde ich doppelt zum Betrüger: wenn ich sie ausspräche, wo sie doch keinen Sinn mehr haben; wenn ich sie nicht ausspräche, wo ich doch allein sommers in einer Kirche vor diesen Bildnissen bete, ohne zu beten. Ob ich rede oder schweige, ich bin zur Blasphemie gezwungen: Vergebens spreche ich den Namen G. aus.[97]

Die meisten Kulturchristen haben solche Betroffenheit längst abgelegt, die Mehrzahl der Kirchenchristen wird nie davon berührt. Sie nehmen am Leben der Kirchengemeinden teil, engagieren sich karitativ, besuchen kirchliche Bildungsveranstaltungen, feiern Gemeindefeste mit, wallfahrten oder meditieren …, und doch könnte das Stocken der Gebetsmühle, die Not, keine Worte zu haben und nicht mehr zu wissen, was keiner wissen kann, neue Hoffnung stiften. Die Kirchenchristen mitsamt ihrem klerikalen Personal müssen an dieser Not teilnehmen lernen. Sollte gar den höheren Klerus die gleiche Sprachlosigkeit wie Bruno Latour treffen, den Vokativ in der Gottesanrede nicht mehr aussprechen zu können, mag er sich zwar zunächst hinter den gelernten Formeln verstecken und »so tun als ob«, aber zumindest wäre eine Inkubation erfolgt, die nicht mehr gestattet, die Dinge zu lassen, wie sie sind, statt sie zur eigenen Not werden zu lassen. Selbst wenn es den immer noch zahlreichen Kirchenchristen keine Probleme macht, in Gottesdiensten mitzubeten und mitzusingen, mäßigen Predigten zu folgen und die Kirchenjahrsfeste mitzufeiern, es ist wichtig, dass das gesamte Kirchenvolk von der modernen Glaubensnot mitbetroffen wird, weil ohne durchlittene und bearbeitete Krise keine neue Reife und Freiheit errungen wird.

---

97 Ebd., 24.

Ein evangelikaler Katholizismus

Die soziologischen Untersuchungen der religiösen Entwicklung im europäischen Stammland des Christentums stützen allerdings diese Hoffnung nicht. John L. Allen, US-amerikanischer Journalist des CNN und NPR, der seit Jahrzehnten die Entwicklung des Katholizismus verfolgt und insbesondere die Kirchenpolitik unter Johannes Paul II. und Benedikt XVI. analysiert hat, nimmt in der katholischen Kirche quer durch die westliche Welt eine Strategie der »Identitätsbehauptung« wahr, die traditionelle Überzeugungen und Praktiken betont und zur umgebenden Kultur schärfere Grenzen zieht. Seit der Wahl von Papst Johannes Paul II. im Jahr 1978 sieht John Allen den Katholizismus zunehmend evangelikaler werden, mit dem Ziel, die Kultur zu evangelisieren, statt sich ihr anzupassen. Johannes Paul schränkte die Möglichkeit der Laisierung von Klerikern ein, verlangte, dass Priester römische Kragen tragen, betrieb Bischofsernennungen mit deutlich evangelikalem Ansatz (hochumstritten die Ernennungen von Joachim Meisner in Köln, Wolfgang Haas in Chur, später in Liechtenstein, Kurt Krenn in St. Pölten und Hans Hermann Groër in Wien) und erklärte, dass die katholische Kirche keinerlei Vollmacht besitze, Frauen zu Priestern zu weihen; er steigerte die Zahl der Seligsprechungen auf 1338 und der Heiligsprechungen auf 482, doppelt so viele wie in den voraufgegangenen vierhundert Jahren; förderte den »Weltjugendtag« rund um den Papst und auf der Basis des »Youcat«, dem 2011 veröffentlichten Jugendkatechismus, zunächst in allen europäischen Sprachen, danach in Indonesisch, Malayalam, Koreanisch und Arabisch, wobei Übersetzungen in Farsi, Türkisch und Latein folgen sollen. Es handelt sich um eine Glaubensdarstellung, die sich zwar weltweit ausdehnt, aber alles übergeht oder beschwichtigt, was von historisch-kritischer und philosophischer Seite bestritten wird. Insbesondere werden Christologie und Ekklesiologie herausgestellt: die Identität Jesu als »Sohn Gottes« und Erlöser der Welt sowie die Kirche als die von Christus gegründete, göttlich legitimierte »wahre Kirche«. Der Grundlagentext für diesen Aspekt des evangelikalen Katholizismus ist das Dokument *Dominus Jesus* der vatikanischen Glaubenskongregation aus dem Jahr 2000, unterzeichnet vom damaligen Präfekten der Glaubenskongregation, Kardinal Ratzinger. Demnach »subsistiert« die »eine einzige Kirche Christi in der katholischen Kirche«. Kirchen, »die zwar nicht in vollkommener Gemeinschaft mit der katholischen Kirche stehen, aber durch engste Bande, wie die apostolische Sukzession und die gültige Eucharistie, mit ihr verbunden bleiben«, werden als »echte Teilkirchen« bezeichnet. In ihnen sei die Kirche Christi ebenfalls »gegenwärtig und wirksam, obwohl ihnen die volle Gemeinschaft mit der katholischen Kirche fehlt«, da sie den Primat des Papstes nicht anerkennen. Deutlich abgestuft werden jene Konfessionen, »die den gültigen Episkopat und die ursprüngliche und vollständige Wirklichkeit des eucharistischen Mysteriums nicht bewahrt haben«. Diese seien nicht Kirchen im eigentlichen Sinne, sondern »kirchliche Gemeinschaften«.

Auf der Ebene der Kirchenleitung wurden unter den Päpsten Johannes Paul II. und Benedikt XVI. noch wesentlich mehr Steuerungsmechanismen genutzt, um einen evangelikalen Katholizismus zu fördern. Beide haben die Befreiungstheologie in Lateinamerika massiv unterdrückt. Ob die Initiativen von Papst Franziskus ausreichen, den noch verbliebenen Vertretern der Befreiungstheologie neuen Mut zu vermitteln, bleibt abzuwarten. Missliebige Theologen, Priester, Ordensleute und Bischöfe »inquisitorisch verfolgen zu lassen«, ist für den evangelikalen Katholizismus eher normal.[98] Die Schreib- und Redeverbote unter Kardinal Ratzinger, die viele Theologen in aller Welt trafen, setzten die römischen Methoden des 19. und 20. Jahrhunderts fort. Demgegenüber war der Umgang mit der fundamentalistischen Piusbruderschaft und der Aufhebung der Exkommunikation von vier Bischöfen dieser Bruderschaft von ungewöhnlicher Geduld geprägt. Zu diesen Bischöfen gehörte auch der 1989 und 2008 durch Holocaust-Leugnungen aufgefallene Richard Williamson.

Auf der unteren Kirchenebene stellt sich der evangelikale Katholizismus anders dar. Hier drängen traditionalistische Formen wieder deutlich nach vorn. Etwa die Fortführung des mittelalterlichen Reliquienkults. Im »Hohen Dom« zu Paderborn wurde 2014 ein Reliquiar mit einem Stück Schienbeinknochen der seliggesprochenen Ordensgründerin Maria Theresia Bonzel aufgestellt; 2017 wurde dort »ein winziger Tropfen Blut« von Papst Johannes Paul II. »auf einem kleinen Stück Stoff in einer fünf Zentimeter großen Kapsel« in einer Bergkristallpyramide präsentiert. Die Bergkristallpyramide bildet den Mittelpunkt eines vergoldeten Kreuzes mit Namen, Geburts- und Todesjahr des Papstes – »damit hier ein Ort entsteht, an dem Gläubige die Gelegenheit haben innezuhalten, eine Kerze anzuzünden oder Blumen niederzulegen«.

Auch sonst bewegt sich dieser Katholizismus in vertrauten Bahnen: geförderte Marienverehrung mit Fernreisen nach Lourdes und Fatima, Wallfahrten nach Kevelaer, Telgte, Werl und Altötting, Kaffeefahrten mit

---

98 Beispielsweise Tissa Balasuriya (Sri Lanka), Leonardo Boff (Brasilien), György Bulányi (Ungarn), Bischof Jacques Gaillot (Frankreich) und Erzbischof Raymond Hunthausen (USA).

Heiliger Messe zu lokalen Heiligtümern, Mai- und Rosenkranzandachten in der eigenen Pfarrkirche. Daneben Benediktionen der Felder und Kräuter (weit davon entfernt, an den Aufgaben des NABU teilzunehmen), Prozessionen mit lokalgeschichtlichem Kolorit und – solange der alternde Klerus noch da ist – der reguläre Gottesdienstplan mit »Hl. Messen für die Lebenden und Verstorbenen« aller denkbaren Familien. Dazu kommen viele besondere Anlässe: »Kolping lässt es krachen – Karnevalsfeier der Kolpingsfamilie mit Büttenreden, Gardetanz, Musik und Gesang.« – »Am 19. März begehen wir den Josefstag mit einem Festgottesdienst. Anschließend lädt die Kolpingsfamilie herzlich zum Frühstück ins St. Clemens-Haus ein.« Zu Fronleichnam »werden die Anwohner gebeten, den Prozessionsweg zu beflaggen. Das ist lebendiger Ausdruck unseres Glaubens an die Gegenwart des Herrn im Sakrament.« Zu dieser Zeit gibt es auch »Hl. Messen mit anschließender Aussetzung und sakramentalem Segen«. Die Senioren-Union, der CDU assoziiert, lädt ein »zu einem Tag der Besinnung in Werl. 10 Uhr Pilgergottesdienst mit anschl. Vortrag von Pater Ralf zum Thema ›Das Kreuz mit dem Kreuz‹. Mittagessen ist im Gasthaus am Markt (jeder zahlt selber). Nach Mittag ist eine Führung durch die Kirchen und das alte Werl geplant.« Zum »Hochfest des hl. Liborius, Bischof von Le Mans, Patron des Erzbistums Paderborn« fährt ein Bus nach Paderborn. »Bevor die großen Ferien beginnen, findet eine Fahrzeugsegnung statt.« Zum 50. Jahrestag der Maria-Königin-Kapelle »startet der Sonntag mit einem Hochamt in der Kapelle. Im Anschluss folgt der Frühschoppen. Am Nachmittag spielen die Blasmusikfreunde ein etwa 3-stündiges Konzert. Zeitgleich gibt es wieder köstlichen Kaffee und Kuchen. Gegen 18 Uhr ist eine große Verlosung, bei der attraktive Preise gewonnen werden können. Der Erlös des Festes kommt der Maria-Königin-Kapelle zugute.« Bei den vielen Schützenfesten lautet die Festfolge: »Antreten auf dem Schützenplatz, Abholen der Majestäten, Schützenhochamt, Totengedenken und Kranzniederlegung am Ehrenmal, großer Festzug, Festkonzert und Tanz.« Aber auch diese Notiz: »In den letzten Jahren ist nicht nur der Gottesdienstbesuch an den Sonntagen stark zurückgegangen. Auch an den Werktagen versammelt sich in unseren Kirchen und Kapellen nur eine kleine Gemeinde zur Feier der hl. Messe (oftmals nur einstellig). Viele von denen, die werktags die hl. Messe mitgefeiert haben, sind gestorben oder sind durch Alter und Krankheit ans Haus gebunden. Wird es in 10 Jahren noch Gläubige geben, die werktags die hl. Messe mitfeiern?« Doch vor allem hat sich der sonntägliche Gottesdienstbesuch in dieser konservativen sauerländischen Gemeinde reduziert, wenngleich er aktuell gut über dem deutschen Durchschnitt von 10,4 Prozent liegt: Im Jahr

2016 wurden 1250 Gottesdienstbesucher gezählt; das sind 20,7 Prozent der Gemeindemitglieder. Bis dahin hat die Zahl der Gottesdienstbesuche kontinuierlich abgenommen: 2015 waren es 22,4 Prozent, ein Jahr zuvor leicht höher 23,7 Prozent. 2013 kamen mit 25,8 Prozent noch ein Viertel der Gemeindemitglieder zur Sonntagsmesse. Aber 2010 waren es 28,51 Prozent, weitere zehn Jahre früher, im Jahr 2000, 34 Prozent, und noch einmal zehn Jahre früher, im Jahr 1990, bei 2990 Kirchenbesuchern 46,3 Prozent. In diesem Vierteljahrhundert ist die Mehrzahl der beständigen Kirchenbesucher gestorben, während die nachwachsende Generation nicht mehr gewonnen werden konnte. Doch geht die Abwärtsbewegung weiter. Immer weniger junge Leute lassen sich in die traditionellen Verhältnisse integrieren, und mit der Zeit nehmen auch in katholischen Traditionsgebieten die Kirchenaustritte zu. Der evangelikale Katholizismus wird sicherlich eine Stammgemeinde bewahren, wenn auch von Ort zu Ort sehr unterschiedlich. Dabei können die priesterlosen Gemeinden durchaus ein Impetus zu mehr Eigenaktivität sein, jedoch auch die Entwicklung einleiten, gemeindliches Leben ganz zu verlieren.

Was auch noch bleibt: Eine fundamentalistische Christenheit

Als Fundamentalismus sollen hier Lehren und Normen verstanden werden, die als unveränderte Fundamente des wahren Glaubens gegen neuere Erkenntnisse verteidigt werden. Dabei geht es um die Rückgewinnung und Verteidigung des Definitionsmonopols für die Glaubenswahrheit, das man der kritischen Bibelexegese und wissenschaftlichen Ergebnissen und Experten nicht überlassen will. Als Spezifikum der katholischen Kirche gilt, dass sie »ihre Gewissheit über alles Geoffenbarte nicht aus der Heiligen Schrift allein schöpft«, sondern »dass die Heilige Überlieferung, die Heilige Schrift und das Lehramt der Kirche gemäß dem weisen Ratschluss Gottes so miteinander verknüpft und einander zugesellt sind, dass keines ohne die anderen besteht.«[99] Diese triadische Verknüpfung kann den katholischen Fundamentalismus komplexer machen als das *sola-scriptura*-Prinzip des evangelischen Fundamentalismus mit seiner Neigung zu einem strikt-wörtlichen Verständnis der Bibel, wenngleich die biblizistische

---

99 Karl Rahner/Herbert Vorgrimler, Kleines Konzilskompendium, Freiburg/Basel/Wien 1966, 372 f.

Prägung die Fundamentalismen beider Konfessionen verbindet. Der Bibelfundamentalismus kennt keine literarischen Gattungen, unterscheidet also auch nicht die je spezifische Wahrheit einer Mythe, Sage, Legende, eines Prophetenspruchs, eines Psalms oder Gleichnisses, sodass die Bibel in toto als »Bericht« vereinnahmt wird, was zu kuriosen Resultaten führt.

Der Katholizismus kennt überdies dogmatische Überlieferungen, denen ein göttlicher Offenbarungscharakter zugeschrieben wird und die heftiger verteidigt werden als andere Lehrinhalte. Herausragendes Beispiel dafür ist die »Jungfrauengeburt«. Evangelische Fundamentalisten erkennen diese als biblisch überliefert an, während katholische Fundamentalisten damit das Allerheiligste verbinden, aus dem ihre Marienverehrung lebt. Ebenso können sie den Wunderglauben, den Glauben an die Existenz des Teufels, der Hölle und des Fegefeuers, die tridentinische Messe und die fortbestehende Heilsnotwendigkeit der Kirche zum kämpferischen Kriterium ihrer Orthodoxie machen. Gegen die in diesem Buch bestrittene doppelstöckige Welt, die Diesseits und Jenseits sowohl dualistisch trennt wie aufeinander bezieht, wird mit Entschiedenheit eine Übernatur in Anspruch genommen, die sich in Wunderheilungen, Visionen mit Einsichten ins Jenseits, Stigmatisierungen, Privatoffenbarungen, immer neuen Marienerscheinungen kundtut, als gehe das 19. Jahrhundert nicht zu Ende. In solchen Fällen können Fundamentalisten sogar zu »Bekennern« gegen die Kirchenleitung werden, wie sich an Auseinandersetzungen um Therese Neumann von Konnersreuth, Marienerscheinungen in Heroldsbach oder Medjugorje, den stigmatisierten Pater Pio von Pietrelcina ... ablesen lässt. Das Engelwerk, ein abstruser Geheimbund, und die Legionäre Christi, in Lateinamerika »Millionäre Christi« genannt, sind Beispiele für eine »Bildungsarbeit«, die auch kirchenoffiziell ins Zwielicht geriet.

In diesen Zusammenhang gehört auch die Priesterbruderschaft St. Pius X., eine Vereinigung katholischer Traditionalisten, die 1970 von Erzbischof Marcel Lefebvre gegründet wurde, um an Riten und Lehren der römisch-katholischen Kirche festzuhalten, die das Zweite Vatikanische Konzil aus seiner Sicht aufgegeben hatte. Diese Priesterbruderschaft lehnt Konzilsergebnisse wie die ökumenische Öffnung, Religionsfreiheit, Kollegialität der Bischöfe, die neue Haltung der Kirche zu den nichtchristlichen Religionen sowie die Liturgiereform als »modernistisch« ab. Deswegen erklärte 1988 ein römisches Dekret Marcel Lefebvre und vier neu geweihte Piusbischöfe für exkommuniziert. Doch 2007 hob Benedikt XVI. die Exkommunikation der vier irregulären Bischöfe auf. Er wolle ihnen mit »väterlicher Einfühlsamkeit« begegnen und ihre kirchenrechtliche Lage überdenken, um »bald zu einer vollen und zufriedenstellenden Lösung des zugrunde liegenden Problems« zu gelangen – eine Toleranz, die gerade Joseph Ratzinger/Benedikt XVI. kritischen Theologen nie entgegenbrachte, während er hier seine Sympathie für eine »extrem reaktionäre und zutiefst antisemitische Gruppe« ausdrückte, »die mit Diktatoren und rechtsgerichteten Regimen sympathisierte«, wie der belgische Theologe und Ethiker Jean-Pierre Wils erklärte. Der Freiburger Moraltheologe Eberhard Schockenhoff urteilte, die katholische Kirche würde sich damit »einen rechtsradikalen Sumpf sozusagen ins Haus holen und Heimatrecht innerhalb der katholischen Kirche verschaffen«. Dem Konflikt mit der Piusbruderschaft lägen Fragen zugrunde, weil diese sich nie mit der Französischen Revolution, der Ökumene und Kollegialität der Bischöfe abgefunden habe.

In fundamentalistischer Hinsicht schwierig einzuordnen ist das *Opus Dei*. Es wurde 1928 von Josemaría Escrivá (1902–1975) nach eigener Aussage aufgrund einer göttlichen Offenbarung gegründet. Was tatsächlich an diesem Gründungstag geschehen sein soll, hielt er zeitlebens geheim. Die Organisation wirkt im Bereich der Seelsorge und der geistlichen Bildung von Laien. Sie soll weltweit 90.000 Mitglieder haben, davon etwa 2.050 Priester. Wegen der durch das Opus Dei geübten Geheimhaltung gegenüber der Öffentlichkeit ist nur wenig Konkretes über die Organisation bekannt, sodass viele Fragen offenbleiben. Kritiker sehen in dieser Organisation einen ultrakonservativen Geheimbund, dem ein verschwörerisches und sektenähnliches Gebaren unterstellt wird. Man fordere dort blinden Gehorsam gegenüber Vorgesetzten des Opus Dei, übe sogar die Zensur von Büchern aus und führe eine inoffizielle Version des Index der verbotenen Bücher weiter.

Da Escrivá nie einen Hehl aus seiner Bewunderung des spanischen Diktators Franco gemacht hat und noch kurz vor seinem Tod sogar den Sturz des chilenischen Präsidenten Salvador Allende durch den späteren Despoten Pinochet als »nötiges Blutvergießen« rechtfertigte, darf der im Jahr 2002 bereits durch Papst Johannes Paul II. heiliggesprochene Escrivá als ein Repräsentant des weiter herrschenden Reichschristentums angesehen werden.

Richten wir jedoch den Blick von einzelnen Personen und Organisationen auf die Katholische Kirche insgesamt, kann von einer fundamentalistischen Prägung der Trias Bibel, Dogma und Lehramt nicht abgesehen werden. Ihr Biblizismus ist von der seit Gregor XVI., Pius IX. und Pius X. herrschenden Angst bestimmt, angesichts der Argumentationskraft der historisch-kritischen Exegese die kirchliche Deutungshoheit zu verlieren. Je mehr die zunächst an evangelischen Fakultäten betriebene Forschung der traditionellen Lehre ihren Boden entzog und damit dem kirchlichen Lehramt die Auslegungskompetenz, desto entschiedener setzte die Hierarchie ihr eigenes Kirchenverständnis dagegen:

Nach der Lehre des II. Vatikanums wurde die Offenbarung aus Tradition und Heiliger Schrift der Kirche anvertraut. Entsprechend ihrer unaufgebbar hierarchischen Struktur wird das Wort Gottes allein vom hierarchischen Lehramt verbindlich ausgelegt. Dabei sieht es sich nicht über, sondern unter dem Wort Gottes …

Exegeten erforschen und erklären das Wort Gottes a) unter der Aufsicht des Lehramts, b) mit (nach dem Urteil des Lehramts) geeigneten Methoden, c) zum Zweck der Predigtbefähigung, über dessen Erfüllung die kirchliche Autorität befindet, sowie d) als wissenschaftliche Vorbereitung reifer kirchlicher Urteile, und dies alles e) *secundum sensum Ecclesiae*, d. h. in jener kirchlichen Gesinnung, die kirchenamtlicher Entscheidung mehr vertraut als dem eigenen Urteil und die Papst Johannes Paul II. in umfassender Weise in strafbewehrte Rechtspflichten transformiert hat … Im Übrigen verhält sich das Lehramt beim Gebrauch der Heiligen Schrift in seinen Verlautbarungen vollkommen souverän gegenüber Erkenntnissen der historisch-kritischen Exegese.[100]

Solch trotzige Positionen haben keinen tragfähigen Boden; sie hängen an jenem imaginären Haken der himmlischen Welt, der das Lehrgebäude tragen und legitimieren soll. Solange das durch »Weihe« autorisierte Lehramt Klerus und Volk in der nützlichen Gläubigkeit zu halten vermag, dass es diesen himmlischen Haken gibt, kann er sich als wirksam erweisen, freilich nur so, wie dies in Hans Christian Andersens Märchen von des Kaisers neuen Kleidern geschieht:

> Der Kaiser betrachtete den leeren Webstuhl; er wollte nicht sagen, dass er nichts sehen könne. Das ganze Gefolge, was er mit sich hatte, sah und sah, aber es bekam nicht mehr heraus als alle die andern, aber sie sagten gleich wie der Kaiser: »Oh, das ist hübsch!«, und sie rieten ihm, diese neuen prächtigen Kleider das erste Mal bei dem großen Feste, das bevorstand, zu tragen.
>
> »Es ist herrlich, ausgezeichnet!«, ging es von Mund zu Mund, und man schien allerseits innig erfreut darüber. Der Kaiser verlieh jedem der Weber ein Ritterkreuz, um es in das Knopfloch zu hängen, und den Titel Hofweber.
>
> »Seht, hier sind die Beinkleider, hier ist das Kleid, hier ist der Mantel!«, und so weiter. »Es ist so leicht wie Spinnweben; man sollte glauben, man habe nichts auf dem Körper, aber das ist gerade die Schönheit dabei!«
>
> »Ja!«, sagten alle Beamten, obwohl sie nichts sehen konnten.

---

100 Norbert Lüdecke, Vom Lehramt zur Heiligen Schrift. Kanonistische Fallstricke zur Exegetenkontrolle, in: Ulrich Busse, Michael Reichardt, Michael Theobald (Hg.), Erinnerung an Jesus. Kontinuität und Diskontinuität in der neutestamentlichen Überlieferung. Bonner Biblische Beiträge 166, Göttingen 2011, 501–525, hier: 510–515; mit entsprechenden Belegstellen zur jeweiligen Ausführung.

»Belieben Eure Kaiserliche Majestät Ihre Kleider abzulegen«, sagten die Hofweber, »so wollen wir Ihnen die neuen hier vor dem großen Spiegel anziehen!«

Der Kaiser legte seine Kleider ab, und die Hofweber stellten sich, als ob sie ihm ein jedes Stück der neuen Kleider anzogen, und der Kaiser wendete und drehte sich vor dem Spiegel.

»Ei, wie gut sie kleiden, wie herrlich sie sitzen!«, sagten alle. »Welches Muster, welche Farben! Das ist ein kostbarer Anzug!« –

»Draußen stehen sie mit dem Thronhimmel, der über Eurer Majestät getragen werden soll!«, meldete der Oberzeremonienmeister.

»Seht, ich bin ja fertig!«, sagte der Kaiser. »Sitzt es nicht gut?« Und dann wendete er sich nochmals zu dem Spiegel, denn es sollte scheinen, als ob er seine Kleider recht betrachte.

Die Kammerherren, die das Recht haben, die Schleppe zu tragen, greifen, gehen und tun, als ob sie die Schleppe aufhöben und etwas in der Luft hielten, und wagen nicht, sich anmerken zu lassen, dass sie nichts sehen können.

Wer sich »vollkommen souverän gegenüber Erkenntnissen der historisch-kritischen Exegese« wähnt, darf sich nicht anmerken lassen, keine Realität mehr wahrnehmen zu können. Wenn zum Beispiel das Neue Testament mehrfach die Brüder und Schwestern Jesu nennt und besonders den »Herrenbruder Jakobus«, die Kirche jedoch trotzdem »die allerseligste Jungfrau Maria« zu sehen glaubt und Kardinäle, Erzbischöfe, Bischöfe, Prälaten, Pfarrer und das fromme Volk darin zustimmen, dass es »die Jungfrau« ist, ist das so, als ob sie die Schleppe aufhöben und etwas in der Luft halten und nicht wagen, sich anmerken zu lassen, dass da nichts ist. Das Lehramt der Kirche vermag so etwas per Selbstdefinition. Es erklärt die wissenschaftliche Theologie zur *Ancilla Ecclesiae* (Magd der Kirche) bzw. *Ancilla Magisterii* (Magd des Lehramtes), so dass in Fragen der Lehre allein diesem Lehramt die Entscheidungskompetenz zukommt, obwohl es seit Richard Simon (1638–1712) schon hundertmal falsch entschieden hat. Nein, mehr noch, denn dem Lehramt steht nicht nur zu, diese Lehre vorzulegen, sondern auch die ihr gebührende Zustimmung zu befehlen sowie durch Sanktionierung zu sichern.[101] Und dafür sind nicht einmal sachhaltige Begründungen erforderlich.

Aber kann man die Zustimmung zum Glauben befehlen und durch Sanktionen sichern? Man kann es, weil es systemstimmig ist: Ausdruck einer Institution, die sich auf göttliche Offenbarung zurückführt und ei-

---

101 Ebd.

ner beständigen göttlichen Erhaltung in der Wahrheit glaubt, sicher sein zu können:

> Nach dem Selbstverständnis des Lehramtes bildet es mit den Theologen, einschließlich der Exegeten, nicht eine Diskursgemeinschaft Gleichberechtigter. Die Autorität des authentischen, d. h. in der Autorität Christi agierenden Lehramts in Glaubens- und Sittensachen ist nicht argumentationsabhängig, sondern formaler Natur. Sie gründet in der besonderen Geistbegabung seiner Träger.[102]

Wer sich dieser Geistbegabung *kraft Weiheamtes* rühmen kann, ragt über alles hinaus, was in der realen Welt von empirischer Wahrnehmung und wissenschaftlicher Argumentation abhängig ist, weil Christus seiner Kirche zugesagt hat, der Heilige Geist werde sie in der Wahrheit lehren und erhalten (Joh 16,13), und weil er in ihr das Bischofs- und Priesteramt für den Dienst der Einheit in der Wahrheit gestiftet hat (Mt 16,18). Daher gelten bestimmte Entscheidungen eines Konzils oder des Papstes als Nachfolger des Apostels Petrus als unfehlbar. Die katholische Kirche glaubt, dass die von Menschen geschriebenen biblischen Texte zugleich das unfehlbare Wort Gottes seien und dass Gott auch weiterhin das in der Autorität Christi agierende Lehramt zu unfehlbaren Aussagen befähige.

> So geht denn der Kaiser unter dem prächtigen Thronhimmel, und alle Menschen auf der Straße und in den Fenstern sagen: »Wie sind des Kaisers neue Kleider unvergleichlich! Welche Schleppe er am Kleide hat! Wie schön sie sitzt!« Keiner will es sich anmerken lassen, dass er nichts sieht; denn dann würde er ja nicht zu seinem Amte taugen. Keine Kleider des Kaisers machen ein solches Glück wie diese.
> »Aber er hat ja gar nichts an!«, sagt endlich ein kleines Kind.
> »Hört die Stimme der Unschuld!«, sagte der Vater; und der eine zischelte dem andern zu, was das Kind gesagt hatte.
> »Aber er hat ja gar nichts an!«, rief zuletzt das ganze Volk. Das ergriff den Kaiser, denn das Volk schien ihm recht zu haben, aber er dachte bei sich: »Nun muß ich aushalten.« Und die Kammerherren gingen und trugen die Schleppe, die gar nicht da war.

Es besteht freilich zwischen Andersens Märchen und dem himmlischen Büro, das die göttliche Stiftung auf Erden mit unfehlbarer Betreuung leitet, ein wichtiger Unterschied. Die Männer, die im Märchen »Betrüger« genannt werden, haben im Gegensatz zu Kaiser, Hofstaat und Gesellschaft die Schwächen und Verlogenheiten von Kaiser, Hofstaat und Gesellschaft vor Augen. Wegen der behaupteten Eigenschaft der Kleider, für Personen

---

102 Ebd.

unsichtbar zu bleiben, die nicht für ihr Amt taugen oder die unerlaubt dumm sind, bedrängt nun alle im Kaiserreich die Frage, ob sie für ihr Amt tauglich oder etwa unerlaubt dumm sind. Das schließt den Kaiser mit ein. Indem alle so tun, als wären die nicht vorhandenen Kleider sichtbar, werden sie auch alle zu Komplizen gemeinsamer Eitelkeit und Lüge. Sogar der alte ehrliche Minister spielt vor lauter Angst, als dumm oder untauglich dazustehen, in diesem Staatstheater mit. Damit beweist er, dass auch er nicht in der Lage ist, eine Veränderung herbeizuführen. Das heißt: Sogar Verstand und gute Amtsführung reichen nicht aus, ein Amt auszufüllen, wenn es an der Fähigkeit mangelt, sich selbst kritisch zu sehen. Die »Betrüger« haben in Wirklichkeit diesem Kaiserreich geholfen, sich der Wirklichkeit wieder stellen zu können.

Im Blick auf eine fundamentalistische Kirche liegt der Fall jedoch anders. Hier sind es nicht Fremde, die dazu verleiten zu sehen, was es gar nicht gibt, sondern hochrangige Insider, die »etwas in der Luft halten, aber nicht wagen, sich anmerken zu lassen, dass auch sie nichts sehen können«. Die fundamentalistische Blockade macht blind. Egal, was Archäologie und Historie lehren und was die Evolutionswissenschaften zum Verstehen der Welt beitragen, das in der Autorität Christi agierende Lehramt ist nicht argumentationsabhängig, sondern kann seine eigene Wahrheit bestimmen – bis auch hier jemand sagt: Den Haken im himmlischen Obergeschoss, an dem eure Lehrautorität hängen soll, gibt es ja gar nicht, sowenig es das himmlische Büro gibt. Dann bleibt offen, welche Schlüsse aus der allgemeinen Blamage zu ziehen sind. Zum Beispiel, dass sich nach der Prozession der »Kaiser« einer Gläubigkeit schämt, die allein dem folgte, was alle seit tausend Jahren glauben, denken und tun. Denn nun weiß jeder von jedem, dass niemand es wagt, die allgemeine – und in diesem Fall sogar befohlene – Übereinstimmung in Frage zu stellen. Und nun weiß man auch, dass nüchterne Wahrnehmung nur dort geschieht, wo nicht die Konvention das Verhalten bestimmt. Erst im folgenden Schritt können alle gemeinsam überlegen, was an die Stelle einer göttlichen Legitimation der Kirchenleitung zu setzen ist. Doch so zu tun, als wäre alles in Ordnung, man wäre angezogen, wenn man doch nackt ist – das geht nicht mehr.

Resümee: Es gibt kein göttliches Handeln außerhalb der Welt und ihrer Regeln

Die hier vorgelegten Kapitel problematischer Theologie lassen sich vielfach erweitern, doch darum geht es nicht. Grundlegender ist die Frage, warum es – zumal in der katholischen Kirche – so schwer fällt, eigenständig zu denken und aufrichtig zu sprechen. Als dürfe man das, was die Kirche zu ihren Anfängen sich vorgestellt und geschrieben hat, nur noch wiederholen oder bestätigend neu auslegen. Man beansprucht die Überlieferung als göttliche Offenbarung, setzt sich selbst als Wächter darüber ein und bekämpft bereits Rückfragen und Zweifel als Gefährdung des Glaubens. Doch nichts in der Welt kommt direkt von Gott, keine Schöpfung, keine Offenbarung, kein Evangelium, kein kirchliches Amt. Alles ist als Welt vermittelt, darum geschichtlich und dem Irrtum nie enthoben. Wenn aber bereits im Neuen Testament die Wahrheitsfrage mit Autorität verbunden wird und seitdem unaufhörlich Irrtum, Irrlehre und Häresie verfolgt werden – mit Eifer und Hass, Verketzerung und Hinrichtung, Verfolgung und gezielter Inquisition –, ist ein solches Glaubenssystem gewiss krank zu nennen. In der Theologie wird mehr gehorcht als gedacht und mehr geduckt als aufrecht gesprochen. In den Exerzitien des Ignatius von Loyola heißt es in der 13. Regel: »Damit wir in allen Stücken sicher gehen, müssen wir immer festhalten: Das, was unsren Augen weiß erscheint, sei schwarz, sobald die hierarchische Kirche dies so entscheidet.« Schande darüber! Wo bleibt denn da der nie zu verdrängende Anspruch des eigenen Gewissens? Wer solch absurden Gehorsam mit Treue und Glauben verbindet, korrumpiert die Welt. Darum ist es auch korrupt, wenn das Kirchenrecht beansprucht, das kirchliche Lehramt bilde mit den Theologen nicht eine Diskursgemeinschaft Gleichberechtigter, weil dieses Lehramt in Glaubens- und Sittensachen nicht argumentationsabhängig sei und in der besonderen Geistbegabung seiner Träger gründe. Ein unwürdiger und zugleich lächerlicher Anspruch.

Dagegen sind Frage und Zweifel zu loben. Fraglos ist nur die Dummheit. Man muss fragen, um Erkenntnis zu gewinnen. Wo es nichts zu fragen gibt, gibt es auch nichts zu lernen. Die Mehrzahl der Wissenschaftler, die seit Beginn der Neuzeit die Welt zu verstehen suchen, gewinnen ihre

Erkenntnisse mehr aus dem Zweifel als aus dem Staunen, sei es aus der Konsequenz methodischen Hinterfragens, sei es aus der Skepsis nach Erfahrungen mit Giordano Bruno und Galileo Galilei. Wenn das Christentum ernst genommen werden will, muss es mit heutiger Philosophie und Wissenschaft kompatibel bleiben. Es gibt nur eine einzige Welt und daneben kein himmlisches Büro, das Sonderwissen und Sonderkompetenz vermittelt. Die Erbstücke eines Glaubens, der über ein Jenseits Bescheid wissen will, sind zu entsorgen, einerlei mit wessen Namen sich diese Erbstücke verbinden. Sollte der Jesus Albert Schweitzers gemeint haben, es stehe das Weltende kurz bevor und damit sei das Anbrechen des Gottesreiches zu verbinden, so ist diese Vorstellung nicht weiter auf Lager zu halten und auch nicht für den »Jüngsten Tag« zu reservieren. Auch wenn Paulus den »Ersten Menschen«, von dem er nichts wissen konnte, mit der Ursünde verbindet, aus der sich die Erlösungsbedürftigkeit des ganzen Menschengeschlechts ergeben soll, ist das eine Spekulation innerhalb entfallener Weltbilder. Die Wiederkunft des Christus »auf den Wolken des Himmels« wird es so wenig geben, wie Paulus und seine Mitgläubigen »auf den Wolken in die Luft entrückt worden sind, dem Herrn entgegen«. Auferstehung, Himmelfahrt, Wiederkunft, Jüngster Tag und Weltgericht mögen als mythische Entwürfe Bedeutung haben, jedoch nicht auf der Ebene faktischer Weltbeschreibung. Heutige Wissenschaft, die Leben und Geist als natürliche Erscheinungsformen der Materie ansieht, die der Struktur des Universums innewohnen, zwingt zu einer umfassenden Korrektur der Schöpfungslehre, von der her die Theologie sich neu verstehen lernen muss. Vito Mancuso resümiert diese Erkenntnis in dem klaren Satz: »Es kann keine Ausnahmen, keine unerhörten Ereignisse geben, wenn es um Gott geht. Nur das Allgemeingültige ist die Sprache Gottes.«[103]

Darum gibt es keine Welt des Glaubens, in der andere Gesetze herrschen als in der alltäglichen Welt. Der gläubige Mensch hat seinen Mitmenschen keine Wahrheit über den »göttlichen Bereich« voraus. Alle stehen vor der gleichen Unwissenheit, wenn es darum geht, was sich hinter dem Tod verbirgt. »Wer weiß, ob der Odem der Menschen aufwärtsfahre und der Odem des Viehes hinab unter die Erde? Wie diese sterben, so sterben jene. Beide haben ein und denselben Atem. Beide sind Windhauch« (Koh 3,19). Der unerschütterliche Glaube, sich eines Fortlebens sicher zu sein, verweist keineswegs auf einen reiferen Glauben, sondern

---

103 Vito Mancuso, a.a.O., 324.

kann auch der geistigen Schwachheit entspringen, über angelernte Konzepte hinaus sich nicht mehr bewegen zu können. Darüber hat schon Blaise Pascal nachgedacht:

> Die gewöhnlichen Menschen haben die Fähigkeit, nicht an das zu denken, woran sie nicht denken wollen ... So erhalten sie sich die falschen Religionen, und so erhält sich für viele Leute selbst die wahre. Aber es gibt einige, die nicht die Fähigkeit haben, sich so selbst vom Denken abzuhalten, und die um so mehr denken, je mehr man es ihnen verbietet. Diese geben die falschen Religionen und selbst die wahre auf, wenn sie keine wohlbegründeten Gedankengänge finden.[104]

Eine Veranschaulichung dieser Erfahrung bietet manches, was in liturgischen Rubriken vorgeschrieben und in kirchlichen Lehrschreiben beschworen wird. »Wort des lebendigen Gottes« heißt es stereotyp nach der Verlesung des Evangeliums, wie die Bibel insgesamt »Wort Gottes« genannt wird. Aber in Psalm 137 sprechen die nach Babylon Verbannten ihren Fluch über die Kinder des Landes: »Wohl dem, der deine Kinder packt und sie am Felsen zerschmettert!« Und selbst noch im letzten biblischen Buch schreibt der Verfasser der »Offenbarung des Johannes«, ein Jünger Jesu: »Kommt her! Versammelt euch zum großen Mahle Gottes. Fresst Fleisch von Königen, von Heerführern und Helden, Fleisch von Pferden und ihren Reitern, Fleisch von allen, von Freien und Sklaven, von Großen und Kleinen!« (Offb 19,17 f.). Wie erklärt sich solches Denken im Anschluss an das Evangelium Jesu und wieviele geschichtliche Bücher wären zu schreiben, um derer zu gedenken, die eingesperrt, gefoltert, gehängt, verbrannt, geviertteilt und sonst wie zu Tode gequält wurden, damit die »Wahrheit des Glaubens« siege? Dem Gedenken der Christen, die ihrem Gewissen folgten oder einfach nur unter Verdacht und Schuldspruch der Inquisitoren gerieten, wurde bis heute keine einzige Inschrift der Erinnerung, der Entschuldigung und Rehabilitation gewidmet.

Während einer Vorlesung an der Universität Paris stellte man dem bedeutendsten Theologen aller Zeiten, Thomas von Aquin, die Frage: »Wenn ein Kind in der Wüste zur Welt kommt, wo es kein Wasser gibt, und ohne Taufe stirbt, kann es dann im Glauben seiner getauften Mutter Rettung finden?« Und was gab der doctor communis zur Antwort?:

---

104 Blaise Pascal, Gedanken. Aus dem Französischen von Ulrich Kunzmann. Kommentar von Eduard Zwierlein, Berlin 2012, 144.

> Aus der Verdammnis, welcher das Menschengeschlecht aufgrund der Sünden seiner Vorfahren unterworfen ist, kann der Mensch nur durch Christus errettet werden (der als Einziger davon frei ist), da er zum Menschengeschlecht gehört wie der Kopf zu den Gliedmaßen … Daher ist es klar, dass das ohne Taufe verstorbene Kind in der Wüste kein Heil erfährt.[105]

Man muss freilich einräumen, dass sich der maßstabsetzende Lehrer des katholischen Glaubens an anderen Stellen widersprüchlich äußert. In seiner »Summa Theologica« heißt es: »Sobald er [der Mensch] den Gebrauch der Vernunft zu haben beginnt, [ist] das Erste …, was dann einem Menschen zu bedenken entgegentritt, über sich selbst nachzudenken. Und wenn er sich dann auf das geschuldete Ziel ausrichtet, wird er durch die Gnade die Vergebung der Ursprungssünde erlangen.«[106] Da geht es nicht mehr um Erbsünde und Verlorenheit, um eine Heilsvermittlung durch die Kirche, sondern um den Gebrauch der Vernunft, eigene Reife und die Fähigkeit, über sich selbst nachzudenken. Thomas denkt hier wie ein Pelagianer, anders gesagt: wie ein vernünftiger Mensch. Tatsächlich ist es nicht die Kirche, die das Heil schenkt, auch keine sonstige Religion. Wenn wir dem Jesus von Nazaret und seiner Lehre folgen, rechtfertigt den Menschen weder die Tora, noch Beschneidung und Tempel, auch nicht die Sakramente, die Fürsprache der Kirche, Ablass und fromme Werke, sondern allein ein aufrechtes Gewissen und solidarische Menschlichkeit. Und so heißt es Mt 25,34–36:

> Kommt her, die ihr von meinem Vater gesegnet seid, nehmt das Reich in Besitz, das seit der Erschaffung der Welt für euch bestimmt ist. Denn ich war hungrig und ihr habt mir zu essen gegeben; ich war durstig und ihr habt mir zu trinken gegeben; ich war fremd und obdachlos und ihr habt mich aufgenommen; ich war nackt und ihr habt mir Kleidung gegeben; ich war krank und ihr habt mich besucht; ich war im Gefängnis und ihr seid zu mir gekommen.

Aber daneben sind auch die Worte aus Kapitel 125 des Totenbuchs der Ägypter zu bedenken:

> Ich habe Gott gegeben, was er liebt. Ich habe den Hungernden gespeist, den Durstigen Wasser gegeben. Ich habe den Nackten gekleidet und dem ein Brot gegeben, der keines hatte.

---

105 Zit. n. Vito Mancuso, a. a. O., 170.
106 in: Die deutsche Thomasausgabe, Bd. 12, Heidelberg 2004, 553, zit. n. Vito Mancuso, a. a. O., 171.

Diese Verse gehen den Worten Jesu um etwa tausendfünfhundert Jahre voraus. Sie belegen die Allgemeinheit eines humanen Denkens, das weder eine jüdische noch eine christliche Erfindung ist. Es entwickelt sich bereits im ältesten literarischen Dokument der Menschheit, dem Gilgamesch-Epos, in dem der Held lernt, ein guter König zu sein und die Menschen zu einer heilbringenden Gemeinschaft zusammenzuführen, aber hat in der Bibel beider Testamente immer noch Probleme, sich ohne inhumane Rückfälle durchzusetzen.

Die christliche Theologie ist der Ansicht, die Erlösung des Menschen verdanke sich einmaligen historischen Ereignissen, dem Kreuzestod Jesu und seiner weniger historischen »Auferstehung«. Wenn wir jedoch bedenken, dass Gott Logos ist, was Allgemeingültigkeit einschließt, wie kann er dann von einem versteckten historischen Vorgang vor knapp zweitausend Jahren das Schicksal der gesamten Menschheit abhängig machen? Dem widersprechen zunächst die verzerrten zeitlichen Dimensionen. Der Homo sapiens mag die Erde seit etwa 160.000 Jahren bevölkern, ist allerdings in Afrika seit rund 300.000 Jahren fossil belegt. Frühere Menschenarten gehen bis zu drei Millionen Jahre voraus. Da nimmt sich das Erlösungsgeschehen »in Christus« doch recht verspätet aus und lässt jede Plausibilität vermissen. Kommt hinzu, dass von den heute lebenden Menschen nur knapp zwei Milliarden Christen sind, ohne dass die meisten »Gläubigen« wüssten, worin sie gläubig sind, gewinnt diese Konstruktion zusätzliche Schieflage. Schieflage verrät auch der Kummer Franz Xavers, der nach Hause schrieb, als sein treuer indischer Reisebegleiter starb: »Ich kann ihm nicht mehr all das Gute vergelten, das er mir getan hat, ich kann nicht einmal für ihn beten, denn er ist ja jetzt in der Hölle.« Auch wenn die jüngere Theologiegeschichte in dieser Hinsicht nachgebessert hat, bleibt unverständlich, dass die verlorene Menschheit durch ein vereinzeltes historisches Ereignis »erlöst« wurde, wenn doch die Existenz der Menschheit selbst ein ontologisches Band ist, das »Schöpfer« und »Schöpfung« verbindet. Darum möge der Leser dieses Buches abschließend über den Satz von Vito Mancuso nachdenken: »Die Wahrheit ist, dass es kein göttliches Handeln außerhalb der Welt und ihrer Regeln gibt. Absolut nicht.«

Weitere Bücher von Hubertus Halbfas im Patmos Verlag

Das Lesewerk »Literatur und Religion« ist ein grundlegender Kanon religiöser Bildung in drei Bänden:

Das Welthaus. Texte der Menschheit
Ein religionsgeschichtliches Lesebuch von den steinzeitlichen Höhlen über Naturreligionen, mythische Erzähltraditionen bis zu den heutigen Weltreligionen.
288 Seiten, Hardcover mit zahlreichen Abbildungen, ISBN 978-3-8436-0683-7

Das Menschenhaus. Gedächtnis der Zeiten
Existentielle Herausforderungen, die jeder Mensch in unterschiedlichen Zeiten erfährt, gebunden an Rückfragen, die »unbedingt angehen«.
344 Seiten, Hardcover mit zahlreichen Abbildungen, ISBN 978-3-8436-0682-0

Das Christenhaus. Literarische Anfragen
Die Literatur selbst fragt, ob der christliche Glaube seine Zeit verpasst hat oder sie noch einmal einholen kann.
274 Seiten, Hardcover mit zahlreichen Abbildungen, ISBN, 978-3-8436-0666-0

Diese literarische Dokumentation wird ergänzt durch zwei Bände, die bereits Kindern zugeeignet sind und für Erwachsene ihre Gültigkeit bewahren:

Die Bibel für kluge Kinder und ihre Eltern
Ein einzigartiges Lese-, Bilder- und Sachbuch mit dokumentarischen Illustrationen, interpretierenden Bildern, Zeichnungen und Karten.
296 Seiten, Halbleinen, vierfarbig, mit zahlr. Abbildungen, ISBN 978-3-8436-0439-0

Mehr als alles. Geschichten, Gedichte und Bilder für kluge Kinder und ihre Eltern
Ein Hausbuch unvergänglicher Bilder und Texte – Legenden und Märchen, Fabeln und Gleichnisse, Bibeltexte, klassische Kindergeschichten und Gedichte der Moderne – zum Lesen und Wiederlesen ein Leben lang.
288 Seiten, Halbleinen mit Leseband, vierfarbig, mit zahlreichen Abbildungen, ISBN 978-3-8436-0986-9